Maitreyi D. Piontek
Das Tao der Frau

Maitreyi D. Piontek

Das Tao der Frau

Energiearbeit, Selbstheilung, Sexualität

Illustrationen von
Francesca Galizia

Ariston Verlag

Die Deutsche Bibliothek – CIP-Einheitsaufnahme

PIONTEK, MAITREYI D.
Das Tao der Frau : Energiearbeit, Selbstheilung, Sexualität /
Maitreyi D. Piontek. [Illustrationen von Francesca Galizia] – Erstaufl.
Kreuzlingen; München : Ariston Verlag, 1996
ISBN 3-7205-1925-2

Redaktionelle Bearbeitung: Wulfing von Rohr
Umschlaggestaltung: Egon Meichtry, Zürich
Bildmotiv: Prisma Zürich, Allover
Satz: SatzTeam Berger, Ellenberg
Druck und Bindung: Ueberreuter Print
Erstauflage: September 1996
Printed in Austria 1996

ISBN 3-7205-1925-2

Inhalt

Vorwort von Mantak Chia 9

Dank 11

I. Ganz Frau 13

1. Einführung. 14

Wie dieses Buch entstand 14

Was dieses Buch Ihnen bieten soll 16

Was ist Gesundheit? 17

2. Über die Weiblichkeit 26

Das Frauenbild 26

Ganz Frau 27

Die Frau im Taoismus 30

Das ganzheitliche Gesundheitsmodell 36

3. Grundlagen der Selbstheilung 40

Die Zentrierung 40

II. Das taoistische Heilsystem 49

4. Vom Wesen der Energie 50

Die Energielehre 50

Der kleine Energiekreislauf und seine Energiepunkte 65

5. Der Körper 75

Die vier Grundsubstanzen des Körpers 75

Entsprechungen der Elemente und Organe 81

Der weibliche Körper 112

Körpersignale und Körpersprache 153

6. Das Tao der Emotionen 161

Die Macht der Gefühle 161

Transformation der Gefühle 171

7. Das Tao der Sexualität 174
Die natürliche Sexualität 174
Die weibliche Sexualität 176
Yin und Yang in der Sexualität 177
Lust, Erregung, Ekstase und Orgasmus 179
Umgang mit der männlichen Sexualität 181
Die heilende Liebe 183
Sexuelle Probleme verstehen 186

III. Ganzheit und Heilung im Alltag 191

8. Energiearbeit 192
Einführung 192
Die Kraft der Mitte 195
Energieübungen 196
Eigenmassage 207

9. Umgang mit Konflikten 211
Konflikte erkennen 211
Konfliktvermeidung – Konfliktlösung 213
Frauen und Konflikte 216

10. Das Tao der Ernährung 219
Essen mit gesundem Menschenverstand 219
Nahrung für die Mitte 224
Yin und Yang in der Ernährung 226
Die fünf Elemente in der Ernährung 231
Übersicht der Nahrungsmittel (nach Geschmack und thermischer Eigenschaft) 234
Eß- und Trinkgelüste als Körperbotschaften 240
Diäten 242

11. Schönheit, Gesundheit, Fitneß, Sport 245
Innere und äußere Schönheit 245
Die Sprache von Haut und Haaren 248
Frauen und Sport 250
Worauf Sie bei aller Fitneß achten sollten 252

12. Chancen und Grenzen von Therapien 255
Wenn Selbstheilung nicht mehr genügt 255
Worauf sollten Frauen in Therapien achten? 255
Aufenthalt im Krankenhaus 261
Zum Umgang mit Psychotechniken, Esoterik und Meditation 262

IV. Das weibliche Tao 267

13. Die Frau als Heilerin 268
Das weibliche Potential zu Selbstheilung und Heilung 268
Umgang mit Patienten, die unter Traumata leiden 270
Für Krankenschwestern 271
Taoistische Prinzipien sinngemäß ins eigene Leben tragen . . 272

14. Ganz Frau sein 274
Mut zur Weiblichkeit 275
Transformation und Integration 275
Lebensaufgaben erkennen und erfüllen 276

Anhang 277

Literaturhinweise 277
Seminaradresse 279
Übungsregister 281
Stichwortregister 283

Vorwort

von Mantak Chia

In der taoistischen Betrachtungsweise sind Frauen *innen* Yang (männlich, stark, hart) und *außen* Yin (weiblich, schwach, weich) – also genau umgekehrt wie die Männer, die *innen* Yin und *außen* Yang sind.

Heutzutage vergessen Frauen oft ihre innere Stärke und imitieren die Männer. Das aber schwächt den weiblichen Körper und bringt die Frau aus dem Gleichgewicht. Frauen müssen verstehen lernen, daß sie innerlich stark sind und nach außen weich und sanft. Das macht ihre Schönheit aus!

Weichheit und Sanftheit sind keine Schwächen. In einem alten chinesischen Sprichwort heißt es: »Was bleibt dem Körper länger erhalten: die weiche Zunge oder die harten Zähne?«

Frauen sollen nicht wie Männer sein – und es auch nicht sein wollen. Es ist ihre Aufgabe, die wirkliche Natur der Frau zu entdecken. Und darum geht es in diesem Buch: Lernen Sie als Frau sich selbst kennen, um so die eigene Schwäche als Stärke zu erfahren und sich nicht durch sie noch mehr zu schwächen.

MANTAK CHIA

Dank

Wenn nicht du, wer dann?
Wenn nicht jetzt, wann dann?
OSHO

Viele Menschen haben mich bei diesem Projekt unterstützt und mir Impulse gegeben. Durch OSHO hörte ich zum ersten Mal die magischen Worte der beiden Mystiker LAO-TSE und TSCHUANG-TSE, und durch ihn habe ich zum ersten Mal die Qualität des Tao erfahren.

Jahre später habe ich bei MANTAK CHIA die taoistischen Praktiken kennengelernt. Ihm möchte ich ganz herzlich dafür danken, daß er mich stets gefördert hat, den weiblichen Ansatz im Tao zu erforschen und zu entwickeln.

Ohne die Hilfe und Inspiration meiner Familie, meiner Freunde und meiner Patienten wäre dieses Buch nie entstanden. Ganz speziell möchte ich meinen Eltern dafür danken, daß sie meine sehr unkonventionelle Lebensweise nicht nur akzeptieren, sondern auch immer unterstützen.

TUSHITA JEANMAIRE sei Dank für ihre humorvolle Unterstützung.

I

Ganz Frau

1. Einführung

Wie dieses Buch entstand

Andere Frauen auf ihrem Weg zu unterstützen, ihnen Impulse zu geben, wie sie ihre weibliche Kraft entdecken, die eigene Mitte finden und *sie selbst* sein können, stand für mich im Vordergrund, als ich dieses Buch schrieb. Mein persönlicher Lebensweg hat es mit sich gebracht, daß ich mich seit früher Jugend, genau gesagt seit 1974, mit fernöstlichen und alternativen Heilmethoden und der Meditation beschäftige. Ich lebte einige Jahre im indischen Poona bei OSHO, einige Jahre in den Vereinigten Staaten und in Italien und verbringe auch jetzt immer wieder einige Zeit in Asien, um meine eigene Meditationspraktik unter Anweisung erfahrener Meister zu vertiefen.

Am eigenen Körper stellte ich fest, daß mancherlei Übungswege und Meditationsmethoden mich weniger in die Mitte führten, als daß sie mich gesundheitlich aus der Bahn warfen. Rückblickend erkannte ich, daß fundiertes Wissen über Energiearbeit, körperliche Reaktionen auf und Nebenwirkungen von Übungsweisen sowie die Kenntnis von Sicherheitsmaßnahmen wichtig gewesen wären. Heute sind für mich Gesundheit und Meditation nicht mehr voneinander zu trennen; allerdings ist es dabei von entscheidender Bedeutung, die individuell abgestimmten Techniken und Programme zu finden.

In meinem vielseitigen Heilberuf – seit fast zwanzig Jahren bin ich sowohl in der Psychiatrie als auch als Körpertherapeutin, Lehrerin und Sexologin tätig; dazu kommt meine Arbeit im Rahmen des taoistischen Heilsystems – wurde und werde ich häufig mit Menschen in Grenzsituationen konfrontiert. Und jedesmal stellt sich von neuem die Frage, wie ich damit umgehe.

Da die westlichen Kulturen bislang keine gültigen und überzeugenden Modelle entwickelt haben, wie man auch in solchen Grenzbereichen heilend handeln kann, so daß beide Seiten - Klient und Therapeut, Schüler und Lehrer, Patient und Arzt - noch wachsen können, war ich entschlossen, neue Wege zu suchen, um diesen Ansatz wenigstens für mich persönlich realisieren zu können.

Immer wieder beobachte ich, daß Betreuer, Ärzte oder andere Therapeuten, die mit Menschen arbeiten, früher oder später - um sich selbst zu schützen - entweder »zumachen«, ihr Gefühlserleben abspalten oder nur in der »neutralen« Therapeutenrolle agieren - und: daß sie Medikamente nehmen, selbst krank werden oder den Beruf wechseln.

Das taoistische System hat mich persönlich in der Anwendung sehr überzeugt. Es lehrt Eigenverantwortung, Transformation, Zentrierung und Integration von Energien. Das taoistische System bietet eine ganze Reihe wirkungsvoller und hilfreicher Techniken und Übungen, die es möglich machen, sowohl im Alltag als auch in Grenzsituationen verantwortlich zu handeln, ohne sich dabei zu verlieren, zu verschließen oder die eigenen Gefühle zu unterdrücken.

Während meiner frühen Tätigkeit im Krankenhaus gab es noch viele Ordensschwestern, die das Klima im Hospital mit Fürsorglichkeit, Hingabe, Herzlichkeit und ihrer weiblichen Intuition prägten. Heutzutage operieren die meisten Krankenhäuser nach wissenschaftlich-analytischen und medizintechnischen, »männlichen« Prinzipien. Dort gibt es die persönliche Betreuung kaum noch, und Anteilnahme und Menschlichkeit haben wenig bis keinen Platz.

Außerdem gelangen wirtschaftliche Überlegungen - Stichworte sind Bettenbelegung und Auslastungsquote, Rentabilität von Investitionen für Gebäude und Geräte - so stark in den Vordergrund, daß das Interesse an der wirkungsvollsten Behandlung, einer menschlichen Betreuung und einer raschen Genesung ins Hintertreffen geraten.

Beobachtungen dieser Art lösen in mir selbst immer wieder Ohnmachtsgefühle aus. Ich erlebe mit, daß besonders Frauen in ihrer Krankheit oder Lebenskrise noch zusätzlich verunsichert werden und sich oft in ihrer Hilflosigkeit einem fremdbestimmten Schicksal überlassen.

Das motivierte mich, ein Buch zu schreiben, das gerade Frauen helfen soll, auch in Krisen und in Grenzsituationen sicher in ihrer eigenen Kraft zu bleiben und ihr Schicksal nicht als Opfer zu erdulden, sondern als verantwortlich und aktiv handelnder Mensch zu gestalten.

In meinen Kursen und in der Einzelarbeit erfahre ich immer wieder, daß Frauen ganz anders erleben und reagieren, daß sie ganz anders auf Übungen ansprechen und mit Techniken umgehen als Männer. Deshalb scheint es mir wichtig, ein Buch über das ganzheitliche taoistische Heilsystem zu schreiben, das ganz speziell die Interessen und Bedürfnisse von Frauen berücksichtigt. Dabei steht Selbstheilung für mich im Vordergrund. Der Weg der Selbstheilung lehrt uns, die eigenen Kräfte zu mobilisieren und auf die eigene innere Stimme zu vertrauen.

Was dieses Buch Ihnen bieten soll

Dieses Buch soll Ihnen helfen, Ihr Potential und Ihre Energie zu entfalten. Dazu ist es wichtig, zunächst die Hindernisse zu erkennen, die Sie davon abhalten. Es soll eine sinnvolle Ergänzung sein zu den Gesundheitsprogrammen und Therapien, die Sie bereits anwenden.

Weiterhin möchte es Sie anregen, die Dinge von einem etwas anderen Blickwinkel her zu betrachten. Das theoretische Hintergrundwissen und die praktischen Übungen können eine Unterstützung dafür sein, um ein neues Verständnis für Körper und Energie zu entwickeln.

Die Essenz des Buches ist: Jeder Mensch ist einzigartig. Jeder Mensch geht seinen eigenen Weg. Es gibt keine Patentrezepte oder dogmatisch festgelegten Therapien und Techniken. Die Lebensaufgabe jedes Menschen ist es, im Laufe seines Lebens seine eigenen Wege zu finden und zu gehen. Dazu gehört auch, daß Sie die Anwendung von Therapien, Heilmitteln und Übungen immer individuell für sich überprüfen.

Hier soll Ihnen Mut gemacht werden, offener und kritischer zugleich zu sein, festgefügte Ansichten in Frage zu stellen und selbst auszuprobieren, was für Sie ganz persönlich wichtig und richtig ist. Ich möchte Ihnen praktische Hinweise zum Umgang mit Energie, Körper und Sexualität vorstellen.

Dieses Buch kann und soll keine medizinisch notwendige ärztliche Diagnose oder Therapie ersetzen. Es hat auch nicht zum Ziel, ein in sich geschlossenes »perfektes« Übungssystem zu präsentieren. Vielmehr sind Sie aufgerufen, auch diesem Inhalt gegenüber kritisch zu bleiben und herauszufinden, wie Ihre eigene Wahrheit und Ihr persönlich adäquater Weg zur ganzheitlichen Gesundheit aussehen.

Obwohl ich speziell für Frauen geschrieben habe, finden Sie kein Kapitel, das sich mit Schwangerschaft, Geburt und dem Aufziehen von Kindern befaßt. Diese Thematik bedürfte eines gesonderten Buches. Und es soll hier nur ganz und gar um Sie selbst gehen. Sie sollen sich dazu eingeladen fühlen, sich (vielleicht endlich einmal?) wirklich intensiv und innig mit sich selbst zu beschäftigen und sich selbst als Hauptperson in Ihrem Leben zu sehen.

Wir haben jederzeit selbst die Wahl und können uns selbst immer wieder neu entscheiden, ob wir gesünder leben und werden möchten oder nicht. Dementsprechend können wir die innere Haltung und die äußere Lebensführung gestalten. Ich möchte Sie herzlich dazu einladen, den lebensbejahenden Weg des Tao auszuprobieren.

Was ist Gesundheit?

Gesundheit ist nach der Definition der Weltgesundheitsorganisation WHO der Zustand völligen körperlichen, geistigen, seelischen und sozialen Wohlbefindens. Diese ganzheitliche Gesundheitsvorstellung hat jedoch mit den therapeutischen Maßnahmen der westlichen Ärzte und Wissenschaftler oft recht wenig zu tun. Der Gesundheitszustand wird überwiegend anhand von Laborwerten und der An- oder Abwesenheit von Krankheitssymptomen beurteilt. Der Westen beschäftigt sich mehr mit Krankheit als mit Gesundheit. Das drückt sich auch in der Umgangssprache aus, wenn wir von Krankenhaus und Krankenversicherung anstatt von Gesundheits- oder Heilungshaus und Gesundheitsvorsorge oder Gesundheitsversicherung sprechen.

In der Tradition Chinas bedeutet Gesundheit innere Harmonie, die nach außen strahlt, und ganzheitliche körperliche und seelische Ausgewogenheit. Im Taoismus geht es in erster Linie um die Gesunderhaltung, um die natürliche Lebenshaltung und Lebensweise im Alltag. Ärzte wurden früher in China nur so lange bezahlt, wie die Menschen gesund waren. Wenn sie krank wurden, blieb die Bezahlung aus, so daß die Ärzte ihr Bestes geben mußten, die Menschen wieder zu heilen.

Die Chinesen sprechen, wenn es um Gesundheit geht, auch vom inneren »Klima«. So, wie wir in bezug auf die Natur von Klima und Klimazonen sprechen und damit Wärme oder Kühle, Trockenheit oder Feuchtigkeit, Wind oder Windstille und so weiter meinen, gibt es auch im Körper ein »Gesundheitsklima«.

Ein gesundes, ideales und ausgewogenes Körperklima besteht, wenn der Körper weder zu heiß noch zu kalt, weder zu trocken noch zu naß ist und keine Winde vorhanden sind.

Gesundheit bedeutet auch, die Fähigkeit zu entwickeln, einen richtigen Ausgleich für die jeweilige Lebenssituation zu finden. Das Prinzip ist so einfach, daß es wohl gerade deshalb nicht häufig genug praktiziert wird: Wer beruflich viel sitzen muß, sollte durch körperliche Bewegung für einen Ausgleich sorgen; wer viel reisen muß, sollte echte Ruhepausen einlegen, und so fort.

Gesundheit ist eine sehr individuelle Angelegenheit. Was für den einen förderlich ist, belastet den anderen. Manche Tätigkeiten, Nahrungsmittel, Heilweisen und Arzneien sind für diesen Menschen wirksam, für den nächsten schädlich. Es gibt keine universal gültige Festlegung, was »gesund« ist, nur immer wieder neue Bemühungen, das ganz persönliche Gleichgewicht der individuellen Gesundheit zu finden.

Man kann zum Beispiel nicht einfach behaupten: »Saunieren ist gesund.« Es gibt Menschen, für die die Sauna gesundheitsfördernd wirkt – Frauen mit Blutmangel (allgemein auch während der Menstruation) ist davon aber eher abzuraten, weil der Saunagang die Säfte und das Blut erschöpfen und den Organismus so noch mehr schwächen würde.

Rohkost ist ebenfalls nicht generell gesund. Bei manchen Menschen führt sie zu einer Verbesserung des Gesundheitszustands, bei anderen Menschen, zum Beispiel mit einer Milzschwäche, ist sie jedoch eher eine unnötige Überforderung des Körpers.

Es gibt Menschen, die vor Gesundheit nur so strotzen und anscheinend nichts für ihr Wohlbefinden tun müssen. Im Normalfall sollten die meisten von uns allerdings Zeit, Energie, Zuwendung (und wohl auch Geld) in die Gesundheit »investieren«. Am wichtigsten ist die Bewußtheit, die wir auf unsere eigene Gesundheit richten.

Ein ehemaliger Patient von mir, ein junger Mann, der als »schizophren« diagnostiziert war, mußte zeitweise stationär mit starken Psychopharmaka behandelt werden. Die Ärzte konnten ihm keine gute Prognose stellen. Viele Jahre später begegnete ich ihm wieder, und es ging ihm gut, er war jahrelang nicht mehr in Kliniken gewesen. Auf meine interessierte Nachfrage erzählte er mir:

»Ich habe gemerkt, daß es nicht gesund oder krank gibt und daß es für mich nicht wichtig ist, gesund zu *sein*. Statt dessen versuche ich, jeden Tag einen kleinen, aber konkreten Schritt auf meine eigene Gesundheit hin zu machen.«

Überprüfen Sie Modetrends auf ihre Gültigkeit

Es ist erstaunlich, wie viele starre und geradezu fixe Ideen es gibt, wenn es um das Thema Gesundheit geht. Meist völlig kritiklos übernehmen wir aus Zeitschriften und Büchern Ideen und Vorstellungen, die wir zu unserer neuen Wahrheit machen. Denken Sie nur daran, wie stark sich nicht nur die Kleidermode, sondern auch die Diätmode verändert. Jede Saison bringt die angeblich nun wirklich hundertprozentig wirksame Abspeckdiät, die leicht und schmackhaft ist und dauerhaften Erfolg verheißt.

Unsere Ansichten über Gesundheit werden auch durch die kommerzielle Werbung stark geprägt. Vermutlich kennen Sie die meisten der folgenden Slogans und Marken mit werbekräftigen Namen: »Nimm zwei« (Vitaminbonbons), »So wertvoll wie ein kleines Steak« (Joghurtprodukt), »Du darfst« (Buttterersatz), »Kinderschokolade«. Vielleicht erinneren Sie sich auch daran, daß vor einigen Jahren eine Werbekampagne in Afrika einer weltweit tätigen Firma für ihre Milchprodukte nach internationalen Protesten gestoppt werden mußte, weil die weniger gebildeten Mütter sich hatten einreden lassen, daß ihre Kinder besser mit dieser Milch anstatt mit der natürlichen Muttermilch ernährt werden sollten.

Das Konsumverhalten unserer Gesellschaft hat uns so geprägt, daß wir dieses Konsumieren automatisch auf die Gesundheit übertragen, weil wir ganz einfach nie ein anderes Verhalten erlernt haben. Tatsächlich wird uns sogenannte Gesundheit an jeder Ecke angepriesen und verkauft. Aber dieses »System« mag noch so einfach und praktisch sein, es funktioniert nur leider so nicht.

Gesundheit ist kein Produkt, das in einem Supermarktregal liegt und das wir für einen bestimmten Geldbetrag kaufen und konsumieren können. Es ist auch keine Dienstleistung, die uns im Verlauf einiger Thearapeutenstunden quasi automatisch angedeiht, wenn wir oder die Krankenkasse dafür zahlen.

Auch dieses Buch kann Ihnen nur Anregungen geben, Hintergründe vermitteln und Übungen vorschlagen, damit Sie gesundheitsbewußter werden und die Bedingungen für Ihr persönliches inneres und äußeres Gleichgewicht erforschen. Ihre Gesundheit ist etwas, wofür vor allem Sie selbst verantwortlich sind!

Selbstverantwortung und Selbstheilung

Werden Sie zur »Fachfrau« für Ihre eigene Gesundheit. Es gibt keinen Menschen, der so gut und genau über Sie Bescheid weiß wie Sie selbst. Kein anderer, auch kein »Experte«, kennt Ihre Gefühle und Gedanken, Ihre Körperreaktionen und Lebensführung so gut wie Sie selbst. Sie spüren es, wenn ein Lebensmittel Ihnen nicht so zusagt, wenn die Begegnung mit einem Menschen Sie schwächt, wenn Sie Gelüste auf dies oder jenes entwickeln.

Und abgesehen davon, daß keiner Sie so innig und intensiv spürt wie Sie sich selbst, gibt es meist auch keinen anderen Menschen, der so für Sie motiviert ist, gesund zu sein, und der so viele kleinere und größere Dinge zur Förderung Ihrer eigenen Gesundheit im Alltag unternehmen kann wie Sie selbst.

Wenn Sie sich nicht um sich selbst kümmern, wer sollte es dann tun? Seien Sie mutig genug – gerade auch, wenn Sie an die Hinweise aus dem vorangegangenen Abschnitt denken –, Ihre bisherigen Gesundheitsvorstellungen und Übungsprogramme, Ihren Speisezettel und Tagesablauf zu überprüfen: Trauen Sie sich, vermeintlich unumstößliche Gesundheitswahrheiten in Frage zu stellen, und überprüfen Sie, was Ihnen selbst wirklich guttut. Wir alle haben die »innere Stimme«, geben ihr jedoch oft nicht den Raum, den sie braucht, und hören nicht oft genug auf sie.

Der wichtigste Schritt zur Selbstheilung besteht meiner Erfahrung nach darin, zu sich selbst zu kommen, um so die innere Ruhe zu finden und dadurch sensibel und offen zu werden für die Botschaft der inneren Stimme.

Unterschiede zwischen Mann und Frau in der Gesundheit

Allgemeine körperliche Unterschiede zwischen Frau und Mann sind offensichtlich. Unterschiede gibt es aber auch in bezug auf die Art und Weise, Gesundheit zu erhalten, Heilung zu fördern und in ein umfassendes Gleichgewicht zu gelangen.

Der weibliche Körper ist ganz bestimmten Energiemustern unterworfen. Deshalb ist es für die Gesunderhaltung sehr wichtig, diese Gesetzmäßigkeiten zu kennen und zu beachten und den Körper ganzheitlich zu unterstützen.

Viele Fitneß- und Gesundheitsprogramme sowie Meditationspraktiken wurden von Männern entwickelt und eignen sich nicht vorbehaltlos auch für Frauen. Bereits vorhandene Beschwerden und Disharmonien können durch allzu aktive »männliche« Techniken noch verstärkt werden.

Spezifische Frauenprobleme wie Menstruationsbeschwerden, Ausfluß, emotionale Schwankungen, bestimmte sexuelle Probleme, chronische Überlastung und Müdigkeit, alte seelische und körperliche Traumata werden in der chinesischen Selbstheilung ganz speziell wahrgenommen.

Die Techniken und Übungen in diesem Buch sind für Frauen entwickelt, weiterentwickelt oder umgewandelt worden und sprechen die besonderen Energiemuster der Frau an.

Warum wir eigene weibliche Gesundheitssysteme brauchen

Unsere Gesellschaftsformen sind überwiegend männlich geprägt. Auch unsere Gesundheitssysteme werden vor allem von Männern organisiert und beherrscht. Als Krankenschwestern waren Frauen zwar immer schon willkommen, als Ärztinnen, Krankenhausleiterinnen, gar als Professorinnen oder Gesundheitsministerinnen mußten sie sich jedoch erst gegen starke Widerstände durchsetzen (oder sind auch heute nur ein »Feigenblatt«).

Damit sind nicht nur Politik und Verwaltung von Gesundheit männlich bestimmt, sondern auch Forschung und Lehre. Denken wir nur an die analytisch aufsplitternde Sicht körperlicher Gesundheit und das Spezialistentum im Gegensatz zu einem ganzheitlichen Ansatz. Denken wir an die »harten« Therapieformen von »Stahl und Strahl«, an die Fülle aktiver, sogenannter invasiver, also stark eingreifender Behandlungsmethoden.

Inzwischen ist ein leichtes Umschwenken, eine gewisse Öffnung des Gesundheitswesens für die Belange von Frauen erkennbar. Dennoch besteht noch ein unglaublich großer Nachholbedarf darin, spezielle Gesundheitssysteme zu entwickeln, die den Bedürfnissen von Frauen gerecht werden.

Was wir meiner Ansicht nach brauchen, ist eine neue ganzheitliche Gesundheitskultur. Seelisches Verständnis, Mitgefühl, auch Liebe sollten eine gleichberechtigte Rolle spielen neben der »wissenschaftlich« begründeten Medizin. Auch in Forschung und Lehre müßten Ganzheitsansätze - also die Verbindung von natürlichen und »alternativen« Heilweisen mit der sogenannten Schulmedizin - als wichtiger Zweig des Gesundheitssystems einen festen Platz erhalten und massiv gefördert werden.

Was macht Frauen krank?

Ein Grundübel von »Frauenkrankheiten« ist die Opferrolle, in der viele Frauen gefangen sind oder sich selbst gefangen haben. Viele Frauen empfinden - mehr als Männer - häufig, daß ihnen das Leben »zustößt«, daß ihnen etwas von außen Kommendes geschieht, dem sie sich dann kommentarlos, kritiklos oder gar wehrlos ergeben oder unterordnen.

Wenn wir Frauen unseren Selbstwert aus dem Außen beziehen, wenn wir Bestätigung aus unserer Umwelt erwarten, wenn wir es allen recht machen wollen und dabei unsere eigenen Gefühle und Überzeugungen übergehen, dann schaffen wir die »besten« Voraussetzungen, um dazu auch noch krank zu werden.

Wenn wir unsere eigene Persönlichkeit zuwenig achten, wenn wir (noch) keinen Respekt vor der Größe und Würde unserer Person und Seele entwickelt haben, untergraben wir damit Harmonie, Ausgeglichenheit, Stärke und demzufolge auch unsere Gesundheit.

Wenn wir uns aufgrund innerer Unsicherheit an äußere Dinge klammern und dann in Abhängigkeit geraten, schaffen wir damit eine Grundlage, auf der Krankheit entstehen kann. Ein Beispiel: Wir gehen eine Beziehung ein, weil wir Angst vor dem Alleinsein haben; wir klammern uns an diese Beziehung vielleicht auch dann, wenn wir nicht gesünder und glücklicher, sondern kränker und unglücklicher werden. Aus zahlreichen Therapieformen wissen wir, daß gerade Frauen, die unsicher sind, sich gern an die Therapiesitzung (oder an den Therapeuten) klammern und so leicht in ihrer Unselbständigkeit bleiben.

Der Mangel an Lebenssinn, eine allgemeine Orientierungslosigkeit, nicht zu wissen, warum und wie man leben möchte, sind weitere Ursachen, die über kurz oder lang Krankheit auslösen.

Wenn wir die Verantwortung für unser eigenes Leben und für unsere persönliche Gesundheit (bewußt oder unbewußt) ablehnen, so kann auch dieses Verhalten »krank machend« wirken.

Wenn wir nicht in unserer Mitte sind und bleiben, fallen wir auch aus unserer inneren und äußeren, aus der geistig-seelischen und körperlichen Gesundheit heraus.

Wir Frauen sind vom Wesen her sehr offene und sensible Wesen. Meist haben wir nicht gelernt, mit dieser Offenheit umzugehen, uns abzugrenzen oder zu schützen. Wir sind dann wie ein »Schwamm«, der unwillkürlich alles Übel dieser Welt aufsaugt. Das erzeugt die »besten« Voraussetzungen, unter denen sich Krankheiten entwickeln können.

Innere Kraft und Motivation zur Selbstheilung entwickeln

Gesundheit ergibt sich fast nie »automatisch«. Die Pflege und Erhaltung von Gesundheit bedarf der täglichen kleinen Schritte, des inneren Gleichgewichts, der seelischen Freude und Harmonie, der richtigen Entscheidungen über Aktivitäten und Ernährung im Alltag und so fort.

Gesundheit zu erlangen braucht Energie, braucht innere Kraft. Diese Kraft aufzubringen bedarf einer tragfähigen Motivation. Wenn es an der Motivation fehlt, entwickeln wir nicht genug Kraft. Wenn es uns an der Kraft fehlt, bleibt oft die Motivation aus.

Wenn es uns gutgeht, ist nicht so schwer auszuführen, was wir uns als Gesundheitsprogramm vorgenommen haben. Wenn es uns nicht so gut geht, fehlen schnell Motivation und Kraft, um auf dem gewählten Weg zur Gesundheit auch wirklich voranzugehen und nicht liegenzubleiben oder sogar zurückzufallen.

2. Über die Weiblichkeit

Das Frauenbild

Frausein heute ist sehr verwirrend. Das alte Bild vom »Heimchen am Herde« und von den drei Ks – Küche, Kinder, Kirche – stimmt (dankenswerterweise) nicht mehr unbedingt. Frauen arbeiten, Frauen machen Karriere, Frauen machen Politik, Frauen kämpfen für ihre Rechte. Zwischen alten und neuen Frauenbildern sollen wir Frauen uns heute orientieren.

Trotz der Gleichberechtigung bleiben die Funktionen in Familie und Haus überwiegend an der Frau hängen, auch wenn sie selbst berufstätig ist. Dadurch entsteht eine Doppel-, Dreifach- oder gar Vierfachbelastung.

Dazu kommt, daß unser so fortschrittlich modernes, dabei überaus kompliziertes Leben eine Situation geschaffen hat, die unnatürlich ist und sich mehr an Profitdenken und Wirtschaftserfordernissen der industriellen Produktionsgesellschaft als an den natürlichen Rhythmen des menschlichen Lebens orientiert.

Hektik und Streß, Leistungsdruck und Jagd nach dem Geld stehen im Vordergrund; die Überflutung mit unnützen oder negativen Impulsen aus den Massenmedien gesellen sich hinzu; der Mensch fühlt sich entwurzelt, desorientiert und ohne Lebenssinn und Ziel.

Das weibliche Prinzip funktioniert jedoch nach eigenen Gesetzmäßigkeiten. Den natürlichen weiblichen Energiefluß wieder neu zu entdecken und zuzulassen, um diese essentiellen Qualitäten in die verrückte und unnatürliche Zeit, in der wir leben, zu integrieren, ist eine sehr ernst zu nehmende Aufgabe für uns Frauen. Die Verantwortung, diese weibliche Heilkraft zu entwickeln und zu stärken, bedeutet auch, Verantwortung für unseren Planeten Erde zu übernehmen und diesen zu heilen und zu stärken.

Zu oft schauen wir Frauen nach außen, um uns im Selbstwert bestätigen zu lassen. »Bin ich eine gute Mutter?«, »Wie wirke ich als Frau auf Männer?«, »Mache ist es ... recht?«, »Gefalle ich?«

Frauen sind an eine dienende, sich anpassende Rolle eher gewöhnt als Männer. Wie können Frauen selbstsicher sein, ein hohes Selbstwertgefühl entwickeln und Selbstvertrauen ausstrahlen, wenn sie weder geistigen Raum noch genügend äußeren Platz gehabt haben, um genau das zu entfalten?

In unseren Gesellschaftsformen ist fast alles darauf ausgerichtet, die äußere Natur zu bezwingen, sie zu unterwerfen, sie auszubeuten. Damit geht einher, daß wir unsere innere Natur verneinen, diese meist nicht mehr wahrnehmen und ihr Wesen und ihre Bedürfnisse nicht mehr anerkennen.

Zu einem besseren Frauenverständnis gehört meines Erachtens, wieder auf die eigene innere Natur zu hören, ihr Wesen zu erspüren, sie zu akzeptieren, zu pflegen, zu schützen, zu heilen und sie dann ganz selbstverständlich und natürlich auch nach außen wirken zu lassen.

Es gibt kein allgemeingültiges und auch kein perfektes Bild der Frau, das für andere Frauen zum Vorbild oder gar zum Ideal werden kann - oder darf. Es geht statt dessen darum, sich selbst zu erkennen und zu entwickeln und ein eigenes Frauenbild entstehen zu lassen, das vielleicht nur für Sie ganz persönlich gilt, dafür aber die ganze Individualität Ihres Wesens zum Ausdruck bringt.

Ganz Frau

»Ganz Frau« zu sein bedeutet, einzelne Funktionen unseres Seins - Bewußtsein, Denken, Herz, Gefühl, Sinnlichkeit, Körperlichkeit oder Sexualität - nicht auszuschalten, zu unterdrücken oder abzuspalten und dadurch aus der Ganzheit und dem Moment zu fallen, sondern bewußt immer wieder in die Ganzheit zurückzukommen.

Jeder von uns folgt bestimmten persönlichen »Abspaltungsmustern«, wenn und während wir aus der Ganzheit fallen. Diese Abspaltungsmuster sind Hinweise auf unsere Lebensprobleme. Wer kennt das nicht: Unser Herz möchte so, unser Kopf anders, und unser Bauch meldet einen dritten Wunsch an. Diese inneren Kämpfe sind zermürbend, verwirrend und rauben uns sehr viel Kraft.

Mißhandelte Frauen und geschlagene Kinder spalten oft ihre Gefühle ab, um so einen Überlebensschutz zu erschaffen. Sie verdrängen oder unterdrücken Schmerzen und Ohnmachtsgefühle, um rein physisch weiterleben zu können (um eine Wohnung zu behalten, um Essen zu bekommen und so fort). Doch dadurch verschwinden diese negativen Erfahrungen nicht – sie kommen oft unerwartet und verzögert wieder und wirken sich auf unser Erleben aus, wenn sie nicht zum richtigen Zeitpunkt »verarbeitet« werden können.

Ein Beispiel für Spätfolgen solcher Abspaltung von Gefühlen könnte sein: Sie schmusen mit Ihrem Partner oder mit Ihrem Freund, und plötzlich sind Sie abwesend, Sie sind gedanklich und gefühlsmäßig irgendwo, an einem undefinierbaren Ort, oder Sie erleben alles plötzlich dumpf, wie in Nebel eingehüllt oder durch eine Glasglocke hindurch, unbeteiligt und ohne Gefühle. Ihre Gefühle sind von Ihrer jetzigen Situation »abgespalten«.

Lassen Sie sich dennoch auf Ihre Gefühle ein, kann vieles von dem Unterdrückten »hochkommen« und Sie regelrecht überschwemmen, so daß Sie möglicherweise damit nur schwer fertig werden.

Eine weitere Abspaltung könnte sein: Sie nehmen sich fest vor, eine Gewohnheit oder ein Verhaltensmuster, die beziehungsweise das ungünstig oder ungesund ist, ab heute abzulegen. Da kann es sich um das Rauchen handeln, das Sie sich abgewöhnen wollen, oder um eine andere schlechte Angewohnheit (Zuckersucht, Alkoholsucht, Kritiksucht und so weiter). Am nächsten Tag tun Sie das gleiche jedoch wieder. Sie leben also nicht als Einheit.

Welche Einzelfunktion von der Ganzheit abgespaltet worden ist, muß man von Fall zu Fall erforschen. Ein Hauptanliegen der taoistischen Praktiken besteht darin, die verschiedenen Ebenen energetisch wieder miteinander zu verknüpfen. Ich beobachte, daß gerade Frauen, wenn sie sich auf Gefühle einlassen beziehungsweise sich ihnen hingeben, dazu neigen, das Denken oder ihre geistige Klarheit abzuspalten. Das kann dann bedeuten, daß wir, wenn wir uns verlieben, »den Kopf verlieren« und dadurch vergessen, was uns im Leben eigentlich wichtig ist und was wir wirklich wollen.

Wenn durch das Einlassen auf Gefühle das Bewußtsein und die Klarheit ausgeschaltet werden, geraten wir sehr leicht in alte diffuse und undefinierbare Gefühlsmuster hinein, die mit der Gegenwart nichts mehr zu tun haben.

Ein häufiges Abspaltungsmuster besteht darin, entweder sich selbst klar und bewußt zu spüren oder sich sexuell ansprechbar und sinnlich zu fühlen, nicht jedoch beide Bereiche gleichzeitig und gleichwertig zuzulassen und zu erleben.

Frauen, die keine Freude (mehr) an der Sexualität empfinden, tendieren dazu, ihr Körperempfinden abzuspalten und den Geschlechtsakt einfach über sich ergehen zu lassen. Frauen, die sich von Männern bedrängt fühlen, isolieren unversehens den Bereich der Sinnlichkeit, um die männliche Energie aus Selbstschutz abzublocken.

Leistungssportler spalten oft ihre körperliche Sensibilität ab, um die Härte von Training und Wettkampf durchstehen zu können. Der gestreßte Manager kann sich unmöglich während seiner unzähligen Aktivitäten auch noch um seine Gefühlswelt kümmern; so blendet er diesen Bereich einfach aus und ignoriert ihn.

Das sind nur einige wenige Hinweise auf bestimmte Abspaltungsmuster aus einer Vielzahl von Möglichkeiten. Beginnen Sie, sehr sorgfältig darauf zu achten, wann, warum und auf welche Weise Abspaltungsprozesse in Ihnen ablaufen. Versuchen Sie, so früh und genau wie möglich Ihren Mechanismus zu entdecken und wahrzunehmen, um zentrierter in der Ganzheit zu bleiben oder rascher und leichter wieder eins mit sich zu werden. Das Tao wird Sie auf dem Weg der Selbstheilung unterstützen.

Die Frau im Taoismus

Ursprung des Taoismus

Das chinesische Zeichen Tao steht für Weg, Straße, Gesetz oder Naturgesetz, für das Prinzip, das hinter den Dingen herrscht. Der Taoismus ist eine Lehre, die sich im alten China entwickelt hat. Spätestens seit dem Weisen LAO-TSE, der etwa im sechsten Jahrhundert v. Chr. gelebt haben soll, und dem Mystiker TSCHUANG-TSE, der von 369 bis 286 v. Chr. gelebt hat, haben sich viele Millionen von Menschen mit dem beschäftigt, was wir heute mit dem Sammelbegriff Taoismus bezeichnen.

Die Wurzeln des Taoismus reichen mindestens zwei- bis dreitausend Jahre zurück. Der Oberbegriff Taoismus bezeichnet zwei ihrem Wesen nach unterschiedliche Strömungen, eine Lebensphilosophie und eine Religionsform.

Der Taoismus ist zwar eine Weltanschauung, die das Leben als Mysterium betrachtet, trotzdem könnte man ihn auch als Wissenschaft vom Leben bezeichnen. Über die Jahrtausende haben Taoisten das Leben und die Natur beobachtet, erforscht und Gesetzmäßigkeiten erkannt.

Sie haben herausgefunden, daß für alles in der Welt dieselben Gesetzmäßigkeiten gelten und daß alles mit allem verbunden ist. Aus dieser Einsicht hat sich der Taoismus zu einer sehr praxisbezogenen, natürlichen, positiven Lebensweise entwickelt, die alle Bereiche mit einbezieht.

Der menschliche Organismus ist ein Teil des Kosmos, und der Kosmos manifestiert sich im menschlichen Körper. Der Kosmos umfaßt Himmel, Erde, Sonne, Mond und Sterne, Holz, Feuer, Metall, Wasser, alle Tiere und Pflanzen. Die Sterne beeinflussen die Erde und den Menschen. Die Gesetzmäßigkeiten, die die Jahreszeiten und den Tag- und Nachtrhythmus hervorrufen, bestimmen auch die körperlichen Vorgänge im Menschen. Der Mensch ist die Verbindung von Himmel und Erde. Das Tao ist die Mutter aller Dinge. In das Tao kehren aber auch alle Dinge wieder zurück. Einssein, im Fluß mit dem Tao zu sein, das ist das Ziel der Taoisten.

Der Taoismus bezieht alle Lebensbereiche mit ein, von Staatsführung und Kriegskunst über Heilkunde und Astrologie bis hin zu Feng Shui und Meditation. Das *I Ging,* die Akupunktur, die Meridianlehre, die Lehre von Yin und Yang, Kung Fu, Tai Chi, Qi Gong, die Fünf-Elemente-Ernährung sowie die taoistische Energiearbeit und Sexualkunde sind Beispiele für ganzheitliche Lehren und Heilmethoden, die aus dem Taoismus entstanden und heute auch bei uns recht bekannt geworden sind.

Die Grundlage der taoistischen Gesundheitslehre, der Medizinklassiker *Huang Di Nei Ching,* soll vom legendären Kaiser HUANG-TI, dem gelben Kaiser, verfaßt worden sein, der zwischen 2697 und 2575 v. Chr. gelebt haben soll. Für die Chinesen gilt er neben den beiden oben erwähnten Mystikern als Urvater des Taoismus. Dieses noch heute maßgebende Werk der inneren Medizin wurde nach einer anderen Auffassung aber erst viel später, etwa 200 v. Chr., von mehreren Personen geschrieben.

Es gibt eine Sammlung von Schriften, *Tao-tsang* genannt (der taoistische Kanon), mit 1476 verschiedenen Werken, welche die Grundlage der taoistischen Lehre bilden. Das sind Texte über Medizin, Chemie, Botanik, Astronomie, Alchimie und die Unsterblichkeit. Die verschiedenen Werke haben einen Gesamtumfang von über 5400 Bänden.

Jahrtausende hindurch wurden die Lehren und Praktiken des Taoismus nur mündlich an auserwählte Schüler übermittelt oder innerhalb der Familie weitergegeben. Ein Mantel der Geheimhaltung hüllte sich um die inneren Praktiken. Deshalb sind die meisten Lehren, ihr Gedankengut und ihre Übungen trotz der Überlieferung durch die Zeit intakt geblieben. Seit einigen Jahrzehnten wurden etliche innere Praktiken auch außerhalb der oben erwähnten Kreise bekannt. Mir scheint ein Vorteil darin zu liegen, daß möglichst viele Menschen Wissen erwerben, das ihnen hilft, sich weiterzuentwickeln. Andererseits sind mindestens zwei Nachteile offensichtlich: Ohne persönliche Anleitung durch eine/n kompetente/n Lehrer/in können manche Praktiken gefährlich sein, und es könnte durchaus häufiger vorkommen, daß unreife Menschen aufgrund egoistischer Motive manche Praktiken negativ einsetzen.

Ziele des Taoismus

Das höchste Ziel des Taoismus ist Unsterblichkeit, die Unsterblichkeit des Geistes, des Bewußtseins. Der gekonnte Umgang mit Energie, mit Kräften, auch *Chi* (oder *Qi*) genannt, wurde in den letzten drei- bis vierhundert Jahren zu einem weiteren wichtigen Ziel im Taoismus.

Die Einheit aller Dinge, das natürliche Leben in Übereinstimmung mit der Natur und den Gesetzmäßigkeiten der Natur, bildet ein drittes Ziel des Taoismus. Ein viertes Ziel lautet, persönliche Eigenständigkeit und spirituelle Unabhängigkeit zu erlangen – durch die Entdeckung und die Entwicklung der eigenen inneren Kraft. Dadurch kann der Mensch seine Lebensaufgabe wahrnehmen und erfüllen.

Daneben gibt es natürlich eine Fülle von Zielen, die mit der jeweiligen Richtung des Taoismus zu tun haben, also zum Beispiel Heilung durch Ausgleich von Energien in der Akupunktur oder Sammlung und Beherrschung von Kraft in den Kampfkünsten.

Für alle Ziele ist eine bewußte Lebensführung wichtig, die die ganzheitliche Gesundheit (beziehungsweise Heilung, wo notwendig) in den Vordergrund stellt. Gesundheit, innere Stärke und geistige Wachheit sind die unentbehrlichen Fundamente des taoistischen Weges.

Potential des Taoismus

Das Tao ist ein Weg der Transformation. Transformation bedeutet die Umwandlung von Energien, Emotionen und Situationen, zum Beispiel negative Emotionen in Lebenskraft zu transformieren, rohe

Energien zu verfeinern, einschränkende Denkmuster zu erweitern, körperliche Energieblockaden aufzulösen und so fort. Dazu gibt der Taoismus sowohl das nötige theoretische Hintergrundwissen als auch eine Fülle von spezifischen Praktiken.

Der taoistische Weg öffnet dabei den Zugang zur inneren Kraft und hilft, eigenverantwortlich zu wirken und unabhängig zu leben. Damit dient er der Entfaltung und Verwirklichung des individuellen Potentials.

Der taoistische Weg führt dazu, die bereits überall und auch in uns selbst vorhandene Ganzheit zu entdecken. Dieser Ganzheit wird im Taoismus der notwendige Raum belassen oder wiedergegeben, damit sich die Entwicklung des Lebens ungestört und im natürlichen Rhythmus vollziehen kann.

Der taoistische Weg ist lebensnah und verständlich. Durch einfache Übungen und Techniken kann auch immer wieder der Bezug zum Alltag geschaffen werden. Persönliche Erfahrungen, Einsichten und Entwicklungen können so besser integriert und umgesetzt werden.

Dieses Potential wurde bislang überwiegend von Männern entwickelt, gelehrt und angewendet. Welches wundervolle Potential der taoistische Weg speziell für Frauen birgt, wurde bislang nicht genügend entfaltet und ausgeschöpft. Das liegt auch an der Stellung der Frau in der chinesischen Gesellschaft und in praktisch allen Kulturen. Auf die Position der Frau in östlichen Heilsystemen möchte ich zunächst kurz gesondert eingehen, bevor ich begründe, warum ein eigenes Tao-Buch für Frauen wichtig ist.

Die Stellung der Frau in der östlichen Gesundheitslehre

Die chinesischen Heilsysteme sind bei uns im Westen recht populär geworden. Immer mehr Frauen fühlen sich davon angezogen und üben diese Praktiken. Oft genug machen wir Frauen uns jedoch keine Gedanken darüber, was diese Übungen bezwecken und ob sie sich für uns eignen. Deshalb möchte ich, einige Gedanken zur besseren Zuordnung einbringen.

Die typische Frau im alten China war hauptsächlich im Heim tätig. Sie kümmerte sich um Haus und Herd, um Kinder und Familie. Die Heilkunst, die Kampfkunst und die spirituelle Entwicklung waren im Osten und im Westen überwiegend den Männern vorbehalten. Nur durch die Auswahl und Zubereitung der Ernährung sowie die Anwendung von Kräutern konnten Frauen eine gewisse Heilkunde erwerben und ausüben - meistens eher unbemerkt. Frauen hatten keine eigenständige, sondern bestenfalls eine zudienende Rolle inne.

Es gab aber auch Frauen, die in innere Praktiken des Taoismus eingeweiht waren. Es soll sich vorwiegend um die Konkubinen des Kaisers gehandelt haben. Es gab aber auch viele taoistische Geheimgesellschaften, in denen Frauen die sexuellen Praktiken ausübten und an Orgien und Ritualen teilnahmen.

Sexualität war ein Gebiet, auf dem Frauen ein großes Wissen und Können besaßen. Wie weit sie sich dabei persönlich verwirklichen konnten oder ob es in erster Linie darum ging, dem Manne mehr Genuß zu verschaffen, sei dahingestellt.

Viele der heute bekannten taoistischen Praktiken sind aus den Kampfkünsten entstanden und richten sich deshalb vor allem auf die Bedürfnisse, Möglichkeiten und Ziele von Männern.

Es gab nur wenige Frauen als Schülerinnen und noch weniger Frauen als Meisterinnen. Das heißt, daß der Taoismus die besonderen Fähigkeiten und Bedürfnisse, die speziellen Entwicklungsmöglichkeiten und Neigungen von Frauen praktisch nie wirklich beachtete und förderte.

Auch heute weiß ich von zumindest einem Tao-Meister, daß er sein Wissen nur Männern weitergibt, und diese müssen versprechen, es vor ihren Frauen geheimzuhalten. Außerdem wurden Frauen in China in den letzten paar hundert Jahren die Füße eingebunden, um einer vermeintlichen späteren Augenweide und Zierde willen. Wie hätten sie so, mit eingebundenen Füßen und entsprechenden Schmerzen, Qi Gong und Tai Chi üben sollen?

Man kann ohne Übertreibung feststellen, daß die bekannten taoistischen Praktiken von Männern für Männer erarbeitet wurden und die Frau darin »zu kurz« kommt. Halten wir uns diese Tatsache vor Augen und überprüfen wir die herkömmlichen traditionellen Gesundheitsmodelle, ob sie unsere Weiblichkeit wirklich einbeziehen und ob sie auch die weiblichen Yin-Anteile nähren.

Warum ein eigenes Tao-Buch für Frauen?

Bisher gab es noch kein Buch über Tao für Frauen auf der Grundlage von weiblichen Erfahrungen mit dem taoistischen Weg, das sich vom Ansatz und von der Vermittlung von Tao-Büchern für Männer unterscheidet.

Die Tao-Bücher stellen bisher meist einen theoretischen Idealzustand dar und beschreiben schwierige Techniken, wie man diesen Zustand erreichen soll. Dieser »männliche« Ansatz erdrückt gewissermaßen viele, auch gutwillige Leserinnen. Allerdings gehört zum Verständnis des taoistischen Weges, daß das Tao nichts Starres ist. Es gibt nicht die allzeit gültige Universalübung, das einzige Patentrezept, die eine immer wirksame Heilmethode.

Der spezifisch weibliche Weg zum Tao besteht für mich darin, daß Menschen in ihrem eigenen Leben nach Möglichkeiten suchen, die natürlichen, ganzheitlichen Grundlagen umzusetzen, ohne sich dabei an harter Disziplin oder fixen Techniken festzuhalten. Der weibliche Weg zum Tao ist eine ständig neue Bewegung – auch darin steckt das Wort Weg –, ein persönliches Erforschen von neuen Dimensionen. Dieses Buch soll noch mehr Frauen anregen, selbst auf den Weg zu gehen, mit sich selbst zu experimentieren und persönliche Erfahrungen zu sammeln, Übungen auszuprobieren und neue Wahrheiten zu entwickeln.

Das ganzheitliche Gesundheitsmodell

1. Taoistisches Achteck

Das Pa Kua, wie in Bild 1 vorgestellt, ist ein Symbol des Taoismus. In der Mitte des Achtecks sehen Sie das Yin-Yang-Zeichen, außen acht Trigramme, welche für acht Himmelsrichtungen stehen und für acht verschiedene Qualitäten.

Die acht Aspekte können auch als das Fundament oder als Säulen für ein ganzheitliches Gesundheitsverständnis angesehen werden. Der Taoist Dr. med. STEPHEN T. CHANG hat die acht Aspekte als stützende Säulen wie folgt definiert:

1. Das Tao der Philosophie und Energielehre
2. Das Tao der Revitalisierung
3. Das Tao der ausgewogenen Ernährung
4. Das Tao der Heilkräuter
5. Das Tao der Heilkünste
6. Das Tao der sexuellen Weisheiten
7. Das Tao der praktischen Lebenshilfe
8. Das Tao der Schicksalsgestaltung

Gesundheit entsteht, wenn wir uns nicht nur auf eine dieser acht Säulen stützen, sondern mehr oder weniger gleichmäßig auf alle acht. Sie dienen auch als eine Art »Abhakliste«, um festzustellen, in welchem Bereich unser Leben stimmig ist und wo die Schwachpunkte liegen. Gehen wir die acht Säulen der Reihe nach durch und ergründen, welche praktische Bedeutung sie für die Gesundheit besitzen.

1. Das Tao der Philosophie und der Energielehre

Gesundheit fängt im Kopf an! Philosophie bedeutet immer ein grundsätzliches Nachdenken beziehungsweise Infragestellen und die Suche nach Lebenssinn. Unter Philosophie verstehen wir auch die Einstellung zu sich selbst und zum Leben. Das nötige Wissen über gesunde Lebensführung gehört ebenso dazu wie die Energielehre und die Motivation.

2. Das Tao der Revitalisierung

Damit sind alle Praktiken und Techniken gemeint, welche der Gesunderhaltung dienen, zum Beispiel Tai Chi, Qi Gong, Yoga, Kung Fu, Meditation und so weiter. Übungen, die Körper und Geist miteinander verbinden und harmonisieren, sind eine wichtige Stütze im taoistischen Gesundheitssystem – aber auch nur eine!

3. Das Tao der ausgewogenen Ernährung

Das heißt, die Ernährung an den Prinzipien der fünf Elemente und an Yin und Yang auszurichten, unter Beachtung der individuellen Konstitution, der Jahreszeiten und der Lebensumstände.

4. Das Tao der Heilkräuter

Zur Unterstützung können wir Heilkräuter verwenden. Das chinesische Wissen um Heilkräuter ist immens. Von der Selbstmedikation ist allerdings abzuraten, besser sollte man sich an eine/n erfahrene/n Heiler/in halten.

5. Das Tao der Heilkünste

Dazu gehören Akupunktur und Akupressur, Organmassage, Energiearbeit und so fort.

6. Das Tao der sexuellen Weisheiten

Damit meinen die Taoisten den Umgang mit der Sexualenergie. Auf diesem Gebiet haben sie sich ein umfassendes und tiefgründiges Wissen erarbeitet. Sie verstehen es, die Sexualkraft zu bewahren und zu vermehren und dann in Heilkraft umzuwandeln und sich selbst damit zu stärken.

7. Das Tao der praktischen Lebenshilfe

Damit sind Astrologie, Feng Shui (Auswahl von Orten und Anordnung von Gegenständen, so daß ein optimaler Energiefluß hergestellt und genutzt wird), Handlesekunst, Gesichtsdiagnostik und weitere Wissensgebiete gemeint. Sie dienen dazu, Veranlagungen, Konstitution, Stärken und Schwächen, Energiefluß und Energierhythmen zu bestimmen, um so die Lebenssituation besser zu verstehen.

8. Das Tao der Schicksalsgestaltung

Hier geht es darum, daß vielleicht selbst besten eigenen Bemühungen auf dem Gebiet der Gesundheit (oder anderer Bereiche) kein Erfolg beschieden sein mag. Dann wird es wichtig zu ergründen, inwieweit Gegebenheiten des Schicksals oder größere kosmische Zusammenhänge uns bestimmen. Die Befragung des uralten chinesischen Weisheits- und Orakelbuchs, des *I Ging,* ist Teil der bewußten Schicksalsgestaltung, die sich darauf richtet, es mit der rechten

Einstellung anzunehmen, wenn das Leben anders verläuft, als wir es uns wünschen mögen.

Diese acht verschiedenen Aspekte sind Ausdruck der Ganzheit von Gesundheit. Sie dienen als Erinnerung und Aufforderung, allen Aspekten von Gesundheit die notwendige Beachtung zu schenken. Sie werden zahlreiche praktische Anwendungen, Übungsvorschläge und Hintergrundinformationen, die zu den Säulen Philosophie, Revitalisierung, ausgewogene Ernährung, Heilkünste und sexuelle Weisheiten gehören, im Verlauf des Buches kennenlernen.

3. Grundlagen der Selbstheilung

Die Zentrierung

Zentrierung ist ganz allgemein die wichtigste Grundlage, auf welcher Selbstheilung überhaupt erst stattfinden kann. Der Begriff Zentrierung bedeutet, die Einzelaspekte der Persönlichkeit, die

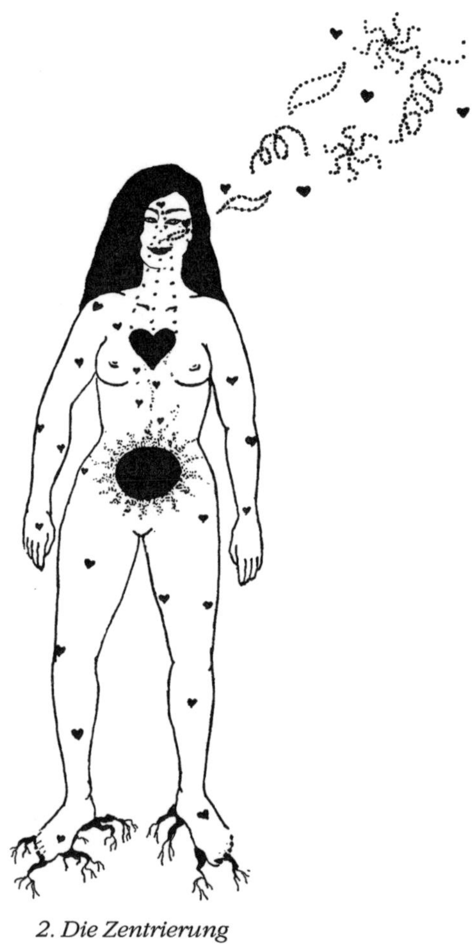

2. Die Zentrierung

sich leicht nach bestimmten Mustern voneinander abspalten, wieder miteinander zu verbinden.

Wenn wir zentriert sind, können wir aus der Mitte heraus erfahren und handeln. Ein zentrierter Mensch lebt und wirkt aus der Einheit seines Seins und ist nicht durch Abspaltungen in seiner Bewußtheit beeinträchtigt.

Bevor wir uns weiter mit der Theorie beschäftigen, möchte ich Ihnen eine zentrale Übung des taoistischen Heilsystems vorstellen, die aus vier Teilen besteht. Diese Übung taucht später - als Ganzes oder in einem ihrer Teile - immer wieder auf. Sie dient dazu, daß wir neu geerdet werden, uns mit frischer Kraft aufladen, inneres Wohlbefinden, Entspannung, Wärme, selbstverständliche Gelassenheit sowie aktive Lebensfreude wiederfinden.

Die Zentrierungsübung besteht aus folgenden Elementen:
- o Erdung - Reiterstand,
- o Zentrierungsatmung,
- o inneres Lächeln - goldenes Licht,
- o die Kraft der Mitte.

Nachfolgend stelle ich Ihnen jeden der Teile einzeln vor.

Erdung - Reiterstand

Sich zu verwurzeln und zu erden ist ein wichtiges Element der Zentrierungsübung. Der Reiterstand ist die Grundhaltung, um den Körper direkt mit der Erdkraft zu verbinden und die Fähigkeit zu entwickeln, sich im eigenen Körper zu verankern und zu zentrieren. Dadurch gewinnen Sie mehr Stabilität und Sicherheit. Der Sinn des Reiterstandes ist, mehr Selbstsicherheit und Standfestigkeit zu entwickeln. Viele andere Übungen, wie Qi Gong, Sexualpraktiken und Tai Chi, bauen auf dieser Erdungshaltung auf.

Reiterstand

- Stellen Sie sich aufrecht in den »Reiterstand« (Bild 3): Die Beine sind schulterbreit auseinandergestellt, die Oberschenkel leicht geöffnet, die Knie weich entspannt und Sie »ruhen« – wie auf einem Pferderücken – in Ihrem eigenen Becken, das Becken selbst leicht nach vorne gekippt, damit Sie auf keinen Fall im Hohlkreuz stehen.
- Verteilen Sie Ihr Gewicht möglichst gleichmäßig auf beide Füße und viele Auflagestellen. Vermeiden Sie verkrampfte oder angezogene Zehen.
- Lenken Sie mit der Ausatmung Ihre Aufmerksamkeit in Ihre Füße.

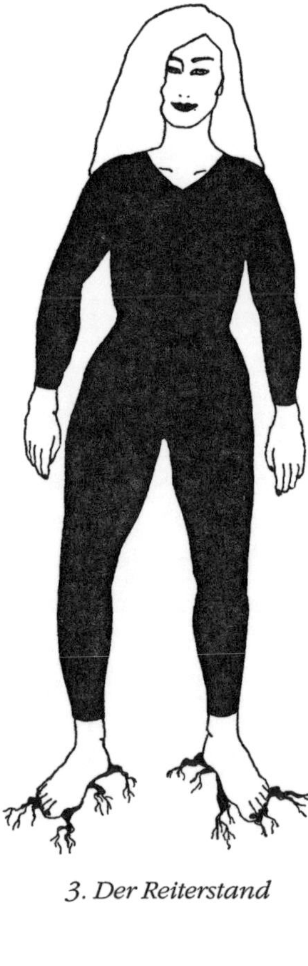

3. Der Reiterstand

- Stehen Sie ruhig da und verwurzeln sich durch die Atmung mit der Erde.

Sie können diese Übung auch draußen in der Natur ausführen und sollten sich dafür etwa zehn Minuten täglich Zeit nehmen. Diese Position wird Ihnen später auch helfen, mit Naturkräften zu arbeiten und den Körper aufzuladen.

Zentrierungsatmung

Die Atmung ist das wichtigste Bindeglied zwischen Körper und Geist. Bei der Zentrierungsatmung sind wir darauf bedacht, regelmäßig, ruhig, langsam und tief zu atmen, und lenken mit der Ausatmung Kraft und Energie in die eigene Mitte, um die heilende Kraftquelle in unserer Mitte zu aktiveren und aufzuladen (Bild 4 und 5).

Zentrierungsatmung

- Stellen Sie sich – wie beschrieben – aufrecht in den »Reiterstand«, also mit den Beinen schulterbreit auseinander, die Knie weich entspannt, das Becken aufrecht (nicht im Hohlkreuz nach hinten gedrückt).
- Nun atmen Sie durch die Nase langsam, weich und tief ein.
- Lenken Sie bei der Ausatmung die eingeatmete Kraft bewußt in Ihre Mitte, innen hinter dem Bauchnabel. (Sie können Ihre persönliche Mitte herausfinden, indem Sie im Stehen leicht mit dem Oberkörper kreisen und Ihren Schwerpunkt erspüren.) Bleiben Sie während der Übung entspannt.
- Machen Sie die Übung so lange, bis Sie sich etwas gesammelt haben.

Die Zentrierungsatmung

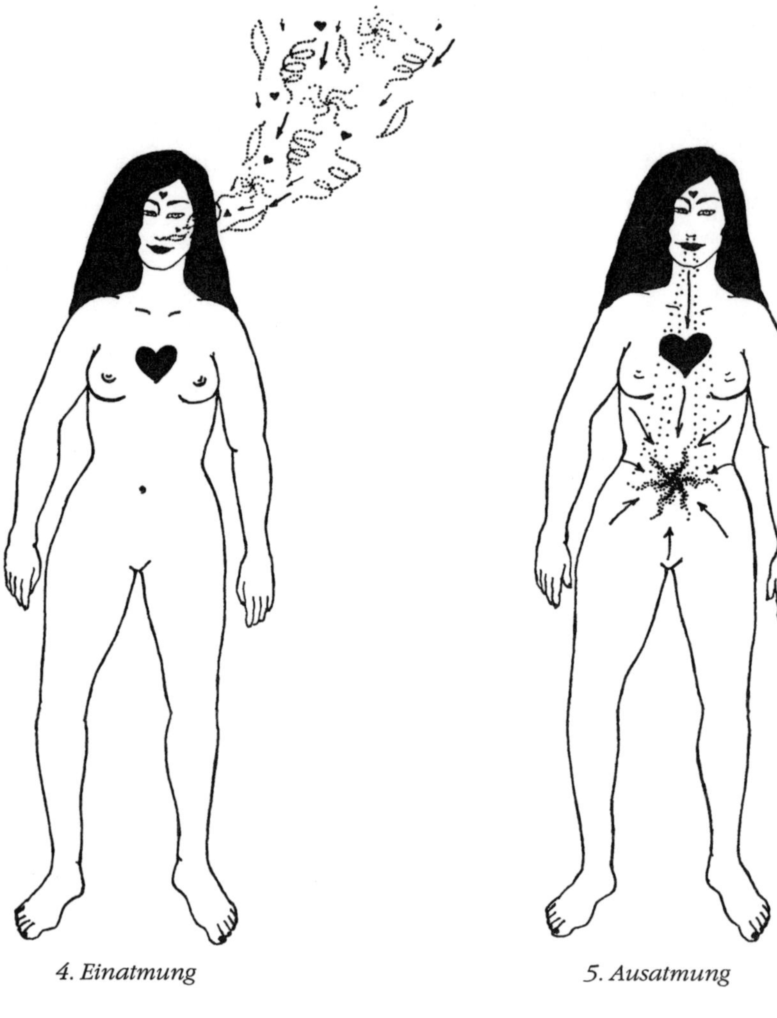

4. Einatmung *5. Ausatmung*

Inneres Lächeln

Das innere Lächeln gehört zu den wichtigsten taoistischen Transformationstechniken. Durch das innere Lächeln wird die Kraft der Liebe und das goldene, heilende Licht entwickelt. Diese Kraft, die wir normalerweise nur nach außen richten, lassen wir nun nach innen strömen. Mit Ihrem überzeugendsten und charmantesten

Lächeln lächeln Sie sich selber zu. Das innere Lächeln ist eine sehr wirkungsvolle Unterstützung, um eine Liebesbeziehung mit sich selbst aufzubauen, die körpereigenen Selbstheilungskräfte anzuregen und negative und kranke Energien umzuwandeln. Das innere Lächeln heilt alte Wunden, verschüttete Traumata und psychosomatische Leiden. Mit der Kraft des wahren inneren Lächelns können Sie jede Zelle Ihres Körpers reinigen und stärken und Emotionen ausgleichen, so daß Transformation und Stärkung stattfinden kann (Bild 6).

Das innere Lächeln läßt sich in jeder Haltung durchführen

o Schließen Sie die Augen. Erinnern Sie sich an eine Situation, die Sie zum Schmunzeln gebracht und ein wohliges Gefühl ausgelöst hat. Nehmen Sie sich ruhig Zeit dafür. Bitte nehmen Sie nicht das Bild eines Mitmenschen, denn die Gefühle zu unseren

6. Das innere Lächeln

Mitmenschen sind zu gemischt und wir suchen ein unbelastetes, wohliges Gefühl. Ein Gefühl, das zum Beispiel beim Anblick eines Babys oder eines Tieres ausgelöst wird, durch ein persönliches Naturerlebnis oder eine lustige Situation.

- Richten Sie nun das wohlige Gefühl, an das Sie sich erinnern, direkt in Ihre Mitte hinein und füllen Sie diese Mitte ganz mit diesem Gefühl auf.

Die Kraft der Mitte

Das Kraftzentrum der Mitte haben Sie in der Übung mit der Zentrierungsatmung erspürt (im Abschnitt über die drei Schätze ab Seite 58 finden Sie Hinweise zu allen drei Zentren). Hier wird Energie gesammelt und umgewandelt. Dieses Zentrum wird auch das »untere *Tan T'ien*« genannt oder das »Medizinalfeld«. Die folgende Übung dient dazu, in Ihrer Mitte Energie anzusammeln, dieses Kraftzentrum zu entwickeln sowie Wärme in der Mitte zu entfalten.

Kraft der Mitte

- Stellen Sie sich wieder aufrecht in die »Reiterhaltung«, also mit den Beinen schulterbreit auseinander, die Knie weich entspannt, das Becken aufrecht, ohne Hohlkreuz.
- Durch die Zentrierungsatmung lenken Sie wieder Kraft in Ihre Mitte. Sie nehmen dann das innere Lächeln mit in die Zentrierungsatmung hinein.
- Richten Sie alle Ihre Sinne nach innen in die Mitte. Hören Sie, fühlen Sie, sehen Sie und riechen Sie in die Mitte hinein.
- Mit Ihrer geistigen Aufmerksamkeit kreisen Sie nun spiralförmig in Ihrer Mitte und nehmen so immer mehr Kraft auf. Konzentrieren Sie diese Kraft auf einen Punkt in der Mitte, um die Energie dort zu verdichten. Als Hilfe können Sie sich auch einen Magnet in der Mitte vorstellen, der automatisch Kraft anzieht.

Wenn Sie anfangs noch nicht viel spüren, geben Sie bitte nicht gleich auf. Es braucht ein wenig Zeit und Übung, speziell für Frauen, um in Kontakt mit dieser warmen Kraft zu gelangen. Das gilt insbesondere auch für Frauen, die unter Verstopfung leiden. Frauen, die leicht frieren, brauchen ebenfalls eine etwas längere Vorbereitungszeit, um mit dieser Energie in Berührung zu kommen. Die ab Seite 207 beschriebene Bauchmassage hilft, die Energie im Nabel wieder frei fließen lassen.

Weitere Übungen finden Sie immer wieder zu verschiedenen Themen in den jeweiligen Kapiteln.

II

Das taoistische Heilsystem

4. Vom Wesen der Energie

Die Energielehre

Die taoistische Energielehre bildet heute zusammen mit der Philosophie das Fundament von traditioneller chinesischer Medizin, Astrologie, Magie, Kampfkunst, Sexualpraktiken und Ernährung. Sogar Städteplanung, Architektur und Inneneinrichtung bauen auf den Prinzipien der Energielehre auf.

Die taoistische Energielehre kennt folgende Komponenten:

- Wu Chi;
- Chi;
- die Urkraft des Menschen;
- das Wechselspiel der Energien von Yin und Yang;
- die Energien der drei Schätze: die Urkraft, die Lebenskraft und die geistige Kraft;
- die Energien und die Wandlungsphasen der fünf Elemente Holz, Feuer, Erde, Metall und Wasser; dazu der Umgang mit verschiedenen Energiefrequenzen, zum Beispiel mit den Energien der Naturkräfte, aber auch mit Emotionen, der Sexualkraft und »kranken« negativen Energien;
- Meridiane, Energieleitbahnen;
- der kleine Energiekreislauf als Grundlage der persönlichen Energiearbeit.

Eine kurze Anmerkung zur Schreibweise von Chi: Es gibt unterschiedliche Umschriften der entsprechenden chinesischen Wörter. Im folgenden benutze ich die Umschrift Chi, obwohl es für manche Formen dieser Kraft auch den inzwischen bei uns recht gebräuchlichen Begriff Qi gibt.

Sehen wir uns nun die einzelnen Bestandteile der Reihe nach näher an.

Wu Chi

Wu Chi, das Grenzenlose, das Unsichtbare, das Eigenschaftslose, der Uranfang und Urzustand, in den alles wieder zurückkehrt. Wu, den Zustand des »Nicht-Seins« und der Leere, könnte das Tao nicht besser beschreiben: gefüllt sein mit Nichts. Aus dem Wu Chi entsteht das Wu Wei, das absichtslose Handeln, das Nicht-Eingreifen in den natürlichen Fluß der Dinge.

Spontanes Handeln, natürliches Handeln, ohne Absicht und Vorbehalte, das ist die Lebenshaltung eines »Heiligen«.

Chi

Das Tao ist das Prinzip, durch Chi zeigt es sein Wirken. In der deutschen Sprache gibt es keinen Begriff, der die Vieldeutigkeit von Chi wiedergeben könnte. Chi kann Materie oder Energie, etwas Konkretes oder etwas Abstraktes sein. Wind, Wolken und Wasser sind konkrete Formen von Chi. Chi gilt vor allem als eine Kraft oder Energie, die den Kosmos und damit auch den Menschen belebt; sie ist Grundvoraussetzung aller Existenz. In der Medizin wird der Begriff Chi für eine vitalisierende Kraft und Energie benutzt. Chi wird oft als Lebenskraft bezeichnet.

Chi verändert seine Gestalt je nach Dichte und Frequenz. Vielleicht hilft zum besseren Verständnis folgendes Bild: Stellen Sie sich einen geschliffenen Diamanten vor, aus dem Licht an jeder der vielen Facetten auf eine andere und ganz eigene Weise leuchtet. Das Licht im Inneren des Diamanten ist jedoch nur ein einziges Licht, nämlich Chi, das nach dem Prinzip von Wandel und Wechsel die verschiedensten Gesichter annehmen kann.

Jeder Mensch, jeder Stein, jeder Stern hat eine andere Chi-Dichte, somit eine individuelle Ausstrahlung, die ganz unterschiedlich empfunden werden kann. Sie kommen in einen Raum und fühlen sich wohl. Die Energie des Raums verträgt sich demnach gut mit Ihrer Energie. Wenn Menschen mit einer ganz anderen Schwingung denselben Raum betreten, können sie die Frequenz des Raums so stark verändern, daß Sie sich dort mit einem Mal unwohl fühlen. Das kommentieren wir vielleicht mit Worten wie: Dieser Mensch ist »negativ« oder unsympathisch. Dabei handelt es sich einfach um eine andere Energiefrequenz, die durch diesen Menschen fließt, vielleicht hat er einfach eine gröbere oder trägere Energie als Sie, was für Sie in diesem Moment unangenehm ist.

Alle Menschen, jedes Organ, alle Lebewesen, ob Tier oder Pflanze, auch jeder Stern entsteht aus einer anderen Energiefrequenz und hat so seine individuelle Chi-Schwingung, sogar die elektromagnetischen Frequenzen unserer modernen Welt, die Funkfrequenzen, die Röntgenstrahlen und so fort.

Am Ende des Kapitels finden Sie einige Übungen, wie wir Frauen mit »fremden« Energien besser umgehen und uns, wenn notwendig, auch davor schützen können, indem wir diese Energien unserer körpereigenen Frequenz anpassen.

Starkes Chi im Körper empfinden wir als Wärme, Lebenskraft, Vitalität. Gleich, in welcher Form sich Chi zeigt, regt es immer alle Körperprozesse an und aktiviert zum Beispiel Verdauung, Entgiftung, Atmung, Blutkreislauf oder Flüssigkeitsverteilung.

Chi ist die Energie, die die Welt ausfüllt. Die Energie des Himmels, des Universums, des Kosmos ist eine heiße Energie, wie sie sich zum Beispiel in der Sonne ausdrückt. Die Energie der Erde ist eine kühle Energie; die Erde empfängt und absorbiert die Energie des Himmels.

Die taoistische Energiearbeit, Chi Kung oder auch Qi Gong genannt, richtet sich darauf aus, die Energien von Himmel und Erde im menschlichen Körper zu harmonisieren und miteinander zu verbinden, um so Gesundheit und Wohlbefinden zu erlangen.

Die Taoisten sind darum bemüht, möglichst viel Chi mit Hilfe von Übungen und Meditation in der Mitte anzusammeln und im Zustand der Stille dieses gesammelte Chi zu veredeln.

Sie können Chi zwar nicht sehen, aber fühlen – wenn Sie Chi haben. Chi verleiht dem Körper Spannkraft und Elektrizität. Wenn Sie genügend Chi-Kraft in sich angesammelt haben, erleben Sie vielleicht, daß Sie morgens aufstehen und voller Spannkraft und Tatendrang in den Tag hineingehen. An anderen Tagen fällt es Ihnen schwer, auch nur die Augen aufzubekommen.

Einem Mangel an Chi können Sie zum Beispiel durch Bewegung oder durch Übungen entgegenwirken, die unter den Stichwörtern »Die Kraft der Mitte« und »Energieübungen« ab Seite 195 im Kapitel »Energiearbeit« beschrieben werden.

Um die Funktion von Chi richtig zu verstehen, ist es wichtig, die Wirkungsweise von Chi in unserem Körper zu erfahren. Das Chi fließt im Körper nach ganz bestimmten Mustern. Der gesamte Körper wird von Energiebahnen durchzogen, den sogenannten Meridianen. Chi läuft durch diese Bahnen.

Wenn die Energie in diesen »Kanälen« frei fließt, wird der Körper gut mit Lebenskraft versorgt und wir fühlen uns wohl und gesund. Sind diese Energiebahnen verstopft oder blockiert, so fließt die Lebenskraft nur wenig oder gar nicht, das Chi reicht nicht überallhin; Krankheit kann dann die Folge sein.

Der Chi-Fluß wird auch durch Gemütsbewegungen, durch Gedanken und Gefühle, von der Energie der Tageszeit, durch das Wetter und von etlichen anderen Faktoren beeinflußt.

Die Urkraft des Menschen

Die Urkraft ist eine Form von Chi. Es ist jene Kraft, die wir von Geburt her mitbekommen, sozusagen die Grundkraft unseres Lebens, eine Form unserer Lebensessenz. Sie wird bestimmt durch die Konstitution unserer Eltern, die Erbanlage sowie den Zeitpunkt und die Umstände der Zeugung. Kinder sollten unter den besten Umständen gezeugt werden.

Wenn Vater und/oder Mutter bei der Zeugung unter Alkohol- oder Drogeneinfluß stehen, kann sich das auf die Qualität und Quantität der Urkraft auswirken, die der neue Mensch mitbekommt. Die Urkraft wird in den Nieren gespeichert.

Die Urkraft kann mit der Energie verglichen werden, die in einer

Batterie gespeichert wird. Eine Batterie kann aufgeladen werden. Das Tao lehrt sorgsamen Umgang mit dieser kostbaren Kraft. Mit bestimmten Übungen, Ernährung, bewußter Atmung und Meditation läßt sich die Urkraft bis zu einem bestimmten Punkt immer wieder aufladen.

Die Urkraft könnte vielleicht auch mit einem Bankkonto verglichen werden. Ein Mensch besitzt nur wenig Geld auf seinem Sparbuch, entwickelt jedoch die Fähigkeit, aus wenig viel zu machen, und wird reich. Ein anderer Mensch erbt ein großes Vermögen, das er innerhalb kürzester Zeit wieder verjubelt. Die Urkraft ist nicht unbegrenzt.

Die Urkraft ist unsere treibende Kraft, welche die Funktion aller Organe und Drüsen aktiviert und aufrechterhält. Die Urkraft ist die Grundlage des Nieren-Chi und die Sexualkraft.

Die Polarität von Yin und Yang

7. Das Symbol von Yin und Yang

Das ewige Wechselspiel von Yin und Yang ist ein Prinzip sowohl der Dualität und als auch der Einheit. Die beiden gegensätzlichen Pole ergeben zusammen ein Ganzes. Tag und Nacht, kalt und warm, dunkel und hell – ein Teil würde ohne den anderen gar nicht existieren.

Bei der Yin-Yang-Theorie handelt es sich um ein Modell, das wir nutzen können, um Lebensvorgänge besser zu verstehen. Damit Sie ein eigenes Gespür dafür entwickeln, wie sehr unser Leben von dualen Kräften bestimmt wird, möchte ich Ihnen eine Gegenüberstellung solcher Polaritäten an die Hand geben. Diese Aufteilung ist ein Hilfsmittel, um Gegenpole zu erkennen und dadurch das Leben und die Gesundheit besser ausgleichen zu können.

Yin	***Yang***
Frau	Mann
weiblich	männlich
innen	außen
unten	oben
weich	hart
sanft	kämpferisch
passiv	aktiv
negativer Pol	positiver Pol
empfangen	erzeugen
zusammenziehen	ausdehnen
introvertiert	extrovertiert
Intuition	Intellekt
emotional	rational
Materie	Energie
Körper	Geist
Leere	Fülle
ausatmen	einatmen
loslassen	auffüllen
dick	dünn
langsam	schnell
Ruhe	Bewegung
Ruhe	Erregung
ruhig	laut
erhalten	umwandeln
ansammeln	zerstreuen
Kind	Eltern
Erde	Himmel
Mond	Sonne
Nacht	Tag

dunkel	hell
absteigend	aufsteigend
Winter	Sommer
Tod	Geburt
Wasser	Feuer
naß	trocken
kalt	heiß
Blut	Chi
Körperinneres	Körperoberfläche
vollendet die Form	bewegt das Chi

Die jeweiligen Pole ergänzen und unterstützen sich, sie fließen ineinander über, sie bekämpfen sich aber nicht und schließen sich auch nicht aus. Es gibt kein Entweder-Oder, sondern ein Sowohl-Als-auch.

Es gibt auch kein reines Yin und kein reines Yang, beide sind immer in einem bestimmten Verhältnis miteinander »vermischt«. Im Yin steckt der Samen von Yang und umgekehrt – wie es auch in der Abbildung auf Seite 54 jeweils als Punkt in der Teilfläche des anderen Poles zum Ausdruck kommt. In der Yin-Erde lodert im Inneren ein Yang-Feuer. Yin bindet Yang, Yin hat die Fähigkeit, Yang aufzunehmen. Die Erde empfängt die himmlische Kraft, zum Beispiel Licht, Sonne und Wärme.

Das Yin-Yang-Modell kann ein wertvolles Hilfsmittel sein, um in den Bereichen Gesundheit, Ernährung, Sexualität, Beziehungen und Alltag zu einem besseren Verständnis von Energien und ihrem Ausgleich sowie zu einer Vereinigung von diesen Kräften zu gelangen.

Um Ihnen ein Beispiel zu geben: Die Taoisten gehen davon aus, daß im Neugeborenen Yin und Yang ausgewogen und vereint sind. Da wir durch eine unnatürliche Lebensweise aus dieser Einheit herausfallen, sieht man speziell bei alten Menschen typische Symptome für ein Ungleichgewicht von Yin und Yang. Feuer, also Yang, steigt seiner Natur gemäß nach oben. Alte Menschen haben oft einen roten Kopf, und es wird ihnen leichter schwindlig als früher. Wasser, also Yin, sucht seiner Natur entsprechend immer den tiefsten Punkt: Alte Menschen leiden oft unter Inkontinenz, können also das Wasser nicht mehr recht halten.

Yin und Yang ein Leben lang so gut wie möglich in Harmonie miteinander zu halten und miteinander zu verschmelzen, ist für die Taoisten ein Schwerpunkt in ihrer Lebensgestaltung. Dazu dienen zahlreiche Praktiken. In den Abschnitten über Ernährung, Emotionen, Sexualität, Energiearbeit, Fitneß und Sport finden Sie immer wieder Hinweise, wie dieser Ausgleich erfolgen kann.

Unser Leben im Westen ist sehr Yang-betont. Das Leben soll spannend sein, erregend, voller Bewegung und Aktivität, es soll unterhalten und immer wieder aufreizen, und Äußerlichkeiten spielen eine entscheidende Rolle. Die Kraft der Stille ist meist völlig unbekannt oder wird bestenfalls als langweilig empfunden.

Speziell für Frauen ist es sinnvoll, einen Ausgleich für ihre Tätigkeit im Alltag anhand des Modells von Yin und Yang auszuwählen. So ist es für eine berufstätige Frau, die sehr aktiv ist, also ein sehr Yang-betontes Leben führt, sicher nicht gut, wenn sie sich dann zum Ausgleich zu körperlich aktiven Sportarten zwingt: das ist meist zuviel Yang und schwächt daher das Yin. Für Frauen, die in ihrem Leben sehr aktiv sind oder sein müssen, ist Faulenzen vielleicht der passendere Ausgleich. Für eine Frau, die jedoch den ganzen Tag sitzt, ist es angebracht, etwas Yang-betontere Aktivitäten zu wählen.

In der chinesischen Medizin bilden die Disharmonien von Yin und Yang ein Grundmuster zur Diagnostik. Alle Krankheiten können als Yin-und-Yang-Unausgeglichenheit verstanden werden. Die sogenannten Yin-Muster entstehen aus Leere und Kälte, sie sind innerlich und eher chronisch. Ein Yang-Muster entsteht aus Fülle und Hitze, es ist äußerlich und eher akut.

Wenn sich Yin und Yang vollständig voneinander lösen, tritt der Tod ein. Der Geist geht zum Himmel, und der Körper kehrt zur Erde zurück.

Aufstellungen über typische Yin- und Yang-Signale und Hinweise zur Stärkung von Yin und Yang finden Sie im fünften Kapitel über den Körper (ab Seite 75).

Die drei Schätze

Die Dreiteilung ist im Taoismus immer wieder anzutreffen, beispielsweise als Himmel, Mensch und Erde oder auch als Körper, Atmung und Geist. Es gibt auch drei wichtige Energiezentren im Menschen, die chinesisch *Tan T'ien* heißen, zu deutsch »das Zinnoberfeld«. Das untere Tan T'ien liegt unter dem Nabel in der Mitte des Bauchraumes, bei Frauen in der Gebärmutter, das mittlere Tan T'ien liegt in der Herzgegend, das obere Tan T'ien befindet sich im Gehirn.

Ching Chi, Essenz, *Chi,* Vitalität, und *Shen,* Bewußtsein, werden als die drei Schätze des Lebens betrachtet (Bild 8).

Das Ching Chi besteht aus der Blutessenz, der Ovar- und Samenkraft, den Hormonen und den Säften (Schweiß, Urin, Lymph- und Gelenkflüssigkeit). Die Urkraft ist auch ein Teil des Ching Chi. Das Ching Chi ist eine sehr grobe und träge Energie. Diese Essenz zu bewahren ist eines der großen Geheimnisse der Taoisten. Gesund-

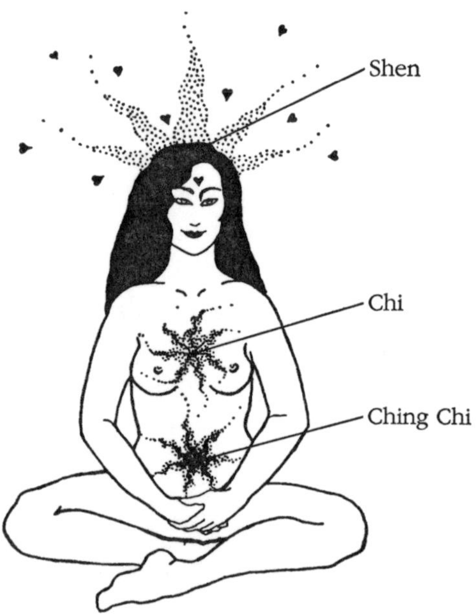

8. Die drei Schätze: Ching Chi – Chi – Shen

heit, Langlebigkeit, vielleicht sogar Unsterblichkeit sollten daraus erfolgen. Das Ching Chi kann jedoch nicht ohne weiteres im Körper bewahrt und gespeichert werden. Es muß erst verfeinert sein, um dem körpereigenen Chi angeglichen werden zu können.

Mit Techniken wie der Ovaratmung wird die Ovarkraft, die ein Bestandteil des Ching Chi ist, freigesetzt und in den kleinen Energiekreislauf gelenkt. Durch das Fließen im Kreislauf wird aus Ching Chi das feinere Chi, das den ganzen Körper auflädt und vitalisiert und so die Voraussetzung für Gesundheit und ein langes Leben schafft.

Die Taoisten gehen davon aus, daß der Körper nur die besten Essenzen und Substanzen einsetzt oder freigibt, um Eizelle und Samen zu erzeugen. Deshalb raten sie davon ab, diese kostbare Energie ungenutzt und gedankenlos zu verschwenden. Es gibt spezielle Sexualtechniken für Frauen, um die Sexualkraft zu bewahren und die Kraft des Eis zu nutzen.

Männer lernen, die Samenkraft durch die Hodenatmung und durch die bewußte Trennung von Samenerguß und Orgasmus zu nutzen, das heißt die Samenkraft wieder bewußt dem Körper zuzuführen.

Der untere Tan T'ien wird auch »Ozean des Chi« oder das »Medizinalfeld« genannt. Dort wird möglichst viel Energie und Essenz angesammelt, um das innere Medizinalfeld, die innere Medizin zu entwickeln. In den fortgeschrittenen Praktiken wird dort sogar eine »Pille« oder »Perle« gebildet.

Die Entwicklung des Medizinalfeldes ist die Grundlage der Selbstheilung. Die Zentrierungsübung und die Entwicklung der inneren Kraft sind geeignete Übungen dazu (siehe Seite 40ff.).

Bevor Frauen beginnen, Chi und Blut in der Gebärmutter zu sammeln und zu speichern, sollten sie sich von belastenden Gefühlen, negativen Prägungen und alten Traumata befreien. Denn dort in der Gebärmutter sitzen viele dieser schmerzhaften Erfahrungen. Besonders Frauen mit Myomen, Zysten und dergleichen sollten auf keinen Fall versuchen, in der Gebärmutter Kraft zu speichern, bevor sie sich nicht geheilt haben. Übungen zu dieser Reinigung und

Heilung finden Sie unter dem Stichwort »Organreinigung« ab Seite 198 sowie im Kapitel über Sexualität ab Seite 174. Es empfiehlt sich, am Anfang der Übungspraxis die Energien oberhalb des Uterus anzusammeln und dort ein Kraftfeld zu entwickeln.

Die Lebenskraft Chi ist eine feinere, formlosere Energie als Ching Chi. Sie kann auch mit Energie, Luft oder Atmung übersetzt werden. Chi verleiht dem Körper Vitalität, Elastizität und Wärme. In der Stille und mit der Liebe, durch die Kraft des Herzens, wird Chi in Shen transformiert, in Bewußtsein, in einen Zustand des Seins.

Shen ist Bewußtsein oder die geistige Kraft. Shen ist keine Energieform, sondern ein Bewußtseinszustand. Hier gibt es nichts zu tun.

Die fünf Elemente

Die fünf Elemente sind die fünf Wandlungsphasen der Energie; sie helfen, die verschiedenen Gesichter der Natur besser zu erkennen. Mit dem Verständnis der fünf Elemente bekommen wir auch einen besseren Einblick in unsere Körpersprache und unsere Psyche sowie deren Zusammenhänge. Dieses Diagramm zeigt die fünf Elemente im Schöpfungskreislauf.

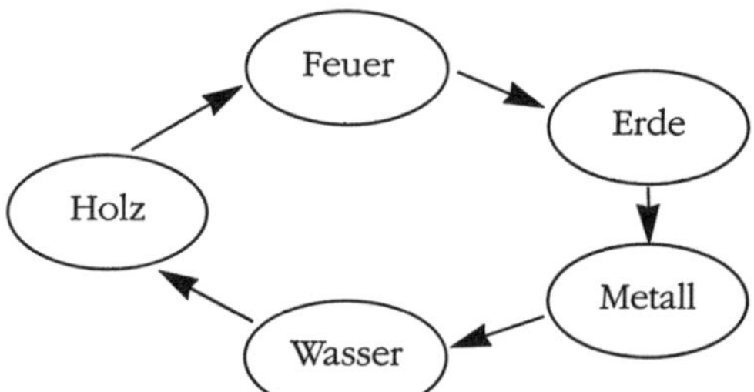

Fünf Elemente im Schöpfungskreislauf

Das ist der Kreislauf, in dem sich die Kräfte in der Natur entfalten und von einer Form in die andere wandeln:

○ Holz nährt Feuer. Man braucht Holz, um Feuer zu machen.

- Feuer nährt Erde. Die Asche des Feuers nährt die Erde.
- Erde nährt Metall. In der Erde entstehen die Erze.
- Metall nährt Wasser. Mineralstoffe beleben die Gewässer.
- Wasser nährt Holz. Wasser ist vonnöten, damit Holz wächst.

Das Modell der fünf Elemente dient auf dem taoistischen Weg auch dazu, den Zusammenhang und die gegenseitige Abhängigkeit der Elemente zu erkennen.

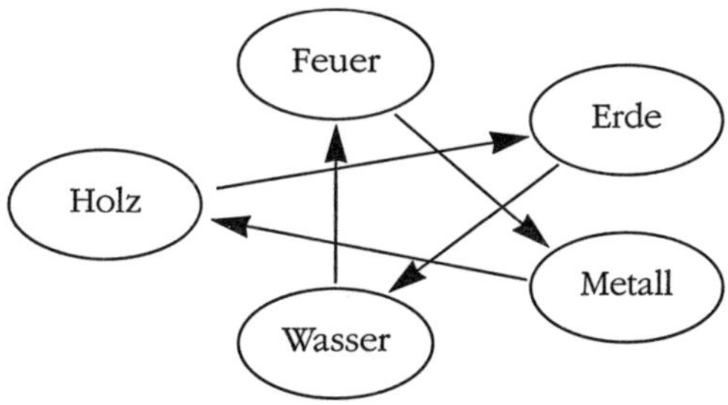

Fünf Elemente im Kontrollzyklus

Wenn dieser Zusammenhang gestört wird, kommt es im Leben zu Disharmonien:

- Holz kontrolliert Erde. Wenn wir zum Beispiel Bäume abholzen, kommt es vermehrt zu Erdrutschen.
- Feuer kontrolliert Metall. Mit Feuer läßt sich Metall schmelzen und formen.
- Erde kontrolliert Wasser. Die Erde saugt das Wasser auf, so daß es keine Überflutung gibt.
- Metall kontrolliert Holz. Mit der Axt läßt sich Holz hacken.
- Wasser kontrolliert Feuer. So wird Feuer, das außer Kontrolle geraten ist, gelöscht.

Nun möchte ich Ihnen, ähnlich wie im Abschnitt über Yin und Yang, eine Tabelle von Entsprechungen vorstellen, damit Sie einen Einblick in die Vielschichtigkeit des taoistischen Systems bekommen.

Übersicht: Entsprechungen der fünf Elemente

Holz	**Feuer**
kleines Yang	großes Yang
aufsteigen erzeugen wachsen	ausdehnen strahlen zerstreuen
Frühling	Sommer
Wind	Hitze
Grün	Rot
Leber	Herz
Gallenblase	Dünndarm
Augen	Zunge
sehen	sprechen
schreien	lachen
Freundlichkeit	Respekt/Ehre
kreativ	schöpferisch
Chi	Wärme
Geburt	Lehre
aufsteigend	verteilend
Osten	Süden
Jupiter	Mars

Die Lehre der fünf Elemente ist ein Schlüssel, um einen harmonischen Ausgleich in verschiedenen Lebensbereichen zu finden und die Zusammenhänge zwischen ihnen zu erkennen. Auf weitere Zuordnungen in der Gesundheit, bei der Ernährung und im Umgang mit Emotionen kommen wir später noch zu sprechen.

Erde	**Metall**	**Wasser**
Ausgleich	kleines Yin	großes Yin
stabilisieren	absteigen	zusammenziehen bewahren sammeln
Spätsommer	Herbst	Winter
Feuchtigkeit	Trockenheit	Kälte
Gelb	Weiß	Schwarz
Milz	Lunge	Nieren
Magen	Dickdarm	Blase
Lippen, Mund	Nase	Ohren
schmecken	riechen	hören
singen	weinen	stöhnen
Aufrichtigkeit	Rechtschaffenheit	Sanftheit
anständig	zuverlässig	weise
Mitte	Blut/Säfte	Substanz
Beruf	Alter	Tod
neutralisierend	absteigend	zusammenziehend
Mitte	Westen	Norden
Saturn	Venus	Merkur

Meridiane

Chi fließt im Körper nach ganz bestimmten Mustern. Der gesamte Körper wird von Energieleitbahnen durchzogen, den sogenannten Meridianen. Alle Meridiane sind auch untereinander verbunden und bilden ein Energienetz, das den ganzen Körper durchzieht. Die Meridiane versorgen den ganzen Körper mit Lebenskraft.

Wenn die Energie in den Kanälen frei fließt, wird der ganze Organismus genährt und ausgeglichen, und wir fühlen uns wohl und gesund. Sind die Energiebahnen verstopft, verklebt, verschleimt oder blockiert, fließt die Lebenskraft nur wenig oder gar nicht, das Chi reicht nicht überallhin; Krankheit und Unwohlsein können die Folge sein. Der Chi-Fluß wird durch Gemütsbewegungen, Gedanken, Emotionen, Streß, Wetter, Tageszeit und Ernährung beeinflußt.

Es gibt zwölf Hauptmeridiane, nämlich die Meridiane der Lunge, des Dickdarms, des Magens, der Milz, des Herzens, des Dünndarms, der Harnblase, der Nieren, des Kreislaufs, des »Dreifacherwärmers« (ein chinesisches »Sonderorgan«), der Gallenblase und der Leber. Diese zwölf Energiebahnen sind wie eine Kette in der oben genannten Reihenfolge miteinander verbunden. So schließt die Leber an die Lunge an, und der Kreis wird energetisch in sich geschlossen.

Es gibt neben den zwölf Hauptmeridianen noch acht Sondermeridiane, die auch »Wundergefäße« genannt werden; in diesem Buch gehe ich auf zwei dieser Sondermeridiane ein, nämlich auf *Ren Mai,* in dem die Yin-Kraft fließt, und *Du Mai,* durch das die Yang-Kraft wirkt.

Voraussetzung für Gesundheit ist, daß alle Energien ausgewogen miteinander verbunden sind und harmonisch fließen. Der Energiefluß verläuft in den Meridianen. Wenn es in diesen Energiebahnen zu Stockungen, Stauungen oder Blockaden kommt, wird der Kraftfluß gestört oder unterbrochen. Das hat unterschiedliche Disharmonien und vielfältige Symptome zur Folge, welche die Gesundheit schwächen oder zu Krankheit führen können.

Akupunktur, Akupressur, Wärmeeinwirkung (Moxibustion) oder Schröpfgläser, Klopfmassage sowie das japanische Shiatsu wirken direkt auf die Meridiane und werden benutzt, um den Energieausgleich und den Energiefluß zu fördern. Gerade die Klopfmassage und die Akupressur können Sie auch leicht alleine durchführen. Die meisten Reizpunkte liegen an der Oberfläche des Körpers und können sehr gut selbst bearbeitet werden.

Die Meridiane verbinden alle Energiepunkte oder Reizpunkte im Körper miteinander. Energiepunkte entsprechen mehr oder weniger den Akupunktur- und Akupressur-Punkten. Je nach Schule werden etwa 290 bis 2000 verschiedene Reizpunkte berücksichtigt. Jeder dieser vielen Punkte ist eine eigene Entdeckungsreise wert, weil jeder Punkt eine spezielle Qualität verkörpert, die Teil des Lebens ist und den Organismus unterstützt. Diesen Energiepunkten haben die Chinesen geradezu poetische Namen gegeben, welche die jeweilige Qualität zum Ausdruck bringen sollen. Es gibt da etwa »die sprudelnde Quelle« (Niere 1), »Schönheit des Antlitzes« (Ma 3), »Meer der Energie« (Du Mai 6) oder das »Tor des Geistes« (Herz 7).

Die Orte, an dem äußerliche Körpersymptome wie Pickel, trockene Haut, Verfärbungen, Juckreiz und dergleichen auftreten, können einen Rückschluß darauf zulassen, welcher Meridian oder Energiepunkt betroffen ist. Daraus läßt sich dann wiederum rückschließen, welches Körperorgan etwas mehr Aufmerksamkeit und Zuwendung benötigt.

Viele Bewegungsübungen dienen dazu, die Meridiane zu aktivieren. In fortgeschrittenen taoistischen Meditationspraktiken werden diese Energiebahnen zusätzlich bewußt von innen her gereinigt und freigehalten, um so den Energiefluß aufrechtzuerhalten und die Kanäle offenzuhalten.

Im Kapitel über den Körper finden Sie im Abschnitt über die Organe (ab Seite 81) Darstellungen und Erklärungen zu den zwölf Hauptmeridianen. Die zwei Sondermeridiane behandle ich hier nachfolgend im Zusammenhang mit dem »kleinen Energiekreislauf«.

Der kleine Energiekreislauf und seine Energiepunkte

Der kleine Energiekreislauf ist eine der wichtigsten Grundlagen in der Energiearbeit. Sei es im Bereich Heilung, Sexualität oder Meditation: Die Praxis des kleinen Energiekreislaufs stellt, neben ihren gesundheitsfördernden Wirkungen, eine unersetzbare Sicherheitsmaßnahme in der Energiearbeit dar. Mit höheren Energiefrequenzen zu arbeiten, mit kranken Menschen zu tun zu haben, seine eigenen Grenzen zu erweitern und neue Dimensionen zu erforschen oder auch Experimente mit der Sexualenergie auszuprobieren – all das ist nicht ganz ungefährlich.

Viele Menschen arbeiten mit Energien, ohne überhaupt zu fühlen, was sie bei sich und bei anderen Menschen tun oder auslösen. So kann es schnell zu unerwünschten Nebenwirkungen kommen, die leider immer wieder zu unkontrollierbaren Zuständen und zu mehr Leid als Heil führen.

Im Idealfall, bei kleinen Kindern oder wirklich ganz gesunden Erwachsenen, fließen alle Energien ganz von selbst und befinden sich in allseitiger Harmonie. Bei den meisten Menschen sind die Energien jedoch häufig geschwächt oder blockiert. Deshalb müssen wir versuchen, den Energiefluß wieder in Gang zu bringen. Dazu benutzt man neben Atmungs- und Körperübungen sowie Massage den sogenannten kleinen Energiekreislauf.

Der kleine Energiekreislauf läßt Energien in zwei bestimmten Sondermeridianen fließen, nämlich in einer Energiebahn, die man *Ren Mai* nennt, und in einer anderen Energiebahn, die *Du Mai* heißt.

- Ren Mai ist der Meridian, der vom Damm her in der Vorderseite des Körpers bis zum Gaumen verläuft. Im Ren Mai fließt Yin-Kraft, und über diese Energiebahn wird die Yin-Kraft im ganzen Körper verteilt.
- Du Mai ist der Meridian, welcher vom Damm her in der Rückseite des Körpers über den Scheitel bis zum Gaumen verläuft. Im Du Mai fließt Yang-Kraft, und über diese Energiebahn wird die Yang-Kraft im ganzen Körper verteilt.

Folgende wichtige Energiepunkte werden durch den Fluß des kleinen Energiekreislaufs miteinander verbunden (Bild 9):

1. Nabelzentrum, Tan T'ien: das wichtigste Energiezentrum, ein Erdenergiepunkt; hier beginnen und enden wir mit den Übungen im kleinen Energiekreislauf. Am Nabelpunkt, über den wir

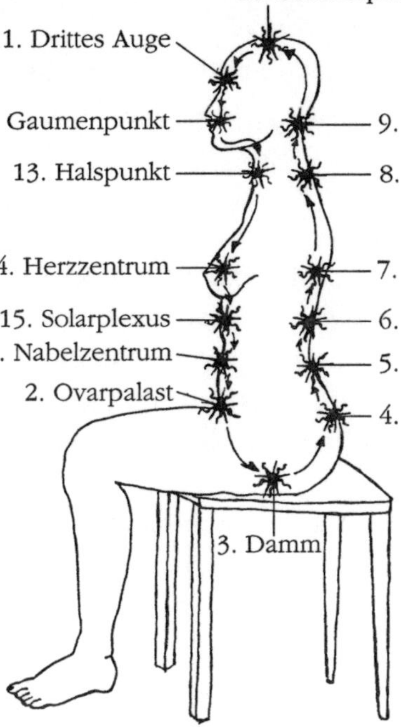

9. Kleiner Energiekreislauf

als Embryo unsere Nahrung empfingen, können wir ebenso heute Energie aufnehmen. Hier können wir auch alle verschiedenen Arten von Energien ohne schädliche Nebenwirkungen speichern, was an anderen Energiepunkten nicht ohne weiteres möglich ist.

2. Ovarpalast: das Sexualzentrum der Frau. Dieser Punkt liegt eine Handbreit unter dem Nabel, dort, wo sich die Gebärmutter befindet.
3. Damm (Perineum), Tor von Leben und Tod: Wenn dieser Punkt nicht gut verschlossen ist, sickert dort Lebensenergie aus dem Körper heraus und wir verlieren die kostbare Lebenskraft. Die Taoisten streben danach, dieses Tor zu versiegeln – dazu dienen Beckenboden-Übungen.
4. Steißbein: Über diesen Punkt läßt sich der Energiefluß des

Rückenmarks fördern. Hier findet auch die Umwandlung von Sexualkraft in Lebenskraft statt.

5. Nierenpunkt, Tor des Lebens: versorgt Nieren und Geschlechtsorgane. Dieser Punkt liegt gegenüber dem Nabel.
6. Nebennierenpunkt: liegt gegenüber dem Solarplexus; dieser Punkt entspricht der Lage der Adrenalindrüsen. Hier entspringt das Feuer der Sexualkraft.
7. Punkt zwischen den Schulterblättern: liegt gegenüber dem Herzzentrum; hier werden oft chronische Krankheiten gespeichert. Durch diesen Punkt kann man Überhitzung und Druck vom Herzen nehmen und so das Herz entlasten.
8. Nackenpunkt: entspricht dem siebenten Halswirbel. Im Qi Gong und im Tai Chi wird dieser Punkt zur Kraftübertragung benutzt. Wenn Sie dort massieren, fühlen Sie sich rasch himmlisch wohl und nervlich harmonisiert.
9. Kleinhirnpunkt, Jadekissen: versorgt und regelt das Atemzentrum.
10. Scheitelpunkt, gelber Palast: Dieser Punkt ist wichtig, um sich mit den Kräften des Universums zu verbinden; die Zirbeldrüse gehört dazu, die »innere Uhr« des Körpers. Der Scheitelpunkt hat eine Kompaßfunktion, um in der Meditation die Richtung zu finden. Eine zu starke Aktivierung führt zu Aurasichtigkeit und Visionen.
11. Drittes Auge: An diesem Punkt der Hirnanhangdrüse zwischen und hinter den Augenbrauen wird nach Ansicht der Taoisten der Geist erweckt. Ungeübte Aktivierung kann zu Halluzinationen, Unkonzentriertheit und Überhitzung des Gehirns führen.
12. Gaumenpunkt, himmlischer Teich: Hier fließen Du Mai und Ren Mai, also die Yin- und die Yang-Energiebahn, zusammen. Mit der Zunge können wir diese beiden Meridiane aktiv verbinden. Dazu bringen Sie Ihre Zunge oben hinter die Schneidezähne, so kann die Wärme vom Kopf wieder herunterfließen. Es ist wichtig, sich anzugewöhnen, den Mund geschlossen zu halten, wenn man nicht spricht. Bei offenem Mund sind die beiden Energie-

bahnen nicht miteinander verbunden, der Kreislauf ist unterbrochen und der Körper bleibt ungeschützt.

13. Halspunkt: liegt unterhalb der Schilddrüse und sollte nie zu stark angeregt werden. Er ist ein sehr sensibler Punkt, der leicht überreagiert.
14. Herzzentrum: wird von der Thymusdrüse gesteuert. Das Herzzentrum (das in der Mitte des Brustraums liegt, dort, wohin man deutet, wenn man »Ich« sagt) ist eines der wichtigsten Energiezentren für die Selbstheilung, weil Sie hier Liebe, Frieden und Ruhe entfalten können.
15. Solarplexus: liegt zwischen Rippenbogen und Bauchnabel (im »Oberbauch«); von hier aus wird die Aura gebildet. Unterdrückte Emotionen, alte Muster sowie Selbstkontrolle und Ich-Probleme lagern im Solarplexus als unangenehme Spannungen.

Die Praxis des kleinen Energiekreislaufs ist das Instrument, um Energien nicht nur auszugleichen und wieder frei fließen zu lassen, sondern um sie wesentlich zu verfeinern. Wir können uns mit dieser Übung auch abgrenzen und vor schädlichen Einflüssen und negativen Energien schützen.

Der kleine Energiekreislauf in der Praxis

Ziel ist die Öffnung der zwei Energiekanäle, um den Körper dadurch energetisch zu versorgen und auszugleichen. Der Übungsablauf besteht darin, daß Sie Ihre Atmung, Ihre Energie und die geistige Aufmerksamkeit in die beiden Energiebahnen Du Mai und Ren Mai lenken und die verschiedenen Energiezentren miteinander verbinden.

Lassen Sie Ihre Aufmerksamkeit und Energie so lange an einem Punkt kreisen und atmen Sie so lange in den jeweiligen Punkt hinein, bis Sie etwas spüren.

Dann nehmen Sie dieses Gefühl mit Hilfe der Atmung mit in den nächsten Punkt hinein. Durch Auflegen der Hände können Sie die Punkte, an die Sie heranreichen, zusätzlich sanft stimulieren.

Kleiner Energiekreis

- Die wichtigste Voraussetzung, um diesen Kreislauf zu aktivieren, ist, sich genügend Zeit zu nehmen, um das Nabelzentrum zu öffnen. Erst wenn Sie das Nabelzentrum spüren und dort Energien sammeln können, ist der richtige Zeitpunkt gekommen, um am Energiekreislauf zu arbeiten.
- Sie sitzen aufrecht und zugleich entspannt auf einem Stuhl. Lenken Sie nun Ihre Aufmerksamkeit zuerst auf das Nabelzentrum. Atmen Sie tief ein und lenken Sie mit der Ausatmung alle Aufmerksamkeit und Energie in den Nabel hinein. Wenden Sie sich ganz diesem Punkt zu. Sie können Ihre Hände auf den Nabel legen. Kreisen Sie nun mit Ihrer Aufmerksamkeit an diesem Punkt.
- Sobald Sie beginnen, an diesem Punkt etwas zu spüren, können Sie dieses Gefühl zum nächsten Punkt nach unten mitnehmen, zum Ovarpalast. Mit Hilfe der Atmung, der Geisteskraft und dem innerlichen Kreisen bearbeiten Sie den nächsten Punkt, bis Sie etwas spüren, und gehen dann wieder weiter in der Reihenfolge der Energiepunkte.
- Wenn Sie am Scheitelpunkt angekommen sind, legen Sie Ihre Zunge hinter die Schneidezähne an Ihren Gaumen und lenken die Energie mit der Ausatmung zum Halspunkt. Von dort aus fahren Sie fort wie beschrieben.
- Wenn Sie wieder am Nabelpunkt angelangt sind, sammeln Sie dort die Energien ein, durch spiralförmiges Kreisen mit der Geisteskraft (oder Vorstellungskraft). Stellen Sie sich einen Magneten vor, der die Energien im Nabelzentrum anzieht.

Der Übergang von einem Punkt zum nächsten erfolgt immer dann mit der Ausatmung, wenn es nach unten geht, also vom Nabelzentrum zum Ovarpalast und von dort zum Damm. Vom Damm ab aufwärts bis zum Scheitelpunkt ziehen oder saugen wir die Energien mit der Einatmung wie mit einem Strohhalm nach oben. Vom Scheitelpunkt abwärts bis zum Nabelzentrum stoßen wir die Energie wiederum mit der Ausatmung nach unten.

Je häufiger wir dies üben, desto schneller werden die Energieblockaden aufgelöst, und der kleine Energiekreislauf kann dann sogar in einem Atemzug vollendet werden. Natürlich wird das am Anfang nicht so ohne weiteres gelingen. Stellen Sie sich vor, wie lange es dauert, bis ein Straßentunnel durch einen Berg gegraben wird. Wenn der Durchbruch aber einmal stattgefunden hat, kann man in ein paar Minuten mit dem Auto durchfahren.

Bei Frauen geht der Kreislauf meist spontan vom Ovarpalast vorne hoch und hinten wieder herunter. Für die Übung ist es jedoch empfehlenswert, vom Nabel her die Energien zurück nach unten und über die Rückseite nach oben zu lenken. Wenn das Herzzentrum einmal geöffnet und frei von Blockaden und Schmerzen ist, können Sie mit der Energiearbeit auch vorne am Körper nach oben beginnen.

Lassen Sie sich nicht entmutigen, wenn Sie anfangs noch nichts, nur wenig oder nur an einigen Punkten etwas spüren oder wenn die Übung etwas länger dauert. Seien Sie erfinderisch, wie Sie Atmung, Geisteskraft und Hände einsetzen.

Sie können die Punkte auch einzeln massieren oder mit Tigerbalsam oder Kräuteröl einreiben, um sie besser wahrzunehmen. Jeder Punkt hat eine ganz eigene Qualität und fühlt sich anders an als die anderen.

Wichtig ist dabei auch folgendes: Es reicht nicht, sich den Energiestrom bloß vorzustellen. Die Geisteskraft wird nur eingesetzt, um die Energien zu lenken. Wie sich das Chi anfühlt, ist sehr individuell. Es kann ein Wärmegefühl, ein Kribbeln, ein Wohlgefühl oder etwas anderes sein. Dieses Fühlen kann auch durch einen Gedanken ausgelöst werden, aber kein Gedanke kann das Erfühlen ersetzen.

Durch den kleinen Energiekreislauf sind wir auch in der Lage, Naturkräfte aufzunehmen und diese als Kraftquelle ohne schädliche Nebenwirkungen zu nutzen. Darum geht es im folgenden Abschnitt.

Naturkräfte

Einssein mit dem Ganzen bedeutet auch, im Einklang mit der Natur zu sein. Sich den Naturkräften zu öffnen und sich bewußt mit ihnen zu verbinden, ist ein wichtiger Teil der taoistischen Übungspraxis.

Taoisten verbinden sich mit der Natur, um diese Kräfte sinnvoll zu nutzen. Die Natur wird vor allem bestimmt von Himmel und Erde, Sonne, Mond und Sternen, Wasser und Feuer, Bergen und Bäumen, Edelsteinen und so weiter. Essenz und Energie dieser Naturelemente werden zur Stärkung und Selbstheilung aufgenommen und absorbiert.

Hier lernen Sie nun Techniken kennen, um Naturkräfte in sich aufzunehmen. Wenn Sie das einmal erlernt haben, können Sie diese Kräfte durch den kleinen Energiekreislauf in Ihr System einleiten und mit Ihrer eigenen Energie verschmelzen. Sie können Ihren Körper auch verstärkt mit Naturkräften aufladen. Das ist dann besonders willkommen, wenn Sie sich vielleicht schwach fühlen und für andere Übungen sich nicht in der Lage sehen.

Es gibt einige Energiepunkte, die sich besonders dazu eignen, Kräfte aus der Natur aufzunehmen. Das sind: Scheitelpunkt, drittes Auge, Nabelzentrum, Damm, Füße und Hände.

Aufladeübung (Bild 10)

- Stellen Sie sich aufrecht und entspannt zugleich hin, die Beine etwa schulterbreit auseinander, die Knie sind weich und leicht abgewinkelt; die Arme strecken Sie entspannt nach vorn aus, die Handflächen weisen zum Boden, die Handgelenke sind locker. Schließen Sie nun die Augen und fragen Sie Ihren Körper, welche Kraft aus der Natur ihm am wohlsten täte oder die ihm jetzt gerade fehlt (zum Beispiel die Kraft eines Baums, des Wassers, der Sonne und so weiter). Hören Sie auf Ihre innere Stimme.
- Stellen Sie sich vor, daß Sie durch die Zehenspitzen, die Fingerspitzen, den Energiepunkt am Damm, das Nabelzentrum, das dritte Auge und den Scheitelpunkt wie durch Nase und Mund ein-

atmen und mit der Einatmung die gewählte Kraft ansaugen und tief in sich aufnehmen.

- Mit der Ausatmung lenken Sie diese Kraft dorthin im Körper, wo sie gebraucht wird.

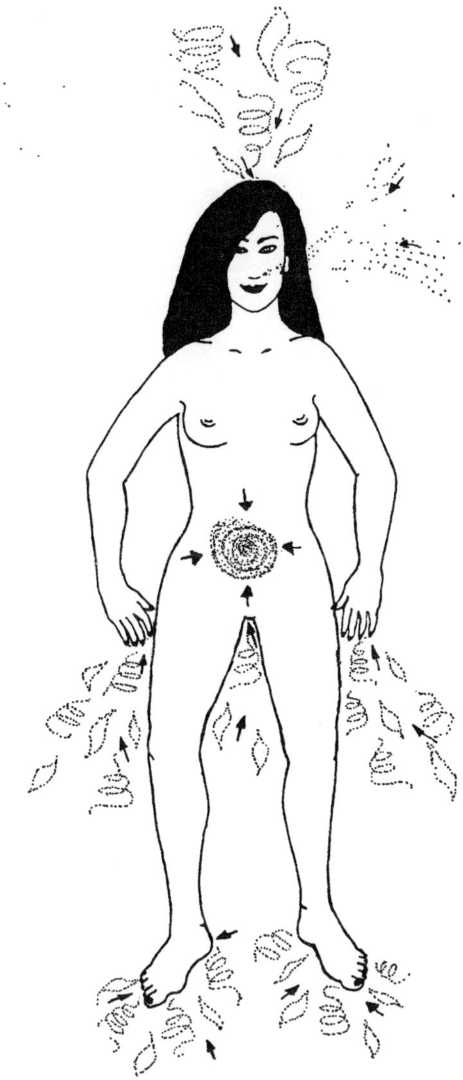

10. Aufladeübung

- o Wenn Sie merken, daß sich Energie in Ihnen angesammelt hat, gehen Sie mit Ihrer Geisteskraft (Vorstellungskraft) zum Nabel. Von dort üben Sie den kleinen Energiekreislauf einige Male aus, um die aufgenommene Kraft zu verfeinern und Ihrer körpereigenen Energiefrequenz anzupassen.

Zum Einstieg sollten Sie nacheinander und nicht gleichzeitig in die zuvor genannten Energiepunkte (Nabel, Füße, Damm, Hände, drittes Auge, Scheitelpunkt) hineinspüren. Wenn Sie erfahren haben, daß Sie am jeweiligen Einzelpunkt Energie ansaugen, können Sie dann später an allen Punkten gleichzeitig Kraft aufnehmen.

Die Energiepunkte eignen sich auf unterschiedliche Weise ganz besonders zur Aufnahme bestimmter Kräfte, und zwar:

- o der Nabel für alle Arten von Energien; stellen Sie sich dort eine Nabelschnur vor, über die Sie mit der gewählten Kraft verbunden sind und so Ihre eigene Mitte gezielt aufladen können;
- o die Füße für die Erd- und Wasserkraft;
- o der Damm für die Erd- und Wasserkraft;
- o die Hände für alle Arten von Energien; Sie können die Kraft von Bäumen zum Beispiel auch unmittelbar aufnehmen, indem Sie Ihre Hände an den Stamm legen (die Aufladung der Hände zu Heilzwecken finden Sie auf Seite 207);
- o das dritte Auge für die kosmischen Kräfte, Sonnenenergie und alle Arten von Energien, die erst von der Vorstellungskraft aktiviert und aktualisiert werden müssen (etwa die Kraft eines Strandes unter der Tropensonne, während Sie sich tatsächlich im kalten Winter in den Bergen befinden);
- o der Scheitelpunkt für die »heißen Kräfte« des Universums, also der Sterne und der sogenannten Yang-Kräfte des Himmels. Ich rate allerdings Anfängerinnen davon ab, sich gleich zu Beginn darauf einzustellen, weil sie damit den Körper leicht überhitzen können!

5. Der Körper

In diesem Kapitel finden Sie Informationen und Hinweise, um das Verständnis für Ihren Körper zu vertiefen. Nur wenn Sie Ihre eigene Körpersprache verstehen, können Sie gezielt mitwirken und sich selbst ausgleichen und heilen. Die chinesische Medizin ist ein unglaublich weites und komplexes Gebiet, deshalb beschränke ich mich auf eine vereinfachte Darstellung der wichtigsten Punkte und Elemente des Grundwissens, die den Weg der Selbsterkennung sinnvoll unterstützen.

Die vier Grundsubstanzen des Körpers

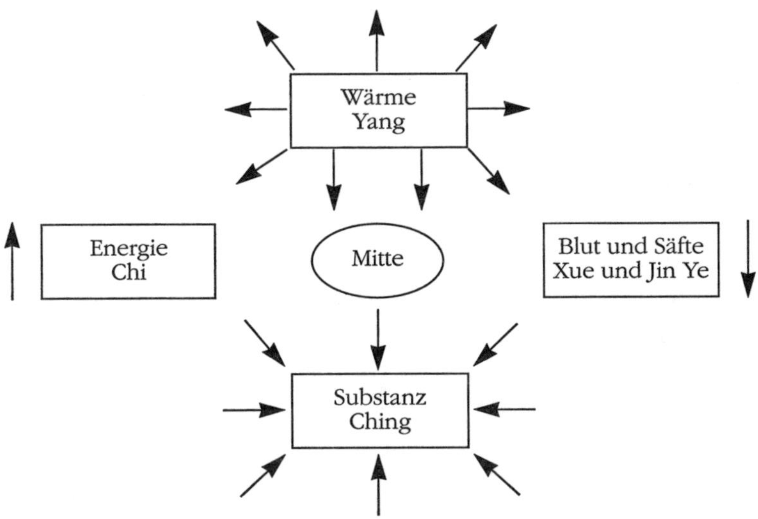

Hier sehen Sie die vier Grundsubstanzen des Körpers (Energie = *Chi,* Wärme = *Yang,* Blut = *Xue* und Säfte = *Jin Ye,* Substanz = *Ching)* mit Pfeilen für die Richtung, in der die Energien fließen.

Energie und Wärme haben Yang-Qualitäten, Blut und Säfte sowie Substanz haben Yin-Qualitäten. Yang-Qualität heißt, aktiv zu sein, Impulse zu geben; Yin-Qualität heißt, zu sammeln und zu speichern. Gesundheit und ein ausgewogenes Gesundheitsklima besteht, wenn die vier Grundsubstanzen einerseits stark und andererseits untereinander ausgewogen sind.

Die vier Grundsubstanzen im einzelnen:

- **Energie, Chi,** wird benötigt, um dem Körper Impulse zu geben, um Umwandlungsprozesse einzuleiten (zum Beispiel von Nahrung in Blut), um Körpersäfte zu bewegen, zu verteilen und zu halten, um den Körper zu schützen (Abwehrkräfte, Immunsystem).
- **Wärme, Yang,** dient dazu, den Körper zu wärmen, die Körpertemperatur zu halten; diese Wärme ist wichtig für die Umwandlung von Nahrungsmitteln in Blut.
- **Blut, Xue,** und **Säfte, Jin Ye,** haben die Funktionen, den ganzen Körper zu nähren, ihn zu versorgen und zu befeuchten.
- **Substanz, Ching,** hat als wichtigste Funktion, die Lebenskraft zu speichern.

Die vier Grundsubstanzen können als ein Kreislauf verstanden werden, der mit den Wandlungsphasen der fünf Elemente übereinstimmt. Im Zentrum des Kreises befindet sich das Erdelement, das von der Mitte her nährt und ausgleicht.

Chi (Holzelement) erzeugt Reibung und Hitze. Wenn die entstandene Wärme (Feuerelement) die größte Ausdehnung erreicht hat, kommt es zu einer Verflüssigung in Blut und Säfte (Metallelement). Aus dieser Verdichtung entsteht die Materie (Wasserelement). Daraus erwächst dann wieder die Energie, das Chi. Bei den meisten Menschen ist dieser Kreislauf nicht im optimalen Gleichgewicht, und eine oder mehrere der vier Grundsubstanzen sind in ihrer Funktion geschwächt.

Störungen der Grundsubstanzen

- **Energie, Chi:** Es kann ein Mangel vorliegen, die Energie kann stagnieren, sie kann absinken oder »rebellieren«, das heißt sich in die falsche Richtung entwickeln (zum Beispiel geht beim Erbrechen das Magen-Chi nicht nach unten in die Verdauung, sondern nach oben durch die Speiseröhre).
- **Wärme, Yang:** Es gibt sowohl ein Zuviel als auch ein Zuwenig. Zuviel Yang führt zur Überhitzung des Körpers, eines Organs oder eines Körperteils. Yang-Mangel bedeutet Unterkühlung, welche die Funktion des Organismus oder mancher seiner Teile verlangsamt.
- **Blut, Xue:** Es kann sowohl ein Blutmangel, eine Bluthitze als auch ein Blutstau vorliegen. Blutmangel entsteht bei Frauen oft durch den regelmäßigen monatlichen Blutverlust. Bluthitze ist meistens emotional bedingt. Blutstau tritt zum Beispiel auf bei Unterkühlung des Körpers oder durch eine Chi-Schwäche, wenn die Energie das Blut nicht genügend bewegen kann.
- **Säfte, Jin Ye:** Säftemangel, Flüssigkeitsansammlungen oder Säftestau sind sehr häufige Gesundheitsprobleme. Säftemangel äußert sich oft in trockener Haut und trockenen Schleimhäuten. Zu Flüssigkeitsansammlungen kommt es zum Beispiel durch einen Yang-Mangel oder zuviel Süßigkeiten. Säftestau, zum Beispiel Lymphstau, tritt gern auf, wenn der Körper nicht genügend entschlackt und entgiftet wird.
- **Substanz, Ching:** Ein Zuviel gibt es praktisch nie. Substanzmangel gibt es vor allem aufgrund chronischer Krankheiten sowie durch anhaltend falsche Lebensführung (Streß, falsche Ernährung, zuwenig Ruhe).

Krankheitsursachen

Krankheiten werden in der taoistischen Medizin wie eine Wetterlage beschrieben. Krankheitsursachen können von außen her in den Körper eindringen oder im Körper selbst entstehen. Die verschiedenen Einflüsse sind: Feuchtigkeit, Hitze, Trockenheit, Kälte, Schleim, Emotionen, Streß, Giftstoffe.

Wind verhält sich im Körper wie in der Natur. Der Wind ist Meister der Bewegung und der raschen Veränderung. Der Wind ist ein Yang-Phänomen und wird dem Holzelement zugeordnet. Zittern, wandernde Schmerzen, Juckreiz, plötzlich auftretende, oft heftige Symptome, Schwindel und Ohrensausen, Kitzeln im Hals sind »Windkrankheiten«.

Wind, als bösartiger Einfluß auch »äußerer Wind« genannt, tritt oft in Verbindung mit Kälte oder Hitze in den Körper: Man bekommt einen Zug, eine Erkältung oder eine Grippe. Dadurch werden die Winde im Körper eingeschlossen, sagt man.

Die Behandlung eines eingedrungenen Windes wird in der taoistischen Medizin sehr ernst genommen. Je tiefer ein Wind in den Körper eindringt, desto heimtückischer soll er wirken. Viele Winde sind im Körper eingeschlossen und werden durch irgendeine Kleinigkeit, wie Streß, klimatische Veränderung und dergleichen, wieder aktiv.

Kälte-Symptome sind fast identisch mit den Yin-Symptomen beziehungsweise einem Yang-Mangel. Kälte stellt in der Natur und auch im Körper ein Yin-Phänomen dar. Das Hauptsymptom ist eindeutig das Kälteempfinden. Der Betroffene friert und hat eine Abneigung gegen Kälte. Kälte zieht den Körper zusammen, blockiert die Zirkulation, Chi und Blutfluß werden dadurch verlangsamt.

Kälte kann starke Schmerzen, Krämpfe und Steifheit verursachen, die auf Wärmeeinwirkung oft gut reagieren. Innere Kälte ist ein sehr chronischer Zustand, bei dem meist auch eine Nierenschwäche im Spiel ist, aber auch die Ernährung darf in ihrer thermischen Wirkung nicht unterschätzt werden.

Körperausscheidungen wie Ausfluß, Nasensekret, Urin und so weiter sind bei Kälte klar und durchsichtig, eventuell auch weißlich.

Feuer- oder Hitze-Symptome sind identisch mit den Yang-Zuständen. Feuer ist ein Yang-Phänomen, welches durch äußere Hitze im Sommer ausgelöst oder verstärkt wird. Es können einzelne Organe überhitzt sein, wie zum Beispiel Gehirn, Herz, Leber, Gallenblase oder Magen. Auch das Blut kann überhitzt sein, man spricht dann von einer sogenannten Bluthitze. Der Zustand ist geprägt von einem Hitzegefühl, und der Betroffene zieht Kälte vor, auch in Form von Getränken.

Hitze drängt nach oben und außen. Somit manifestiert sich die Hitze oft im Oberkörper oder auf der Haut, in Form von Ausschlägen, örtlichen Entzündungen, Rötungen oder Schwellungen.

Die Körperausscheidungen sind dick und zähflüssig, oft gelblich. Der Körpergeruch ist intensiv, was Stuhlgang, Winde, Ausfluß, Vaginalsekret und auch Blut betrifft.

Unruhe und Ungeduld sind typische Merkmale einer Überhitzung. Wir unterscheiden echte und falsche Hitze. Als echte Hitze bezeichnen wir einen Hitzeüberschuß; falsche Hitze wird zum Beispiel durch einen Blut- oder Yin-Mangel hervorgerufen. Hitzezustände trocknen den Körper aus und können einen Säftemangel herbeiführen.

Feuchtigkeit hat im Körper den gleichen Charakter wie in der Natur. Feuchtigkeit ist naß, träge und schwer. Feuchtigkeit ist eine Yin-Eigenschaft und manifestiert sich am liebsten in den unteren Körperteilen. Ein Kälteschmerz ist stechend, ein Feuchtigkeitsschmerz ist dumpf, auch der Kopf fühlt sich dumpf, unklar und diffus an.

Feuchtigkeit produziert viel Körperabsonderungen und Sekrete. Diese sind zähflüssig und trüb. Oft werden Feuchtigkeitssymptome begleitet von Völlegefühl im Unterbauch, zum Beispiel durch Druck auf Blase oder Darm (man hat ständig das Gefühl von Wasser- oder Stuhldrang, oft mit wenig Erfolg) und Gebärmutter.

Bei einer vorhandenen Milzschwäche - die Milz ist für die Flüssigkeitsumwandlung zuständig - kann eine äußere Feuchtigkeit sich sehr schnell in eine innere Feuchtigkeit umwandeln. Wasser in den Beinen und auch Orangenhaut sowie Müdigkeit nach dem Essen sind Symptome von Feuchtigkeit.

Bei Feuchtigkeit stagniert der Energiefluß, und es handelt sich um einen chronischen, langsamen und trägen Symptomverlauf.

Feuchtigkeit wird nicht unbedingt durch Trinken ausgelöst, sondern durch Nahrungsmittel mit befeuchtenden Eigenschaften wie Süßigkeiten, Milchprodukte, Früchte und Salate: Sie erzeugen Feuchtigkeit im Körper oder ziehen äußere Feuchtigkeit an.

Schleim ist in der chinesischen Medizin eine verstärkte Form von Feuchtigkeit. Schleim bezieht sich nicht nur auf die Absonderung der Schleimhäute; Schleim entsteht bei Milz- und Nierenschwäche und ist zäher und träger als Feuchtigkeit.

Stellen Sie sich einen Pudding vor, den Sie einkochen und der immer dicker wird. Das kann auch mit der Feuchtigkeit im Körper passieren, wenn Hitze dazukommt, zum Beispiel durch Emotionen.

Schleim kann auch Tumore produzieren, Knötchen, Schwellungen und so weiter. Schleim in der Lunge führt zu starkem Auswurf. Schleim im Herz blockiert die Herzöffnungen, so daß der Geist verwirrt sein kann. Das macht sich in wirren und unklaren Gedanken bis hin zu psychotischen Zustandsbildern oder gar Bewußtseinsverlust bemerkbar.

Schleim kann auch die Meridiane verstopfen und verkleben, was zu Lähmungen und Taubheitsgefühlen führen kann. Deshalb ist Feuchtigkeit im Körper immer ernst zu nehmen, denn Schleim, die Verdichtung von Feuchtigkeit, zu behandeln ist eine sehr viel hartnäckigere und langwierigere Angelegenheit.

Trockenheit wird als äußerer Einfluß nicht so stark gewichtet wie Wind, Hitze, Kälte und Feuchtigkeit. Lunge und Schleimhäute werden von Trockenheit am meisten befallen. Die innere Trockenheit ist ein chronischer Zustand, der durch Blut, Säfte und Yin-Mangel entsteht. Aber auch chronische Überhitzung, anhaltender Streß und viele Yang-Emotionen trocknen die Säfte langfristig aus, was zu trockener Haut, trockenem Mund und trockenen Schleimhäuten führen kann.

Als innere Krankheitsursachen gelten überwiegend Emotionen, als *äußere Krankheitsursachen* Streß, destruktive Sexualität, chronische Überarbeitung, falsche Ernährung, Traumata, Infektionskrankheiten, Parasiten, Vergiftungen, schlechte Behandlung, zuviel sportliche Betätigung und Training.

Entsprechungen der Elemente und Organe

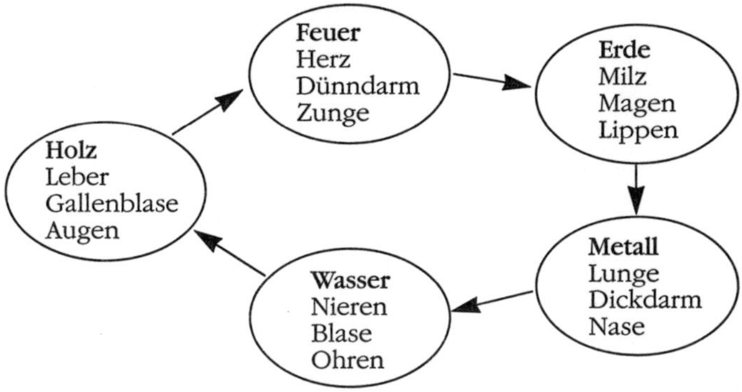

Wir haben die fünf Elemente Holz, Feuer, Erde, Metall und Wasser bereits kennengelernt. In der Diagnostik der chinesischen Medizin arbeiten wir mit Entsprechungen von den Elementen zu den Körperorganen, Körperteilen und Sinnesorganen. In diesem Kapitel möchte ich Ihnen die wichtigsten Entsprechungen und Aufgaben der verschiedenen Organe kurz vorstellen. Die häufigsten Frauenbeschwerden und -symptome werden genauer betrachtet und angeordnet, und Sie finden hier nützliche Hinweise zu Gesundheitsmaßnahmen sowie praktische Übungen.

Zunächst aber sehen Sie nachfolgend eine Übersicht der Zugehörigkeiten und Entsprechungen der Elemente (siehe Seite 82). Im Anschluß daran stelle ich sie Ihnen im einzelnen vor.

Übersicht: Zugehörigkeiten und Entsprechungen der einzelnen Elemente

Element	**Holz**	**Feuer**	**Erde**	**Metall**	**Wasser**
Yin-Organe	Leber	Herz	Milz	Lunge	Nieren Sexualorgane
Yang-Organe	Gallenblase	Dünndarm	Magen	Dickdarm	Blase
Sinnesorgane	Augen	Zunge	Lippen	Nase	Ohren
Flüssigkeiten	Tränen	Schweiß	Speichel	Lungensekrete Urin	Sexualsekrete
Körperteile	Muskeln Sehnen Nerven Nägel	Gefäßsystem Gesichtsfarbe	Bindegewebe Fleisch Extremitäten Lippen	Haut Körperhaare	Knochen, Mark Zähne, Knie, Füße Augenbrauen Lendenwirbel Kopfhaare
Gelenke	Schultern	Ellbogen	Hüfte	Hände	Knie, Füße
Körpergeruch	säuerlich	angebrannt	süß	penetrant	verfault
Gesicht	rechte Wange	Stirn	Nase	linke Wange	Kinn
Substanz	Chi	Wärme	Mitte	Blut, Säfte	Substanz
Schädigung durch	zuviel laufen	zuviel lesen	zuviel denken	zuviel liegen	zuviel stehen
Stimme	laut schreiend	lachend stotternd	singend	weinerlich	stöhnend

Holz

Das Bild des Baumes gibt das Holzelement am besten wieder. Der Baum ist durch sein stetes Wachsen Ausdruck von Lebendigkeit und Kreativität. Er strebt und wächst zum Himmel und durch die Wurzeln auch tief in die Erde hinein.

Das Holzelement entspricht dem Frühling und dessen Kraft; es besitzt eine sehr dynamische Qualität. Disharmonien und Symptome des Holzelements sind wechselhaft und kurzlebig. Der schöpferische Impuls der Frühlingskraft drängt das Holzelement dazu, sich auszudrücken und zu verwirklichen.

Die *Leber* ist das Yin-Organ des Elementes Holz.

Das entsprechende Yang-Organ ist die *Gallenblase.*

Leber

Aufgabe: Die Leber (Bild 11) wird auch »der General der Organe« genannt. Die Leber hat die Funktion, Chi und Blut zu bewegen und in alle Körperteile zu verteilen. Sie hat auch die Aufgabe, Wachstum zu fördern und Impulse zu geben, um Körperfunktionen in Gang zu

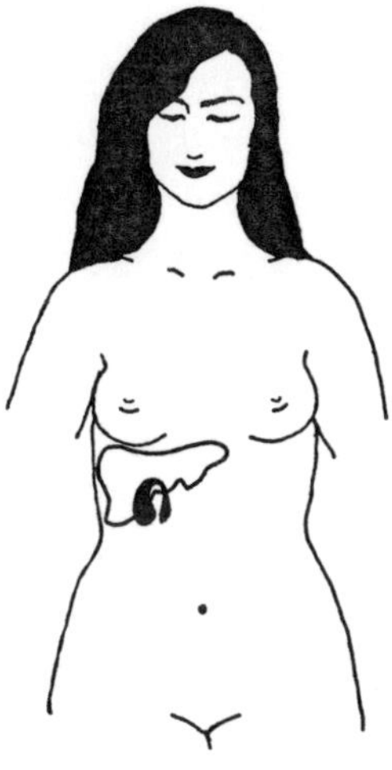

11. Leber und Gallenblase

bringen. Bei schwacher Leberkraft hat man zum Beispiel Mühe, morgens aufzustehen. Für Frauen hat die Leber die besondere Aufgabe, die Menstruation zu regulieren und für einen geschmeidigen Blutfluß zu sorgen.

Die Leber ist auch zuständig für den kreativen Ausdruck, dafür, Eindrücke zu verarbeiten und zu planen und Emotionen auszugleichen. Die Leber versorgt die Augen mit Energie.

Krankheitssymptome: Alle prämenstruellen Symptome (PMS) wie Gereiztheit, Kopfweh, Ziehen in den Brüsten, Kloß- oder Druckgefühl im Hals sind einer Disharmonie der Leber zuzuschreiben. Speziell bei PMS handelt es sich um einen Leberstau. Auch Streßbewältigung gehört zu den wichtigen Aufgaben der Leber. Myome, Zysten und ähnliche Symptome sind oft auf schlechten Blutfluß zurückzuführen, der wiederum mit der Leber zu tun hat.

Wenn zum Beispiel der persönliche Ausdruck, die Kreativität und Selbstverwirklichung nach außen blockiert sind, sucht die Leber Ausdrucksmöglichkeiten nach innen. Ein typisches Zeichen für Leberdisharmonie sind Kopfschmerzen und Drehschwindel. Gerötete, tränende und schmerzende Augen sind ebenfalls zusätzlich über die Leber zu behandeln.

Mögliche Ursachen: Wenn die Holzkraft nicht gelebt wird, wenn ein Mensch in seinem Alltag also keinen Freiraum für Kreativität, Selbstverwirklichung, Sexualität oder ausreichend Bewegung hat, führt das zur Stauung von Leberenergie. Eine Überflutung mit Reizen von außen führt ebenso zur Störung der Leberenergie, weil die Leber nicht mehr nachkommt, alle Eindrücke zu verarbeiten. Dabei denken wir vor allem an Bildschirmarbeit und Fernsehabende: Die Augen sind direkt mit der Leber verbunden und bedeuten die Öffnung zur Leber. Eine Überflutung der Augen mit Sinneseindrücken kann zu einem Energiestau der Leber führen. Übrigens hängt auch die vitale Spannkraft des Mannes und seine Fähigkeit zur Erektion vom Zustand der Leber ab. Männer können mehr als Frauen durch visuelle Anregungen ihre sexuelle Spannkraft stimulieren.

Hinweise zur Selbstheilung und Übungen: Aktivitäten wie Tanz, künstlerischer Ausdruck, Sexualität, Bewegungsübungen in einem Maß, das Ihrem Typus und Ihrer Konstitution entspricht, sind unerläßlich, um die Leberkraft zu stärken und die Leber »zu erfreuen«. Freundlichkeit und die Farbe Grün stärken die Leber.

Nehmen Sie sich genügend Zeit, um eine Beziehung zu Ihrer Leber herzustellen. Befassen Sie sich liebevoll mit ihr. Hier zwei einfache Übungen dazu:

Leber ausgleichen und stärken (Bild 12)

- Schließen Sie Ihre Augen.
- Verbinden Sie sich über die Atmung mit der Leber.
- Schauen Sie mit den Augen in die Leber hinein und fühlen Sie mit Ihrer Geisteskraft in die Leber hinein. Entwickeln Sie Kontakt zu Ihrer Leber. Nehmen Sie sich Zeit, um das Klima, die Atmosphäre und die Schwingung der Leber zu erspüren. »Sprechen« Sie mit Ihrer Leber und fragen Sie sie, wie es ihr geht. Lächeln Sie der Leber aus vollem Herzen zu und füllen Sie die Leber mit der persönlichen Heilkraft des inneren Lächelns.

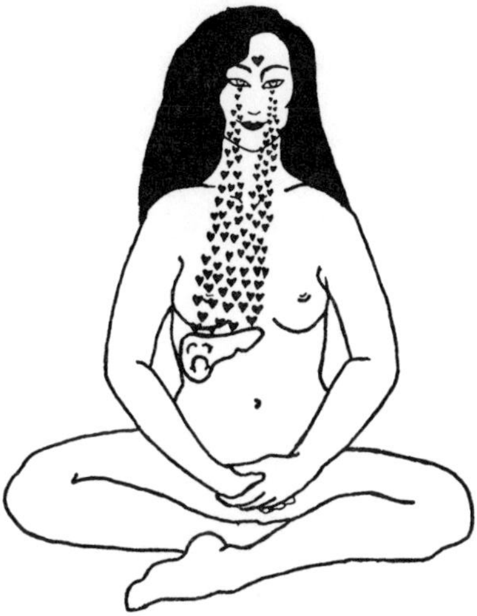

12. Leber ausgleichen und stärken

In der nächsten Übung stelle ich Ihnen den heilenden Laut der Leber vor, der hilft, die Leber zu entgiften, zu reinigen und zu stärken.

Leberreinigung

- o Sie setzen oder legen sich hin.
- o Verbinden Sie sich mit der Leber über die Atmung, wie zuvor beschrieben.
- o Legen Sie beide Hände auf die Leber und machen Sie einen Zischlaut »Schschschsch«. Richten Sie den Laut nach innen direkt in die Leber hinein und lassen Sie die Schwingung dieses Lautes die Leber entlasten, unterstützen und heilen.

Kräuter bei Leberstagnation: Frauendistelsamen; Absud aus 8 g pro 1 Tasse oder 2 ml Tinktur, 3 x täglich.
Leberaufbau: Artischockenblätter; essen oder Aufguß mit 10 g pro 1 Tasse.

Die *Gallenblase* ist das Yang-Organ des Holzelements. Es ist wichtig zu wissen, daß sich eine Schwäche der Gallenblase in der Schwäche, Entscheidungen zu treffen, ausdrücken kann. Einer Entscheidungsschwäche kann man durch gezielte Massage des Gallenmeridians, vor allem in der Gegend des Nackens, entgegenwirken.

Die *Augen* sind die Sinnesorgane, welche dem Holzelement zugeordnet sind. Gerötete oder tränende Augen sind oft Hinweis auf eine Leberschwäche.

Kräuter für die Augen: Augentrost (ganzes Kraut); Aufguß 6–16 g pro Tasse, 3 x täglich.

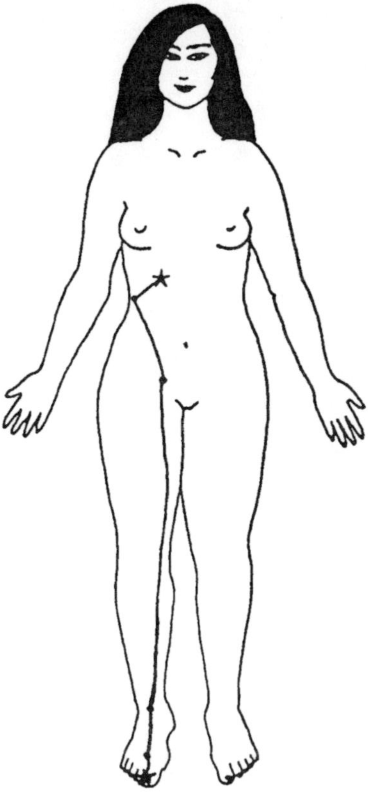

13. Lebermeridian

14. Gallenblasenmeridian

Feuer

Die Qualitäten des Feuerelements sind Wärme, Helligkeit, Ausdehnung nach oben, Ausstrahlung nach außen. Die Jahreszeit Sommer wird dem Feuerelement zugeordnet. Symptome, die mit diesem Element zu tun haben, befinden sich meist im oberen Teil des Körpers.

Das *Herz* ist das Yin-Organ des Feuerelements; es beherbergt Geist und Bewußtsein und wird »Kaiser der Organe« genannt.

Das entsprechende Yang-Organ ist der *Dünndarm* (Bild 15).

Herz

15. Herz und Dünndarm

Aufgabe: Das Herz beherbergt den Geist und seine Funktionen Denken, Schlafen, Gedächtnis, Bewußtsein, psychische Aktivitäten und Emotionen.

Das Herz regiert über das Kreislaufsystem, über Blut, Zunge und Sprache, Schwitzen und die Gesichtsfarbe. Das Gesicht ist also ein Spiegelbild des Herzens. Wenn die Augen glänzen, ist das Herz meist glücklich.

Krankheitssymptome: Schlafstörungen, Konzentrationsmangel, Unruhe, schlechtes Gedächtnis, Herzklopfen, nächtlicher Schweißausbruch, Unklarheit und geistige Verwirrung, Abgrenzungsprobleme, Selbstvorwürfe sowie Schreckhaftigkeit sind typische Krankheitssymptome, die aufgrund einer Schwäche oder einer Überhitzung des Herzens entstehen können.

Mögliche Ursachen: Alle Emotionen erzeugen Hitze. Da Hitze zum Feuerelement gehört, wird das Herz durch extreme Emotionen in seiner Funktion beeinträchtigt. Charakteristische Emotionen, die das Herz schwächen, sind Liebeskummer oder Aggressionen, Eifersucht, aber auch Frustration und Trauer. Schockerlebnisse und Traumata wirken ebenso auf das Herz wie energetische Unausgeglichenheit im Körper (zum Beispiel durch Erhitzung beim Sport, die dann nicht richtig verteilt oder abgeleitet wird). Schlechte Erfahrungen und fixe Verhaltensmuster, aber auch Wirbelsäulenprobleme können Energieblockaden im Herzen auslösen. Es gibt auch die Verschleimung des Herzens durch den Konsum zu vieler Milchprodukte und Zucker. Wird dem Herzen zuwenig Möglichkeit gegeben, sich zu freuen, zu lieben und sozusagen am Leben teilzunehmen, zählt dies zu den häufigsten Ursachen der Herzdisharmonien.

Hinweise zur Selbstheilung und Übungen: Das Herz zu befreien ist der wichtigste Teil der Selbstheilung. Dazu gehört, das Herz liebevoll zu unterstützen, alle alten Schmerzen und Enttäuschungen endlich zu verarbeiten und loszulassen, damit die alten Wunden heilen können. Achten Sie darauf, ob Ihr Herz genügend Möglichkeiten hat, sich auszudrücken. Oder ist es vielleicht so geschwächt, daß es sich nicht traut, seine Gefühle zu leben und zu äußern? Respektvolles Handeln und die Farbe Rot stärken das Herz.

Nehmen Sie sich für die folgenden Übungen wirklich ausreichend Zeit, um in die Tiefen des Herzens vorzudringen, denn im Herzen ist die Heilkraft geborgen, die Liebe und die Ruhe, die sowohl für unser Leben allgemein als auch für die eigene Selbstheilung notwendig sind.

Kräuter zur Herzberuhigung: Hopfen (getrocknete Blüten); Aufguß von 6–9 g pro Tasse, etwa 30 Minuten ziehen lassen.
Kräuter zur Stärkung: amerikanischer Ginseng (Wurzel); Absud aus 2–4 g für 2 Tassen, etwa 20 Minuten gekocht; als Kur einen Monat lang 2 x täglich 1 Tasse.

Die folgende Übung empfehle ich, morgens im Bett durchzuführen, noch bevor Sie aufstehen. Die Taoisten raten, das Herz zu öffnen, bevor man die Augen öffnet.

Das Herz wecken

- o Liegen Sie entspannt und halten Sie die Augen geschlossen.
- o Nun beginnen Sie, mit dem inneren Lächeln Ihrem Herzen zuzulächeln. Falls es Ihnen schwerfällt, schon frühmorgens das innere Lächlen zu erfahren, so können Sie sich mit dem goldenen Licht des Kosmos aufladen. Das geht so: Sie stellen sich vor, daß Sie mit der Einatmung ein goldenes Licht in Ihr drittes Auge hineinziehen. Dieses Licht vermischen Sie bei der Ausatmung mit dem inneren Lächeln und lenken das nun zum Herzen (Bild 16).
- o Atmen Sie ruhig und tief und sinken Sie mit jeder Ausatmung noch tiefer ins Herz hinein, bis Sie merken, daß das Herz aufwacht, daß sich im Herzraum ein angenehmes Gefühl ausbreitet und das Herz bereit ist, in den Tag zu gehen.

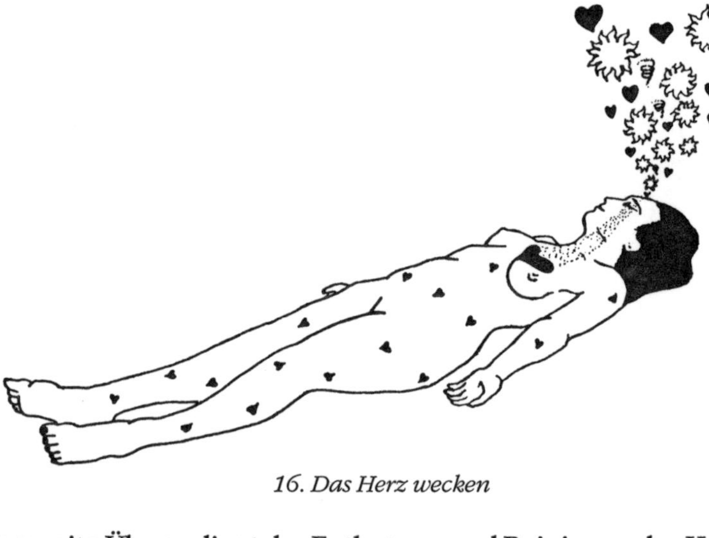

16. Das Herz wecken

Die zweite Übung dient der Entlastung und Reinigung des Herzens. Sie können sie im Sitzen, Liegen oder Stehen ausführen. Ich beschreibe nachfolgend die Version im Stehen.

Die Befreiung des Herzens

- o Sie stehen aufrecht im Reiterstand.
- o Atmen Sie ein und bringen Sie dabei Arme und Hände auf der Seite hoch bis über den Kopf (Bild 17).

17. Einatmen. Die Befreiung des Herzens

- o Oberhalb des Kopfes drehen Sie die Handflächen zum Boden.
- o Mit der Ausatmung bringen Sie dann die Hände sanft vor dem Oberkörper ganz nach unten, während Sie hörbar einen »Haaaaa«-Laut von sich geben (Bild 18).
- o Dieser Hauchlaut ist direkt an das Herz gerichtet, um die Giftstoffe zu lösen und die Energie auszugleichen und zu entlasten.

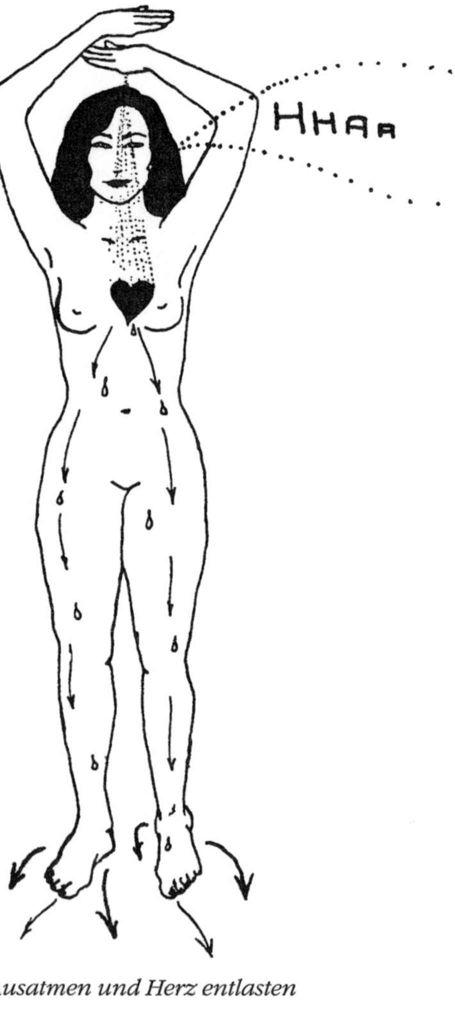

18. Ausatmen und Herz entlasten

Die gesamte Übung dient der Ableitung von übermäßiger Hitze und gestauten Emotionen aus dem Herzen. Führen Sie diese kreisende, rhythmische Bewegung von Armen und Händen zusammen mit dem Hauchlaut so lange durch, bis Sie merken, daß eine Wirkung eintritt und sich das Herz entspannt hat. Diese Übung eignet sich auch gut vor dem Einschlafen, um die Qualität des Schlafes zu verbessern.

Der *Dünndarm* gehört ebenfalls zum Feuerelement, er ist das Yang-Organ. Seine wichtigste Funktion besteht darin, unerledigte Erinnerungen und unverdaute Eindrücke zu speichern. Der Dünndarm ist sozusagen das zweite Gehirn, wo alle unverdauten Erlebnisse in Form einer Spannung oder eines Knoten festsitzen. Die Bauchmassage (Seite 207) ist ein hilfreiches Instrument zur Reinigung und Entgiftung des Dünndarmes.

Der *Herzbeutel* (Perikard) hat eine ähnliche Funktion wie das Herz, aber seine Hauptfunktion besteht darin, das hochsensible Herz, den »Kaiser«, vor schädlichen Einflüssen zu schützen.

Der *»Dreifacherwärmer«* ist eine Art Organ, das zwar dem Chinesen geläufig, dem westlichen Menschen aber meist unbekannt ist. Dieses »Organ« erfüllt verschiedene, sehr komplizierte Funktionen; eine wichtige davon besteht in der Fähigkeit, die drei Energiezentren von Kopf, Herz und Bauch zu harmonisieren und zu verbinden.

Nachfolgend stelle ich Ihnen eine kleine Übung vor, die Hitze und Kälte im Körper ausgleicht und Sie beruhigt, wenn Sie unruhig oder nervös sind:

Übung zum Ausgleichen und Beruhigen

- Legen Sie sich bequem hin. Zentrieren Sie Ihre Atmung, atmen Sie tief ein und dehnen Sie mit dem Einatmen Ihren Körper weit aus – stellen Sie sich vor, daß er sehr groß wird.
- Machen Sie einen weichen »Iiiiii«-Laut, etwa wie in »Ich«, und lenken Sie damit die Hitze vom Kopf hinunter in die Füße. Das tun

Sie mit dem Ausatmen, und zwar so, daß Sie den zuvor ausgedehnten Körper nun gewissermaßen mit dem Iiiiii-Laut flachpressen.

Sie können diese Übung auch im Stehen ausführen, zum Beispiel zwischendurch im Alltag, wenn Sie merken, daß Sie unausgeglichen sind. Sie machen den Laut, bis die gewünschte Wirkung eintritt.

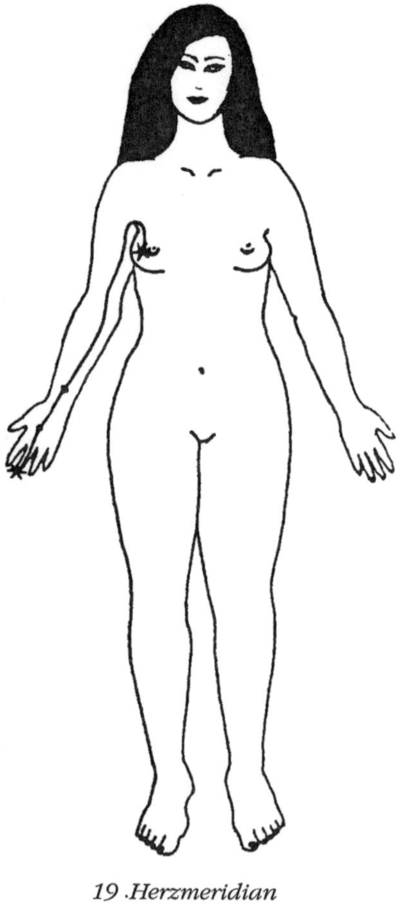

19. Herzmeridian

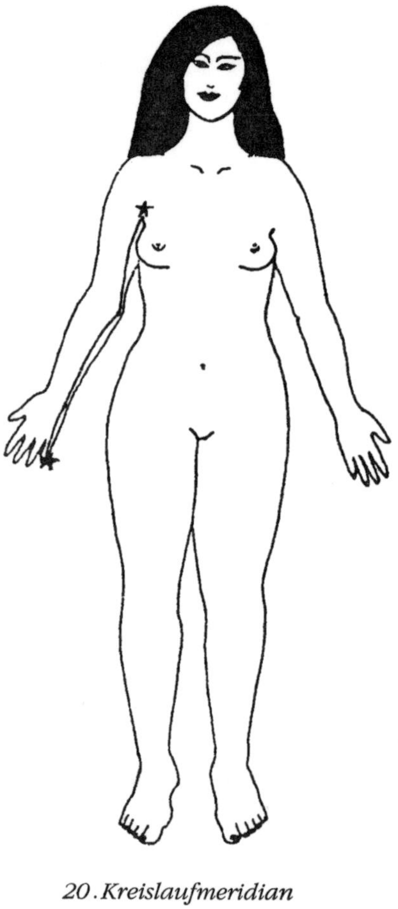

20. Kreislaufmeridian

21. Dünndarmmeridian

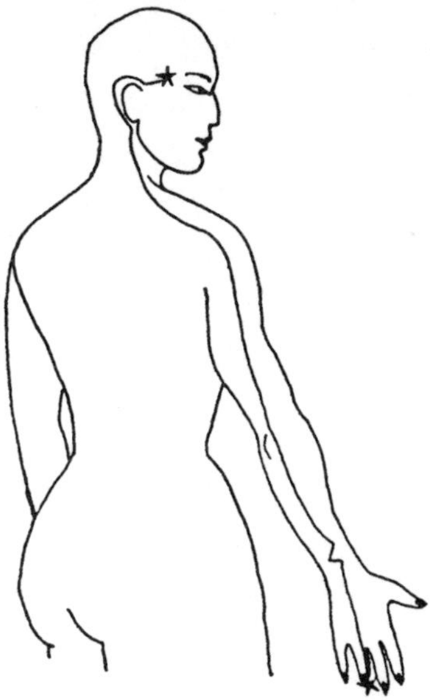

22. Dreifacherwärmermeridian

Die *Zunge* ist die Öffnung des Herzens. Sie ist das dem Feuerelement zugehörige Sinnesorgan. Durch zuviel Reden kann man das Herz auch schwächen. Redefluß ist ein Symptom, das auf ein schwaches Herz hindeuten kann. Viele Menschen sprechen, weil sie Angst haben zu fühlen. *Schnelles* Reden ist ebenfalls ein Symptom für viel Hitze, *langsames* Reden weist auf zuwenig Feuerenergie hin. Verwirrtes Sprechen ist Ausdruck von zuviel Hitze oder von Verschleimung des Herzens.

Erde

Das Erdelement entspricht einer Jahreszeit, die auch die Chinesen neben den vier geläufigen als fünfte Jahreszeit kennen: Es ist der Spätsommer, auch Altweibersommer genannt, eine Zeit der Reife und der Ernte. Die Erdqualität, die auch Qualität der Mitte heißt, ist eine sehr neutrale Qualität; sie gleicht aus und harmonisiert. In China gab es früher bestimmte Medizinschulen, die Heilung betrieben, indem sie ausschließlich die Mitte behandelten. Von der Mitte her wurden alle anderen Organe ausgeglichen und geheilt. Mit der Zentrierungsübung können wir die psychologischen Aspekte der Mitte stärken, hier gehen wir auf die körperlichen Aspekte ein.

Das Yin-Organ des Erdelements ist die Milz, die für die Umwandlung von Nahrungsmitteln in Blut zuständig ist. Das dazugehörige Yang-Organ ist der Magen (Bild 23).

Milz/Magen

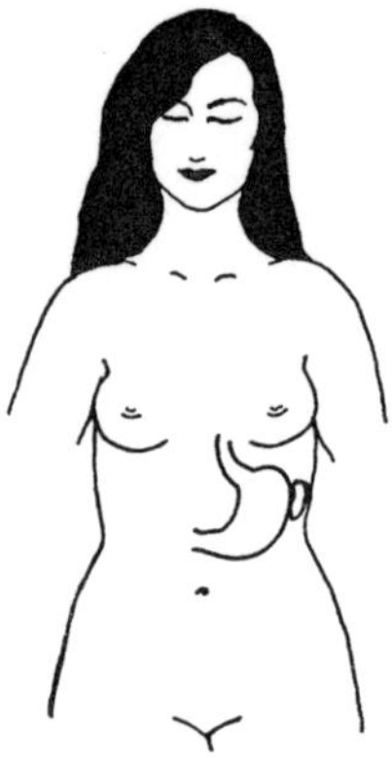

23. Milz und Magen

Aufgabe: Die wichtigste Funktion besteht aus der Transformation von Nahrungsmitteln und Getränken in Blut. Die Milz hält das Blut in den Gefäßen, kontrolliert die Muskeln, das Bindegewebe und die Extremitäten, also Beine und Arme; sie nährt den gesamten Organismus. Die Milz ist die Quelle für jenes Chi, das nach der Geburt erzeugt wird. Die Milz ist gemäß der chinesischen Medizin auch zuständig für die Flüssigkeitsumwandlung im Körper.

Krankheitssymptome: Müdigkeit nach dem Essen, breiiger Stuhlgang und Blähungen, Neigung zu Blutergüssen und blauen Flecken, schwere Beine, auch Wasseransammlungen in den Beinen, Ausfluß, träger Körper, Senkung von Gebärmutter, Blase und anderen Organen sowie Hämorrhoiden stellen körperliche Anzeichen dar, die auf eine geschwächte Funktion der Milz hinweisen. Faulheit, Gleichgültigkeit und Trägheitsgefühle sind ebenfalls der Milz zuzuschreiben. Zu weiteren psychologischen Symptomen zählen Unkonzentriertheit, Zerstreutheit, Unsicherheit und Grübeln.

Mögliche Ursachen: Um den monatlichen Blutverlust wieder auszugleichen, muß die Milz immer wieder Blut produzieren, und so wird die Milz besonders bei uns Frauen sehr beansprucht. Diese enorme Leistung führt langfristig häufig zu einer Milzschwäche. Ungünstige Eßgewohnheiten sind weitere Ursachen für eine Milzschwäche. Im Kapitel über Ernährung gehe ich auf diese Thematik detaillierter ein. Zu intensive Denkarbeit schwächt das Erdelement und damit die Milz, genauso eine feuchte Umgebung und wenn Sie im Alltag nicht aus Ihrer eigenen Mitte und Kraft heraus leben.

Kräuter gegen Feuchtigkeit und Trägheitsgefühl mit Frieren: Engelwurz (Wurzel); 6–10 g pro Tasse etwa 10 Stunden in kaltes Wasser einlegen, 3 x täglich 1 Tasse trinken.
Kräuter zur Harmonisierung und zum Ausgleich der eigenen Mitte: Süßholzraspel; 3–6 g in Wasser aufkochen und 5 Minuten ziehen lassen. 3 x täglich 1 Tasse trinken.

Hinweise zur Selbstheilung und Übungen: Zwei Übungen möchte ich Ihnen hier vorstellen. Eine dient zur Erdung, also zur Stärkung des Erdelements und der Mitte, die andere zur Entlastung und Entgiftung. Offenheit und die Farbe Gelb stärken die Milz zusätzlich.

Die Wurzeln vertiefen

- Stellen Sie sich aufrecht und entspannt hin, im gewohnten Reiterstand.
- Schließen Sie die Augen, atmen Sie ruhig ein und gehen Sie mit der Ausatmung bewußt in die Füße hinein; stellen Sie sich vor, daß Ihre Füße tief in die Erde hineinwachsen (Bild 24).

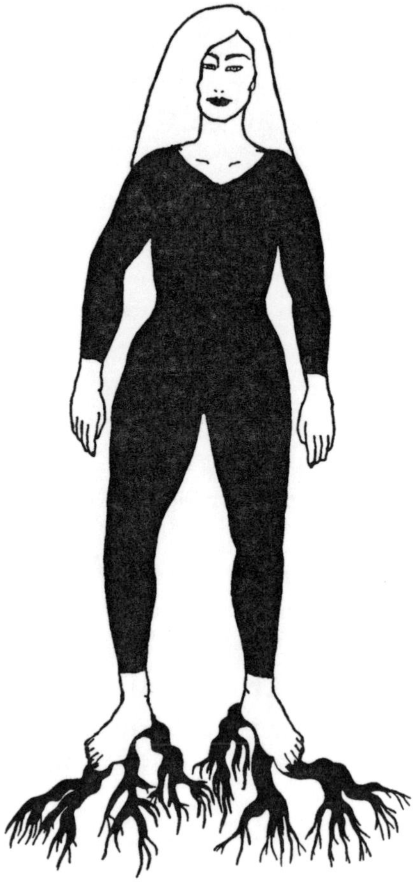

24. Die Wurzeln vertiefen

Diese Übung wird Ihre *Standfestigkeit* und *Selbstsicherheit* deutlich verbessern, wenn Sie sie täglich mindestens fünf Minuten üben. Wenn Sie die Übung in der freien Natur, im direkten Kontakt mit dem Erdboden, durchführen können, unterstützt das die Wirkung deutlich.

25. Reinigung von Milz und Magen

Reinigen von Milz und Magen

- Setzen Sie sich aufrecht hin und verbinden Sie inneres Lächeln und Atmung mit den Erdorganen Milz und Magen.
- Atmen Sie tief ein, bei der Ausatmung drücken Sie mit den Fingerkuppen der beiden Hände, die Sie aneinanderlegen, in den Bereich von Magen und Milz weich hinein (das ist links vom Bauchnabel, unterhalb der Rippen). Sie können auch tiefer hineingehen, es soll jedoch nicht weh tun (Bild 25).

o Mit der Ausatmung bilden Sie nun einen langgezogenen kehligen Spei- oder Würgelaut, der fauchend aus der Tiefe Ihres Magens aufsteigt.

Diese Übung eignet sich bei Völlegefühl und Blähungen nach dem Essen, zur Unterstützung der Verdauung, aber auch zum Freisetzen eingeschlossener Winde, was sich während und nach der Übung in Aufstoßen oder Abgang von Winden äußern kann. Winde und Aufstoßen zu unterdrücken ist nicht förderlich, das verschärft Verdauungsprobleme nur noch. Gestatten Sie sich also eine Befreiung.

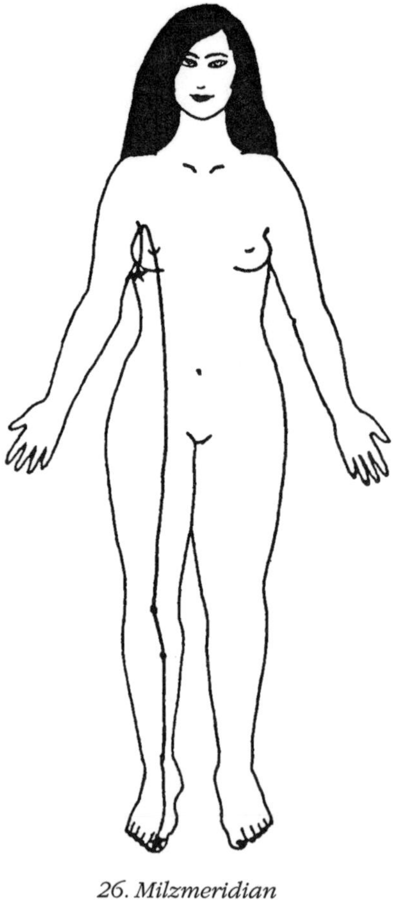

26. Milzmeridian

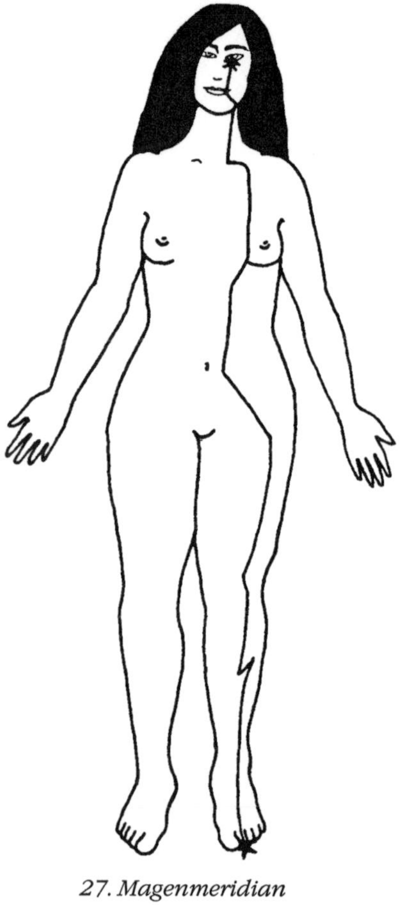

27. Magenmeridian

Der *Magen* hat die Aufgabe, Nahrung aufzunehmen und die verdaute Nahrung zur Milz zu transportieren. Heißhunger und Zahnfleischbluten sind deutliche Symptome einer Überhitzung des Magens.

Die *Lippen* sind die Öffnung zu Magen und Milz. Der Geschmackssinn gehört zum Erdelement. Lippenbläschen oder auch spröde Lippen sind Hinweise auf den schlechten Zustand von Milz und Magen.

Metall

Das Metallelement gehört zum Herbst. Ein Hauptmerkmal des Metallelements ist die Verdichtung von Energien. Oft ist dies schwierig zu verstehen, deshalb zähle ich einige seiner Qualitäten auf: Beständigkeit, Zielstrebigkeit und Rechtschaffenheit. Wenn in Ihrem Leben eine gewisse Disziplin fehlt, versuchen Sie es mit der Stärkung des Metallelements. Das entsprechende Yin-Organ ist die Lunge; sie ist die Herrscherin über die Chi-Energie und die Atmung. Das dazugehörige Yang-Organ ist der Dickdarm (Bild 28).

Lunge

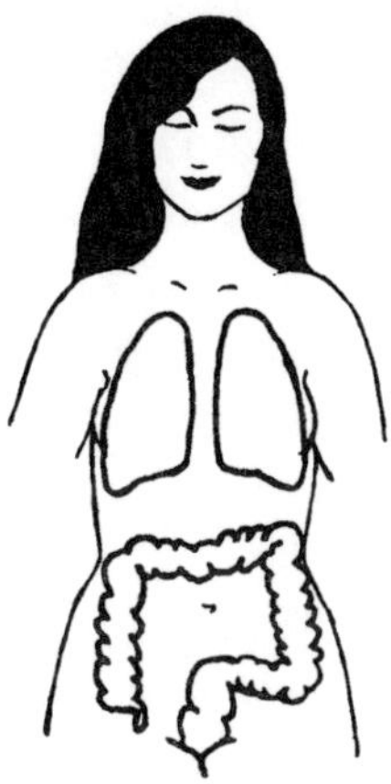

28. Lunge und Dickdarm

Aufgabe: Die Lunge kontrolliert die Chi-Energie und die Atmung. Sie reguliert die Körperoberfläche, wie Haut und Haare, und die Stimme.

Krankheitssymptome: Erschöpfungszustände, Chi-Mangel, Erkältungskrankheiten, Atemnot und Husten sind typische Merkmale einer geschwächten Lungenfunktion.

Mögliche Ursachen: Eine schlechte Atmung (zu flach, zu disharmonisch), ein Lebensstil, in dem die Lunge nie wirklich gefordert wird (zum Beispiel durch körperliche Bewegung, bei der Sie wenigstens einmal am Tag »aus der Puste« kommen), Smog und andere Luftverschmutzung, Verschleimung, Erkältungskrankheiten und Infektionen der Atemwege sind die Hauptursachen für eine verminderte Lungenfunktion.

Kräuter zur Schleimlösung: Auswurffördernd wirkt Salbei (Kraut, Aufguß aus 6–12 g pro Tasse, 3–5 x täglich.

Hinweise zur Selbstheilung und Übungen: Viele Erkältungskrankheiten treten verstärkt im Herbst, in der Zeit der Lunge, auf. Daraus folgt, daß wir gerade in dieser Jahreszeit auf die Pflege und Stärkung der Lunge achten sollten. Dazu dienen die beiden später geschilderten Übungen. Rauchen wirkt auf die Lunge so, daß diese ausgetrocknet wird. Wenn Sie noch nicht dazu bereit sind, mit dem Rauchen aufzuhören, ist es ratsam, zumindest für eine gute Befeuchtung der Lunge zu sorgen, indem Sie Wasserdämpfe inhalieren. Bei Schleimbildung in der Lunge empfiehlt es sich, den Konsum von Milchprodukten und Zucker einzuschränken oder ganz einzustellen. Zuverlässigkeit und Selbstlosigkeit stärken die Lungentätigkeit.

Prinzipiell unterscheidet man zwei Varianten bei den Erkältungskrankheiten: *Windhitze* ist die Art von Erkältungskrankheit (Infektion), welche von hohem Fieber, starkem Schwitzen, oft Halsschmerzen, Husten, Kopfweh, Gliederschmerzen, gelbem Nasenausfluß oder Auswurf begleitet wird.

Die *Windkälte* tritt meistens bei Wetterwechsel ein, nach starker Unterkühlung oder wenn man Wind, Kälte und Nässe ausgesetzt war. Die Symptome sind Frieren, leichtes Fieber, kein Schwitzen, Kopfweh, steifer Hals, Gliederschmerzen, durchsichtiger, klarer, sehr flüssiger Nasenschleim.

Diese beiden Erkältungsvarianten werden unterschiedlich behandelt. Bei *Windhitze* wird die Hitze ausgeleitet: durch Schwitzen, kühlende Tees wie Pfefferminztee, eventuell Abführtee sowie Chrysanthemenblütentee und Säfte; generell ist viel Flüssigkeit und auf jeden Fall genügend Ruhe zu empfehlen.

Windkälte wird durch Wärme vertrieben, zum Beispiel mit Ingwertee, zubereitet aus frischem Ingwer und Cayennepfeffer, oder Yogitee und anderen erwärmenden Getränken; leichte Reis- und Hafersuppen mit Gemüse, Miso und etwas Knoblauch unterstützen ebenfalls diese Wirkung.

Bei Windkälte und Windhitze vermeiden Sie am besten schwerverdauliche Nahrungsmittel wie Gebratenes, Schalentiere und viel Fleisch. Vermeiden Sie auch saure, adstringierende (zusammenziehende) Nahrungsmittel, welche die Poren verschließen.

Hier nun eine Atemübung, die dazu dient, den Körper mit Energie aufzuladen und die Lungentätigkeit zu stärken. Es ist sinnvoll, vor anderen Bewegungsübungen mit dieser Übung zu beginnen.

Die Lunge mit goldenem Licht auffüllen

- Sie stellen sich entspannt in den Reiterstand.
- Sie heben Arme und Hände seitwärts nach oben und nehmen mit der Einatmung und den Händen das goldene Licht des Himmels auf (Bild 29).
- Mit der Ausatmung und dem Senken der Hände bringen Sie die Kraft in den Körper hinein. Wir atmen immer durch die Nase ein und aus. Bei der Ausatmung bringen Sie den Lungenlaut hervor,

29. Goldenes Licht einatmen

ein scharfes »Ssss«, das sich in die Lunge richtet. Das entlastet und reinigt die Lunge (Bild 30 auf Seite 105).

Der *Dickdarm* erfüllt die Aufgabe, für den Körper nicht mehr weiterverwertbare Stoffe sowie Schlacken und Gift auszuscheiden.

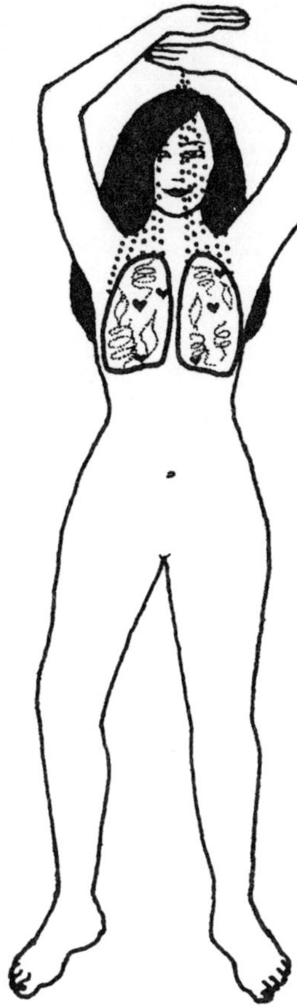

30. Goldenes Licht in die Lunge bringen (zu Seite 104)

Bei vielen Frauen ist der Dickdarm sehr überlastet oder auch träge und kann seine Arbeit nicht mehr ausreichend ausführen. Zuwenig Bewegung, schlaffe Bauchmuskulatur, innere Ablehnung des eigenen Körpers (vor allem des vielleicht vorhandenen Bauchs) oder zuwenig Energie im Bauch sind wichtige Ursachen dafür. Ich empfehle deshalb eine regelmäßige Darmwäsche oder Einläufe, um den Darm zu unterstützen. Hin und wieder können wir auch einen Fastentag einlegen, um den Dickdarm zu entlasten.

Kräuter bei Blähungen: Kümmeltee; 4–6 g pro Tasse in kaltem Wasser ansetzen und rund 5 Minuten aufkochen.

Die Bauchmassage (Seite 207) bringt ebenfalls mehr Energie und Schwung in den Bauch, wie auch die folgende kleine Übung:

Die innere Bauchgymnastik

- Sie stellen sich in den Reiterstand.
- Bewegen Sie nun Ihren Bauch nach außen und innen und kneten Sie dadurch Ihren Bauch und Darm von innen her ordentlich durch. Atmen Sie dazu völlig normal.

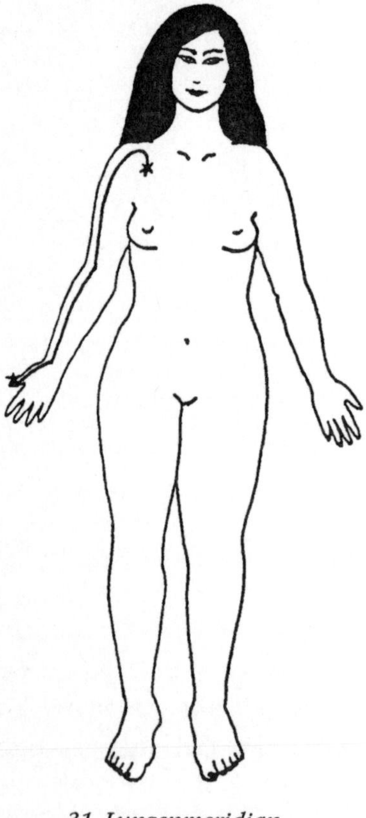

31. Lungenmeridian

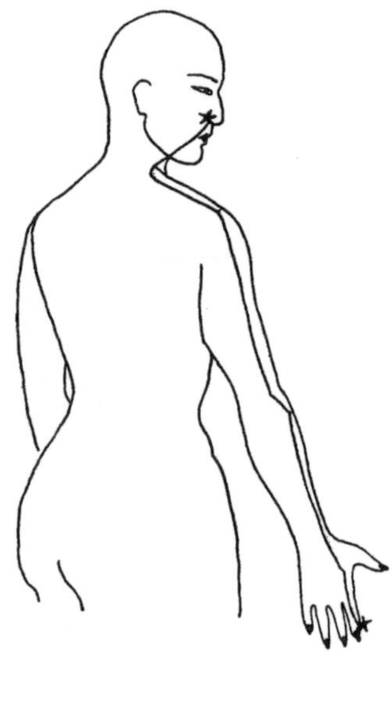

32 Dickdarmmeridian

Die *Nase* ist die Öffnung zur Lunge. Sie ist das Sinnesorgang des Metallelements. Für die Nase sind heilende Düfte sehr wichtig; eine zu starke Stimulierung mit Düften kann jedoch die Lunge schwächen und Sie zu stark mit Ihren unbewußten Emotionen in Kontakt bringen.

Wasser

Der Winter ist die Jahreszeit, die dem Wasserelement zugeordnet wird. Wasser ist das Element, in dem die Yin-Kraft am stärksten zum Ausdruck kommt. Wasser ist wandlungsfähig und hat die Fähigkeit, alles in sich aufzunehmen. Wasser sucht immer den tiefsten Punkt. Das Yin-Organ, das dem Wasserelement entspricht, ist die Niere. Ihre Hauptaufgabe besteht darin, Lebenskraft zu speichern. Das Yang-Organ ist die Blase.

Nieren

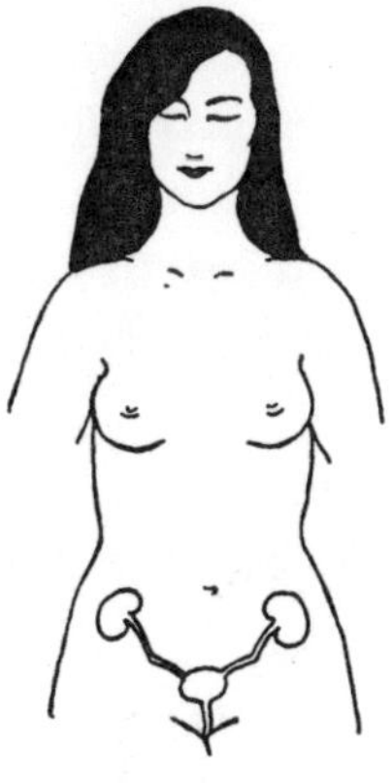

33. Nieren und Blase

Aufgabe: Die Nieren bewahren das Ching Chi, die Lebensessenz. Sie sind zuständig für die Fortpflanzung und die Sexualfunktionen. Die Nieren nähren Knochen, Mark und Gehirn. Sie kontrollieren die unteren Körperöffnungen.

Krankheitssymptome: Ausfluß, Osteoporose, Unfruchtbarkeit, Fehlgeburt, Harninkontinenz, Lenden- und Rückenschmerzen, schwache Knie und Frieren, aber auch Vergeßlichkeit und Angstzustände sowie vorzeitiges Ergrauen der Haare oder Haarausfall sind charakteristische Symptome, die bei einer geschwächten Nierenfunktion auftreten können.

Mögliche Ursachen: Hier sind vor allem eine schwache Konstitution, chronische Krankheiten, Entbindung, Drogenkonsum, chronischer Schlafmangel, überaktiver Lebensstil, Streß, zuviel Sport, starker Blutverlust und Angst zu nennen.

Hinweise zur Selbstheilung und Übungen: Es ist ein Symptom der Zeit, daß mehr und mehr Menschen an Nierenschwäche leiden, zur Dialyse gehen oder sich eine neue Niere einpflanzen lassen müssen. Das zeigt, wie sorglos und verschwenderisch wir mit der Lebenskraft umgehen. Um die Nierenkraft zu stärken, ist es wichtig, einen ruhigen und sanften Lebensstil zu pflegen und sich gefühlsmäßig auf Tiefe einzulassen. Um verlorene Substanz wieder aufzubauen, ist eine richtige Ernährung vonnöten und vor allem genügend Schlaf und Ruhe. Wenn die Nierenkraft geschwächt ist, sollten Sie Energieübungen nur sehr vorsichtig und gezielt einsetzen. Sanftheit und die Farbe Schwarz stärken die Nieren.

Die nächste Übung, die *Nierenatmung,* hilft, in die Stille zu gehen und so Nierenkraft wiederaufzubauen. Die darauf folgende dient der Entlastung und Reinigung.

Nierenatmung

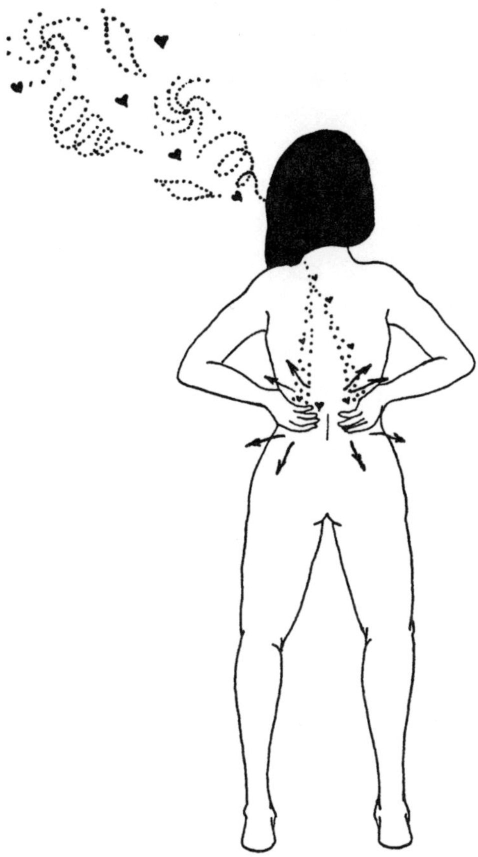

34. Nierenatmung zur Stärkung

- Stellen Sie sich im Reiterstand hin.
- Legen Sie die Hände auf die Nierengegend.
- Schließen Sie die Augen, verbinden Sie sich mit den Nieren und füllen Sie diese mit Ihrem überzeugendsten inneren Lächeln auf.
- Mit dem Einatmen saugen Sie Kraft an.
- Mit dem Ausatmen lenken Sie diese Energie in die Nieren.

Bei der Nierenatmung (Bild 34) bewegen sich die Nieren, das heißt, beim Ausatmen, wenn Sie die Kraft sanft in die Nieren leiten, werden Ihre Hände von den Nieren leicht hochgehoben, die Lendengegend wird ausgedehnt – der Oberkörper bewegt sich nicht. Die Atmung ist sanft, weich und tief und wirkt stärkend auf die Nieren.

Kräutermischungen für die Nieren sollten vom Arzt zusammengestellt werden. *Achtung:* Viel zu trinken ist nicht unbedingt gesund. Trinken Sie einfach, wenn Sie Durst haben, aber zwingen Sie sich nicht zum Trinken.

Nierenreinigung

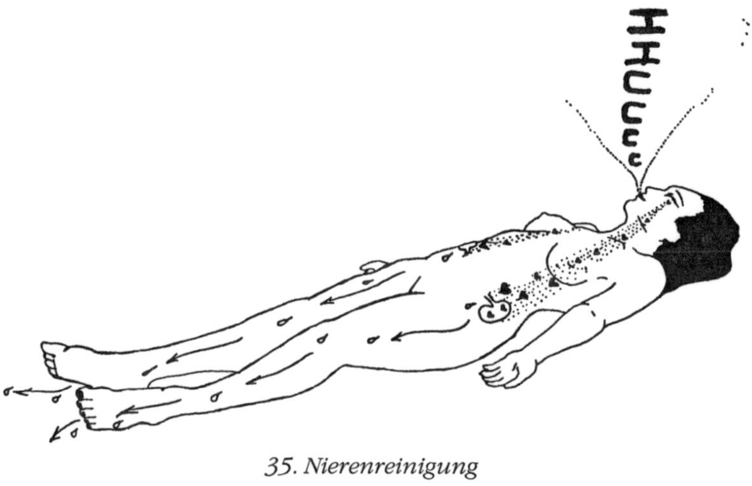

35. Nierenreinigung

- Sie setzen oder legen sich hin.
- Legen Sie Ihre Hände auf die Nieren oder, nach oben geöffnet, neben sich auf den Boden (Bild 35).
- Atmen Sie tief durch die Nase ein, lenken Sie mit der Ausatmung den »Nierenlaut« in die Nieren. Der Nierenlaut klingt so, wie wenn Sie eine Kerze ausblasen.
- Damit füllen Sie die Nieren wieder mit mehr Kraft auf und helfen, sie zu reinigen und zu entgiften.

Die *Blase* ist das Yang-Organ des Wasserelements.

Die Hitze des Herzens wird oft durch die Blase ausgeleitet, vor allem bei starken Emotionen. Das kann zu Blasenreizungen führen. Urin als Körpersignal wird im Abschnitt »Krankheitsursachen« (ab Seite 77) beschrieben.

Die *Ohren* sind die Sinnesorgane des Wasserelements. Nicht-zuhören-Wollen oder Nicht-zuhören-Können und Lärmempfindlichkeit sind oft ein Hinweis auf eine Nierenschwäche. Lärm schwächt die Niere, auch laute Musik.

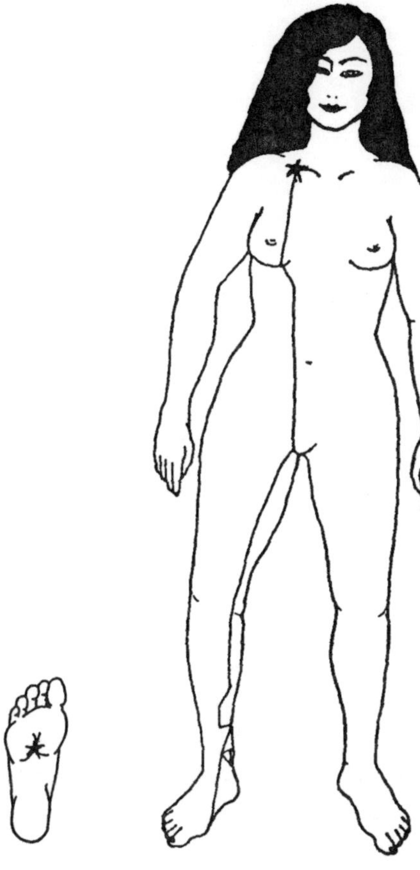

36. Nierenmeridian mit rechten Fuß als Anfangspunkt

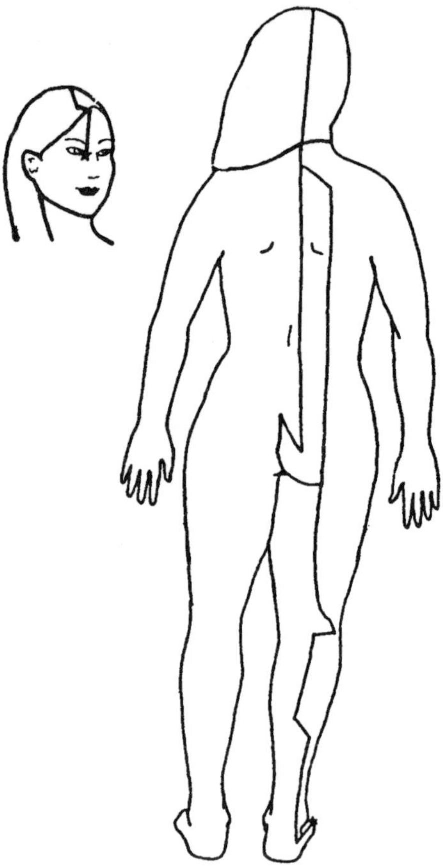

37. Blasenmeridian (zu Seite 111)

Der weibliche Körper

Wir Frauen menstruieren, können empfangen und gebären. Wir besitzen Gebärmutter, Eierstöcke und Brüste – allein bereits dadurch unterscheidet sich der weibliche Körper grundlegend vom männlichen. Die spezifisch weiblichen Körperfunktionen erfordern ein eigenes Verständnis, nach dem Körpersignale nicht als isolierte Phänomene betrachtet werden, und eine Medizin, die nicht nur die Symptome behandelt oder zu eliminieren versucht. Körpersignale

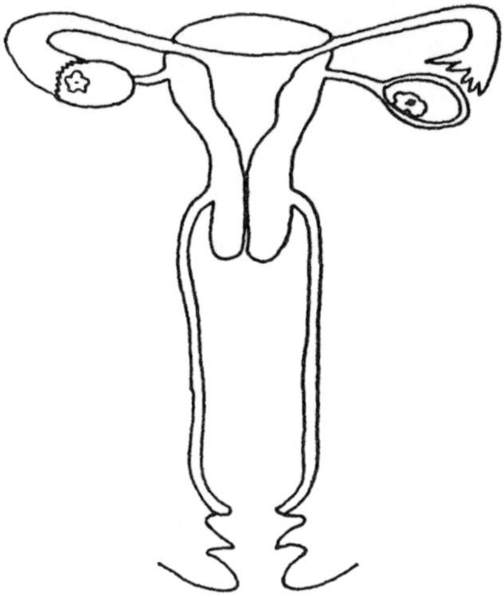

38. Gebärmutter und Eierstöcke

stehen immer im Zusammenhang und in dynamischer Wechselwirkung mit dem gesamten Organismus.

Gebärmutter

Für das Frau-Sein ist die Gebärmutter das wichtigste Kraftzentrum. Die Chinesen bezeichnen die Gebärmutter auch als schützenden Palast oder als die Kammer, in der die Blutessenz gespeichert wird. Der Uterus ist der stärkste Muskel im Körper, der sich in der Schwangerschaft sogar so weit ausdehnt, daß ein Baby darin Platz hat. Die Gebärmutter ist weder ein Yin- noch ein Yang-Organ; in ihrer Doppelfunktion (Aufnehmen und Transportieren) ist sie ein sogenanntes Sonderorgan. Dieses untere Kraftzentrum, *Tan T'ien,* hat noch unentwickeltes Potential, das wir Frauen zur Gesundheitsförderung und zur Stärkung nutzen können.

Die Fähigkeit zu empfangen macht den Uterus aber auch sehr verwundbar. Denn diese »Empfänglichkeit« bezieht sich nicht nur auf die biologische Funktion des Aufnehmens einer Samenzelle, sondern ist mehr oder weniger immer vorhanden. Nicht umsonst haben so viele Frauen Probleme mit der Gebärmutter, seien das Verwachsungen, Myome, Zysten, Krebs, Schmerzen, Ausfluß, Blutungen, sexuelle Probleme, Verschüttungen, Entzündungen und so weiter. Bei unseren westlichen Ärzten gelten diese Probleme mittlerweile als relativ normal; Operationen, Hormonbehandlungen und manchmal auch Psychotherapien sind immer noch die gängigsten Therapieformen von Frauenbeschwerden.

Krankheitsursachen: Eine der Hauptursachen von Beschwerden und Krankheiten der Gebärmutter ist die Empfänglichkeit, die Offenheit, und somit die Verletzlichkeit. Oft lernen wir zwar, uns zu öffnen, aber nicht, uns wieder zu verschließen. Der Vaginalmuskel und die Beckenbodenmuskulatur können diese Schließfunktion nicht richtig übernehmen, und durch die konstante Öffnung setzen wir uns unbewußt vielen negativen Einflüssen aus, speziell aber auch negativen Emotionen – übrigens auch beim Fernsehen, vor allem aber beim Geschlechtsverkehr, wenn dieser für den Partner ein Ventil darstellt, Spannungen und unerwünschte Gefühle loszuwerden, die er der Frau mit der Ejakulation sozusagen übergibt.

Weitere mögliche Krankheitsursachen sind mangelnde Durchblutung – sei es aus Angst vor Gefühlen oder vor sexuellen Erfahrungen, aufgrund schlechter Erlebnisse, eines Yang-Mangels oder durch Ernährungsfehler. Aber auch äußere Kälte, zuwenig warme Kleidung und Schuhe oder ein Sprung ins kalte Wasser während der Regelblutung (was einen Schock für die Gebärmutter bedeutet) stellen mögliche Ursachen für Beschwerden dar.

Selbstverständlich sind auch die inneren Organe oft an Uterusbeschwerden beteiligt: Die Leber bewegt das Chi zuwenig, die Lunge produziert zuwenig Chi, die Milz ist zu schwach, um genügend Blut herzustellen, die Nieren haben nicht die Fähigkeit, die Lebenskraft zu halten und den Uterus damit zu versorgen, oder das Herz ist zu unglücklich.

Wenn die Beckenmuskulatur und der Vaginalmuskel die nötige Spannkraft, den Tonus, nicht mehr besitzen, also zu schlaff sind, um die Schließfunktion zu übernehmen, ist die Gebärmutter nicht genügend geschützt.

Kräuter für Gebärmutter und Eierstöcke: Die Wurzel »Dang Gui« (die chinesische Angelikawurzel) gilt als Frauenwurzel schlechthin; sie fördert die Durchblutung von Gebärmutter und Eierstöcken und hat eine stärkende Wirkung. Des süßlichen Geschmacks wegen kann sie auch zum Kochen verwendet werden. Deshalb ist die Wurzel auch bei uns in den meisten chinesischen oder asiatischen Geschäften erhältlich. Besonders in einer Hühnersuppe (»Kraftbrühe«) mit Gemüse kommt der Geschmack der Wurzel sehr gut zur Geltung.

Nachfolgend drei Übungen für die allgemeine Gesundheitspflege und speziell zur Stärkung der Gebärmutter.

Den Palast reinigen und vergolden

- Setzen oder legen Sie sich hin und schließen Sie die Augen. Legen Sie die Hände auf die Gebärmutter.
- Atmen Sie tief und sanft und spüren, hören und schauen Sie in Ihre Gebärmutter hinein, bis Sie ein Gefühl dafür entwickeln, wie es Ihrem Uterus geht.

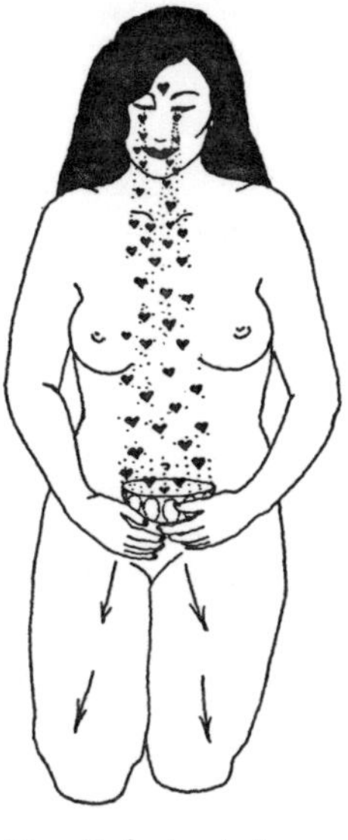

39. Den Palast reinigen

- o Dann lächeln Sie in die Gebärmutter hinein.
- o Nun atmen Sie tief ein, füllen den Uterus mit Licht und Chi, damit genügend Energie vorhanden ist, um alles Dunkle, Belastende und alten Schmerz mit der Ausatmung durch die Beine in die Erde abzuleiten.

Den Palast beleben

Diese Übung gleicht aus und transformiert negative Eindrücke, die sich in die Gebärmutter eingeprägt haben. Durch das Pulsieren wird die Gebärmutter energetisch belebt.

- o Sie sitzen oder liegen wieder. Atmen Sie in die Gebärmutter hinein und lassen Sie Ihr wärmstes Lächeln in den Uterus fließen, bis die Gebärmutter sich mit dieser Kraft auflädt und vielleicht zurücklächelt.
- o Mit jedem Atemzug gehen Sie noch tiefer in die Gebärmutter hinein; richten Sie alle Sinnesorgane dorthin, bis Sie ganz ruhig werden und den Puls im Uterus wahrnehmen.
- o Geben Sie sich dem Pulsieren hin.

Der Puls ist immer vorhanden, wir nehmen ihn jedoch erst bewußt wahr, wenn wir lernen, unsere Aufmerksamkeit dorthin zu richten. Der Puls funktioniert wie eine Pumpe: Er saugt Kraft an und verteilt sie, deshalb hat das Pulsieren eine sehr belebende Wirkung.

Eierübung

Diese Übung dient zur Stärkung der Beckenboden-Muskulatur, stärkt auch die Schließmuskeln, belebt den Uterus, wirkt Organsenkungen entgegen, fördert die Sensibilität und das Lustempfinden und ist eine wirkungsvolle Vorbeugung gegen Inkontinenz.

Halten Sie ein kleines Jade-Ei oder ein anderes unbehandeltes Mineralien-Ei bereit. Das Ei sollte aus hygienischen Gründen zunächst sorgfältig abgekocht werden und eine Öffnung haben, durch die sich ein Faden ziehen läßt (Bild 40). Sie können sich aber auch in Apotheken speziell für Beckenboden-Übungen gemachte, tamponförmige Produkte namens »Femcon« besorgen.

- Sie stellen sich aufrecht in den Reiterstand.
- Die Übung beginnt mit der Brustmassage. Sie massieren die Brüste in beide Richtungen, bis Sie spüren, daß Wärme erzeugt wird und Sie eine Verbindung zu Ihren Geschlechtsorganen fühlen.
- Dann streicheln Sie die Wärme von den Brüsten hinunter, über die Eierstöcke und die Gebärmutter bis zur Vagina. Massieren Sie das Schambein und die Lendengegend, bis Sie merken, daß Sie das Ei in die Vagina einführen können.
- Atmen Sie nun durch die Vagina ein, das heißt, Sie »saugen« die Vagina nach innen und ziehen mit dem Einatmen das Ei in Richtung Gebärmutter – und atmen Sie wieder aus.
- Versuchen Sie nun, das Ei nach eigenem Rhythmus zu bewegen, nach oben und unten, um so die Muskelfunktionen zu trainieren.

40. Das Jade-Ei

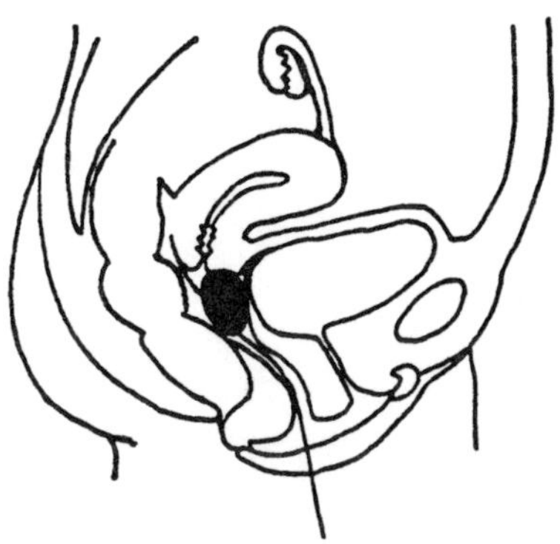

41. Das Ei im Scheidenkanal

o Zum Abschluß der Übung drücken Sie das Ei wieder nach außen. Falls noch Wärme im Körper übrigbleibt, nehmen Sie diese in das Nabelzentrum hinein, um sie dort auszugleichen. Manche Frauen lassen das Ei auch längere Zeit in der Vagina, um damit zu üben.

Feuer und Wasser verbinden

Herz und Gebärmutter sollten energetisch miteinander verbunden sein; das Herz gehört zum Feuerelement, die Gebärmutter zum Wasserelement. Die Verbindung dient der Gesunderhaltung der Gebärmutter, dem geregelten Menstruationsfluß und der Vorbeugung mancher Frauenkrankheiten. Die Verbindung von Herz und Geschlechtsorganen ist auch für eine erfüllte Sexualität von Bedeutung.

o Sie setzen sich entspannt hin und schließen die Augen.

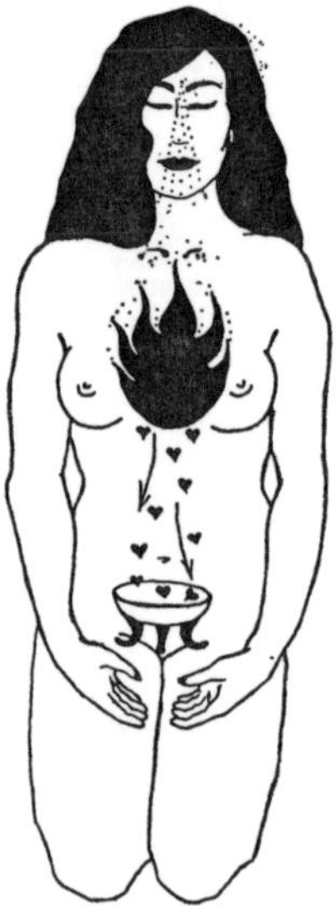

42. Feuer und Wasser verbinden

- Stellen Sie sich vor, daß Sie goldenes Licht im dritten Auge aufnehmen und von dort zum Herzen fließen lassen.
- Spüren Sie, wie sich Ihr Herzzentrum erwärmt und belebt und von goldenem Licht erfüllt wird.
- Lenken Sie nun mit der Ausatmung das goldene Licht und die Energie des Herzens in die Gebärmutter hinein.
- Wiederholen Sie das, bis die Gebärmutter davon erfüllt ist und die Verbindung zwischen Herz und Uterus wirklich deutlich spürbar ist. Führen Sie diese Übung langsam und weich durch.
- Am Schluß zentrieren Sie sich im Nabel; Feuer und Wasser werden dort ausgeglichen.

Eierstöcke

In den Eierstöcken liegt die vitalisierende Ovarkraft verborgen. Im Yang ist immer Yin enthalten, im Yin immer Yang. So ist in der Yin-Eizelle auch der stärkste Yang-Anteil verborgen! Durch die Ovaratmung lernen wir diese schöpferische, wärmende Yang-Kraft freizusetzen, um damit den Körper zu vitalisieren und zu regenerieren.

Die Ovaratmung führt dem Körper Yang-Kraft zu. Frauen, die zu Nervosität neigen, sollten diese Übung nur sehr sanft praktizieren.

Ovaratmung

- Sie stehen im Reiterstand.
- Verbinden Sie sich durch Atmung und Aufmerksamkeit mit den Eierstöcken und massieren Sie diese äußerlich mit den Händen, bis Sie merken, daß Wärme entsteht.
- Über das dritte Auge atmen Sie tief ein, bis hinunter zu den Eierstöcken, mit der Ausatmung stoßen Sie die Wärme hinunter in die Gebärmutter. Diese Atmung wiederholen Sie, bis Sie merken, daß die Gebärmutter schön warm wird – nicht jedoch heiß!

- o Nun lenken Sie diese Kraft in den kleinen Energiekreislauf und lassen sie dort kreisen, bis sich der ganze Körper harmonisiert hat.
- o Zum Abschluß kommen Sie wieder in die Mitte, zum Bauchnabel, und lassen die Energie dort kreisen, bis sie sich verdichtet.

Bei Unfruchtbarkeit können Sie die Eierstöcke vermehrt massieren und in die Eierstöcke »hineinlächeln«. Auch die Eierübung regelmäßig auszuführen kann sich sehr positiv auf die Fruchtbarkeit auswirken.

Blut

Durch die monatliche Menstruation spielt das Blut im Leben der Frau eine zentrale Rolle. Im Taoismus wird dem Blut eine besondere Bedeutung zugemessen. So geht man davon aus, daß Gesundheit und Wohlbefinden stark von der Qualität und Quantität des Blutes abhängig sind. Jeden Monat wieder neues Blut zu bilden bedeutet eine große Leistung und einen enormen Energieaufwand für den Körper. Verschiedene Organe sind an der Blutproduktion beteiligt. Die Leber speichert Blut, das Herz bewegt das Blut, Milz und Nieren produzieren das Blut.

Funktionen von Blut: Das Blut (Yin) beherbergt und kühlt den Geist (Yang). Die Chinesen bezeichnen es als die »flüssige Ich-Form«. Blut ist eine sehr dichte Form von Chi. Es befeuchtet und nährt den Körper, Haut und Haare, Gelenke, Gehirn und Knochenmark. Es versorgt auch alle Zellen und alle Organe.

Blutschwäche oder Blutmangel: Diese Störung des Blutes macht sich häufig in Ruhelosigkeit und Unglücklichsein bemerkbar, aber auch in Ich-Schwäche und mangelnder Abgrenzung. Man nimmt leicht alles gleich persönlich. Ein stumpfes, blasses Gesicht ist ein Symptom, Müdigkeit ein weiteres, schlechtes Gedächtnis, Schreckhaftigkeit, Schlafprobleme, eine schwache oder ausbleibende Menstruation sowie Herzklopfen sind weitere Symptome.

Ursachen: Emotionen, Schock, Traumata, chronischer Yang-Mangel, Streß, Milzschwäche, starke Menstruation, Blutungen, schlechte Ernährung, zu aktiver Sport, Chi-Mangel, viel Schwitzen (Sauna), viele Bitterstoffe (Kaffee, Tee), zuviel Rohkost und zuviel Fasten.

Bluthitze: Symptome dafür sind starke Unruhe, ein heißer Körper, stärkere Schlaflosigkeit, ein trockener Mund, Hautausschläge, Nasenbluten, sehr starke Erregbarkeit bis hin zu Psychosen.

Ursachen: Emotionen, scharfe Gewürze, Infektionskrankheiten.

Vorschläge zur **Verbesserung des Blutes** (das gilt für beide Zustände): Die chinesischen Heilkräuter gelten in der taoistischen Medizin als Grundlage für die Verbesserung des Blutes, außerdem sind gezielte Ernährung (siehe im entsprechenden Kapitel), alle stärkenden Organübungen sowie Meditation zu empfehlen. Blutbehandlungen ändern immer auch den psychischen Zustand.

Menstruation

Die Menstruation wird im Chinesischen das »himmlische Wasser« oder auch der »rote Drachen« genannt. Die Menopause nennen die Chinesen »Stillstand des himmlischen Wassers«. Der Name »himmlisches Wasser« erklärt sich aus der Vorstellung, daß das Blut im Herzen gebildet wird und vom Herzen in die Gebärmutter fließt.

Blut ist nicht gleich Blut, Menstruation nicht gleich Menstruation. Jede Frau hat einen eigenen Rhythmus, und ihre Blutungen sind vom Charakter her sehr individuell. Das Blut hat einen eigenen Ausdruck, eine eigene »Sprache«. Wenn wir lernen, die Qualität der Menstruation besser zu beobachten, kann uns das helfen, unseren Allgemeinzustand besser einzuschätzen. Von Bedeutung sind Farbe, Fluß und Beschaffenheit des Blutes sowie die Dauer des Zyklus.

Mit zweiundzwanzig Jahren ging ich zum Frauenarzt, weil ich unter starken Menstruationskrämpfen litt. Der Arzt bot mir an, entwe-

Übersicht: Menstruationsmerkmale und ihre Bedeutung

	Farbe
Blutmangel	Hellrot
Chi-Mangel	Hellrot Gelblich
Chi-Stau	Purpur
Blutstau	Dunkelpurpur
Schleim/Nässe	Hellrot
Leere/Kälte	Hellrot Dunkelpurpur
Fülle/Kälte	Dunkel bis Schwarz
Leere/Hitze	Hellrot
Fülle/Hitze	Tiefrot Purpur
Nässe/Hitze	Gelblichrot

der Hormone oder ein starkes Schmerzmittel zu nehmen. Da ich mich weder für das eine noch für das andere entscheiden konnte, verabschiedete er mich mit den »beruhigenden« Worten, daß die Schmerzen spätestens im Klimakterium aufhören würden.

Die Chinesen hingegen besitzen ein beeindruckendes Wissen über die Menstruation. Ich möchte allen Frauen, die unter Men-

Menge	**Konsistenz**	**Rhythmus**
schwach Schmierblutung	wäßrig, dünn	generell verkürzt oder verlängert
dürftig	wäßrig, dünn	verlängert oder fehlend
spärlich unregelmäßig	dick, klumpig	unregelmäßig verkürzt oder verlängert
spärlich	klumpig	verlängert oder fehlend
gering oder groß	dickflüssig	verlängert oder fehlend
spärlich unregelmäßig	wäßrig, dünn	verlängert
spärlich	dickflüssig geronnen	verlängert oder fehlend
spärlich tröpfelnd	wäßrig, klar	verkürzt
massive Blutung	dickflüssige Blutklumpen	verkürzt
massive Blutung	dickflüssig	oft verkürzt

struationsbeschwerden leiden, vorschlagen, sich zu überlegen, ob sie sich nicht einmal von einem chinesischen Arzt behandeln lassen wollen. Auch die in diesem Buch beschriebenen Übungen helfen wirkungsvoll, den natürlichen Menstruationsfluß wiederherzustellen. Ich empfehle Ihnen auch, ein Menstruationstagebuch anzulegen, damit Sie Ihre Blutungen besser kennenlernen.

Besonderheiten und Empfehlungen

Blutmangel: Hier ist meist eine langfristige Behandlung notwendig. Ein »Wundermittel« bei Blutschwäche ist der amerikanische Ginseng (nicht der koreanische!).

Es gibt sehr wirksame chinesische Kräuter; lassen Sie sich von einer Fachperson eine persönliche Mischung zusammenstellen.

Chi-Mangel: Bei Schmerzen vor der Menses bringen Bewegung und Massage Linderung.

Chi-Stau: Bei Spannung und Schmerz vor und während der Menses sollten Sie die Leber unterstützen; Massage und Bewegung helfen.

Kräuter: Frauenmistel; Absud aus Samen oder Wurzel, 10 g pro Tasse, oder Tinktur, 1 ml, 3 x täglich.

Blutstau: Bei Schmerz und Spannung vor und nach der Menses, wenn Druck (siehe Bauchmassage Seite 207) nicht lindert, helfen eventuell Wärme und Bewegung.

Kräuter: Schafgarbe, Saft des frischen Krautes; Aufguß aus 8–14 ml pro Tasse, oder Tinktur, 2–5 ml, 3 x täglich. Außerdem Hirtentäschchen als Aufguß oder Tinktur.

Schleim/Nässe: Akupunktur und Kräutertherapie sowie Ernährungsumstellung können helfen.

Kräuter gegen Ausfluß: Salbei; Aufguß aus 6–12 g pro Tasse oder als Tinktur, 1–4 ml, 3 x täglich. Auch Myrrhe hilft: 4–6 g Teetrauben kurz aufkochen oder 2–4 Tropfen Essenz in etwas Wasser, 3 x täglich.

Leere/Kälte: Wärmflasche, Massage, Bäder mit Rosmarin-Zusatz; keine kühlenden Tees trinken, besser sind wärmende Tees wie Yogi- oder Kümmeltee.

Fülle/Kälte: Bad oder Wärmflasche und wärmende Tees.

Kräuter: getrockneter Ingwer; Cayennepfeffer, Zimt und Kardamom.

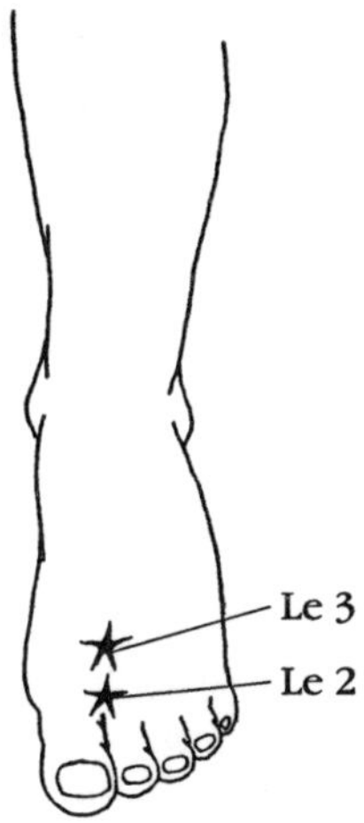

43. Lebermeridian, Punkte 2 und 3

Leere/Hitze: Auf dem Lebermeridian die Punkte 2 und 3 am Fuß bearbeiten.

Fülle/Hitze: Kühlende Tees, und auf dem Lebermeridian die Punkte 2 und 3 am Fuß bearbeiten.

Kräuter bei Fülle/Hitze *mit Verstopfung:* Wermut, 4 g getrocknetes Kraut; Pfefferminze, getrocknete Ringelblumen oder Chrysanthemen; Aufguß aus 3 g pro Tasse.

Nässe/Hitze mit dumpfem Schmerz, der sich bei der Menses verschlimmert: Hitze und Nässe durch Akupuktur und chinesische Heilkräuter ausleiten sowie Entfeuchtung und Entwässerung – lassen Sie sich von einer Fachperson behandeln.

Mögliche Ursachen:
o Organschwäche;
o emotionale Unausgeglichenheit;
o Lebensumstände;
o belastende sexuelle Beziehungen;
o Traumata, Gewalteinwirkung, Vergewaltigung, Mißbrauch;

- o zuviel Sport;
- o zuwenig Bewegung;
- o unerfüllter Kinderwunsch;
- o Angst vor unerwünschter Schwangerschaft;
- o unpassende Ernährung.

Nützliche Gesundheitstips und Übungen:

- o Denken Sie nicht, Sie müßten alle Beschwerden allein bewältigen; eine gezielte Therapie zur Unterstützung bringt oft schnelle Resultate mit sich.
- o Vor und während der Menses sich viel Ruhe gönnen.
- o Nicht in kaltem Wasser baden.
- o Während der Menses nur dann Sport, Tai Chi oder Qi Gong betreiben, wenn es die Blutung nicht verstärkt.
- o Sex nur, wenn Sie wirklich Lust dazu haben, und dann sehr liebevoll, in dieser Zeit sind Sie noch sensibler.

Hier noch einige Energiepunkte, die Sie bei Menstruationsproblemen massieren können:

Treffen der drei Yin

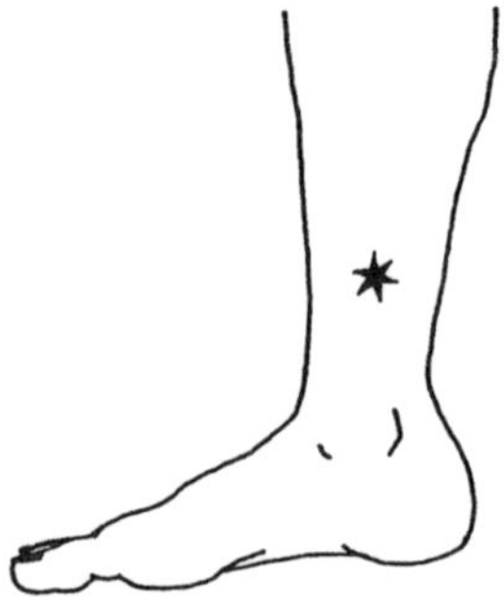

44. Milz 6

Lage: Milz 6 (auch das Treffen der drei Yin genannt) befindet sich auf der Innenseite der Beine, etwa vier Fingerbreit oberhalb des Knöchels. Das ist einer der wichtigsten Energiepunkte überhaupt.

Hier kreuzen sich der Leber-, der Nieren- und der Milzmeridian; deshalb hat dieser Punkt auch einen so großen Wirkungsbereich.

Er wird eingesetzt sowohl bei menstruellen Beschwerden, wie bei
o unregelmäßiger Menstruation,
o verspäteter oder ausbleibender Menses,
o Schmerzen durch Blutstau oder Kälte,
o Spannungszuständen, Unruhe, Nervosität,
o Wasseransammlung im Körper,

als auch bei folgenden Frauenleiden:
o Blutschwäche,
o vaginalem Ausfluß,
o Blasenproblemen,
o Blutungen,
o Menopausensymptome,
o zur Geburtshilfe,
o Morgenübelkeit,
o Organsenkungen.

Meer der Energie

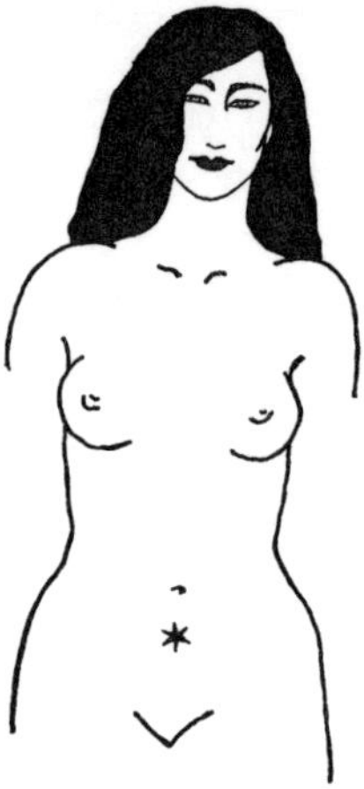

45. Ren Mai 6

Lage: Ren Mai (auch Meer der Energie genannt) liegt drei Fingerbreit unterhalb des Nabels.

Auch dieser Punkt ist einer der wichtigsten Punkte des Körpers. Er wird eingesetzt bei:

- o Menstruationskrämpfen, die durch Chi-Stau oder Kälte verursacht sind,
- o Beschwerden im Urogenitaltrakt,
- o Sexualproblemen,
- o Ausfluß,
- o Verstopfung,
- o Chi- und Blutschwäche.

Durch Wärmeeinwirkung (Moxa) wird die Wirkung des Punktes besonders gut aktiviert.

Blasenmeridian: Wichtige Punkte

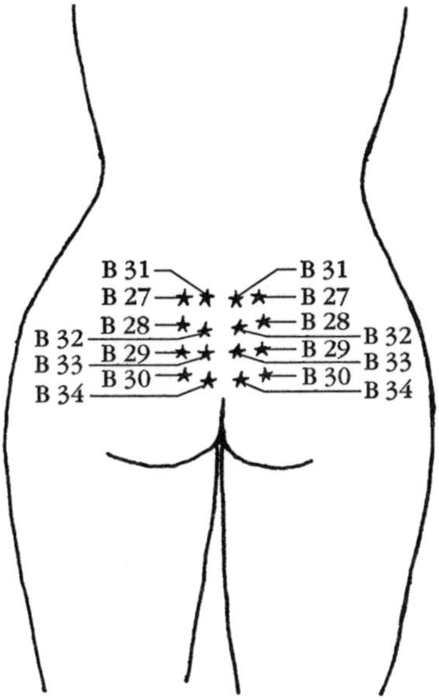

46. Wichtige Punkte des Blasenmeridians

Auf dem Bild 46 sehen Sie eine Auswahl von verschiedenen Punkten des Blasenmeridians. Sie können diese einzeln oder ganzflächig bearbeiten.

- o Das Dünndarm-Tal B 27 reguliert die Verdauung, fördert Wasserausscheidung, stärkt die Lendenwirbel.
- o Das Blasen-Tal B 28 reguliert die Blase, beseitigt Nässe und Hitze, stillt Schmerz, löst Stagnationen, stärkt die Lendenwirbel.
- o Das Wirbelsäulen-Tal B 29 stärkt die Wirbelsäule, vertreibt Wind und Kälte.
- o Das Tal des weißen Ringes B 30 stabilisiert die unteren Körperöffnungen, Anus, Blase, Geschlechtsorgane; auch anzuwenden bei Hämorrhoiden, Stuhlverstopfung, Blutungen, Ausfluß, Inkontinenz und Ischias.
- o Die acht Öffnungen B 31 bis B 34 regulieren die Menstruation, bei Unfruchtbarkeit, Schmerzen in den Eierstöcken, Unterleibsentzündungen, Ausfluß, Harnverhalten, genitalem Juckreiz,

Hautirritationen, Gebärmuttersenkung, verspäteten oder problematischen Geburtswehen.

Sie können das ganze Kreuzbein, um die verschiedenen Punkte zu aktivieren, mit Wärme behandeln, massieren, schröpfen oder auch mit Tigerbalsam gut einreiben.

Lebermeridian, Punkte 2 und 3

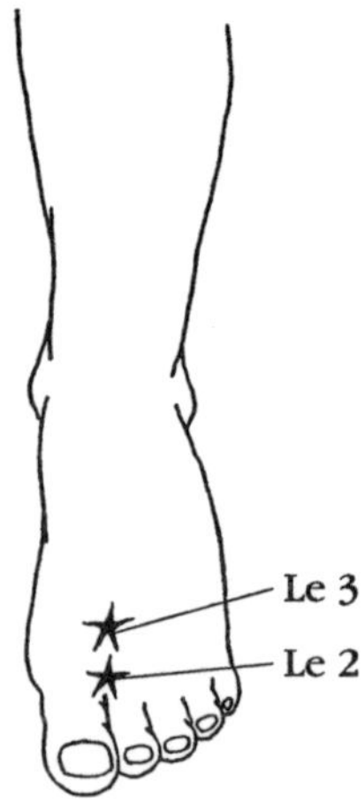

47. Lebermeridian, Punkte 2 und 3

- Leber 2: die Durchreise
  Bei zu früher Menstruation, Krämpfen, zu starken Blutungen, schmerzhaften Blutungen, Unterleibsschmerzen, Schwindel, Kopfweh, Unruhe, roten Augen, starken Träumen, unruhigem Schlaf, Migräne.

- Leber 3: das große Branden
  Ideal bei allen Hitzemustern und Yang-Zuständen, Spannungszuständen, Unruhe sowie bei Knoten in der Brust, hohem Blutdruck; dieser Punkt reguliert die Menstruation, verteilt Chi und Blut, beruhigt den Fötus.

Den roten Drachen zähmen: Blut in Chi umwandeln

Da wir Frauen durch die Menstruation jeden Monat sehr viel Blut verlieren – durch den direkten Blutverlust, aber auch durch den Abgang der unbefruchteten Eizelle – haben die taoistischen Frauen aus gesundheitlichen sowie aus spirituellen Beweggründen Methoden entwickelt, das Blut, das sich jeden Monat neu in der Gebärmutter ansammelt und dann abgestoßen wird, in Chi umzuwandeln. Sie bemühen sich also, einen der zutiefst weiblichen Körpervorgänge zu transformieren.

Es kommen immer wieder Frauen in meine Kurse, um diese Methoden zu erlernen. Andere Frauen sind schockiert von diesen Methoden, denn sie genießen ihre Menstruation und möchten sie auf keinen Fall »wegtransformieren«.

Ob eine Frau nun ihr Menstruationsblut in Energie umwandeln möchte oder nicht – der erste Schritt, um zu einem normalen, beschwerdefreien Zyklus zu gelangen, lautet immer, Körper und Geist von alten Erlebnissen, negativen Emotionen und Mustern zu reinigen und zu befreien.

Viele Frauen freuen sich schon, wenn der Zyklus kürzer wird oder wenn sie weniger Blut verlieren.

Achtung: Die nachfolgend angeführte Transformationsübung dient jedoch nicht zur Heilung des Zyklus – dazu sind die Organ- und die Beckenboden-Übungen bestimmt!

Manche Frauen empfinden den Transformationsvorgang von Blut zu Chi verwirrend, denn von Männern wird dieser Prozeß immer wieder als reine Technik beschrieben. Die Realität aber sieht etwas anders aus. Bei fast keiner Frau funktioniert die Umwandlung auf rein technischer Grundlage. Durch regelmäßiges Üben kann das Ausbleiben der monatlichen Blutung jedoch schnell erzielt werden. Wir haben eine Gruppe von Frauen gebildet, die die taoistischen Frauenübungen selbst schon jahrelang praktizieren und auch beruflich damit arbeiten, um dieses Thema genauer zu erforschen.

Dazu habe ich einen Fragebogen ausgearbeitet, den wir immer wieder an Frauen abgeben, die die Transformation praktizieren, um die Auswirkungen genauer erfassen und noch gezieltere Übungen entwickeln zu können.

Nach meinen bisherigen Auswertungen kann ich sagen, daß der Umwandlungsprozeß von verschiedenen Faktoren abhängig ist, die ich hier nur stichwortartig aufführe.

- Was ist die Motivation? Alle negativ gefärbten Beweggründe, zum Beispiel Ablehnung der eigenen Weiblichkeit, Menstruations- oder Sexualprobleme und ähnliches, stellen Hindernisse dar.
- Alkohol, Medikamente, Zigaretten, Kaffee und Tee können hinderlich sein.
- Ausgeglichenheit dient dem Umwandlungsprozeß.
- Natürlicher und ruhiger Lebensstil hilft ebenfalls.
- Vegetarische Kost scheint den Umwandlungsprozeß zu unterstützen.
- Der wichtigste Punkt scheint die Meditation zu sein; es bedarf einer spirituellen Lebensausrichtung und der daraus entstehenden inneren Ruhe.
- Persönliche Beziehungen zu Lebenspartnern spielen ebenfalls eine wichtige Rolle.

Den roten Drachen zähmen

Vorbereitungen:

- Regelmäßige Reinigung und Stärkung der Organe, speziell auch der Gebärmutter.
- Regelmäßige Brustmassage und Ovaratmung, um die Ovarkraft freizusetzen und in den Energiekreislauf einzubringen; sie wird dadurch der eigenen feineren Energiefrequenz angepaßt.

Die einzelnen Übungsschritte (Bild 48):

- o Setzen Sie sich aufrecht hin und schließen Sie Ihre Augen.
- o Durch die Brustmassage und das innere Lächeln aktivieren Sie das Feuer des Herzens.
- o Durch die Ovaratmung im Ovarpalast (Gebärmutter) sammeln Sie Blut und Energien, und Sie füllen und laden das untere Kraftzentrum damit auf.
- o Lassen Sie Feuer des Herzens mit Liebe gefüllt nach unten, unter den Ovarpalast fließen. Durch die Wärme des Feuers verdampft das Blut und konzentriert sich zu einer Perle. Diese Perle lassen Sie im Kreislauf kreisen und stärken so den ganzen Körper damit.

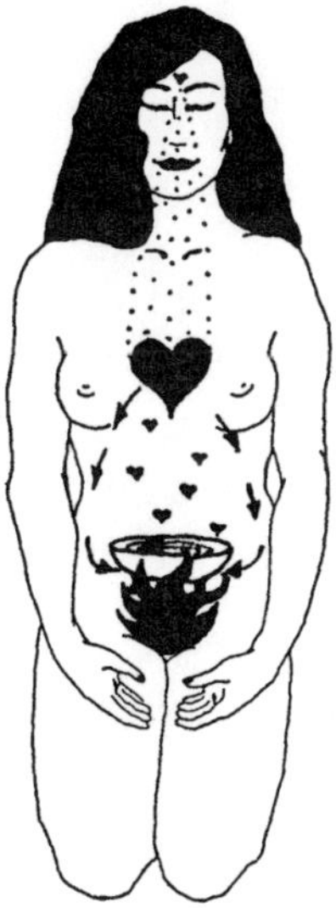

48. Feuer unter Wasser

Drüsen und Hormone

Die körperliche und die psychische Gesundheit werden stark durch Hormone beeinflußt. Mit der Verabreichung von Hormonen ist es heute manchmal möglich, die Natur zu »überlisten«. So kann eine siebzigjährige Frau durch gezielte Zufuhr von Hormonen noch ein Kind zur Welt bringen. Hormone machen es möglich, daß ein Mann zur Frau werden kann und umgekehrt.

Hormone sind angeblich ein Universalheilmittel für Frauenkrankheiten verschiedenster Art, seien es Unfruchtbarkeit, Wechseljahrsymptome, schmerzhafte Menstruation, Schilddrüsenprobleme, emotionale Unausgeglichenheit und so weiter.

Die Risiken mancher Verhütungsmittel, die auch Hormone enthalten, werden leider immer noch verharmlost. In letzter Zeit wurde in der Presse zunächst anhand von Statistiken auf die Gefahren der »Minipille« aufmerksam gemacht, um sie zwei Tage später wieder herunterzuspielen mit der Begründung, die Statistik sei falsch interpretiert worden.

Für die Taoisten stellen die Drüsen einen wesentlichen Schlüssel zur Gesundheit dar. Gezielte Drüsenübungen sind ein wichtiger Bestandteil für die Gesunderhaltung des weiblichen Körpers. Durch sie werden unter anderem die Hormonproduktion angeregt und die verschiedenen Drüsen miteinander verbunden.

Die Zirbeldrüse

Die Zirbeldrüse ist die Zentrale für alle körperlichen und seelischen Vorgänge, für die Empfindungen sowie für die spirituelle Ausrichtung. Für den Körper ist sie wie eine Uhr und ein Kompaß; in den höheren Meditationspraktiken fungiert sie als ein wichtiges Energiezentrum, das – wenn es ausgebildet ist – die Fähigkeit hat, sich mit dem inneren Licht zu verbinden. Wenn sie entwickelt wird, unterstützt uns die Zirbeldrüse, unseren Geist an seine Quelle zurückzuführen und den Tod zu überwinden.

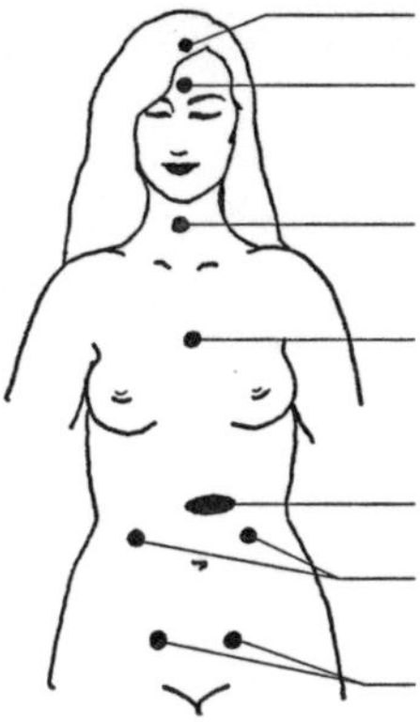

49. Die Drüsen

Die Zirbeldrüse ist die oberste Drüse und steht in direkter Verbindung mit der Hypophyse, der Hirnanhangdrüse. Bei Unterfunktion kann es zu Depressionen kommen und zu einem Mangel an höherer Ausrichtung im Leben. Bei Überfunktion können Halluzinationen auftreten.

Hirnanhangdrüse

Die Hirnanhangdrüse beeinflußt körperliche Funktionen wie Stoffwechsel, Wachstum und Sexualität. Im Drüsensystem hat die Hypophyse eine zentrale Funktion und wird deshalb auch die »Meisterdrüse« genannt. Sie unterstützt und reguliert alle weiteren Drüsen im Körper.

Aus taoistischer Sicht ist die Hirnanhangdrüse verantwortlich für Intelligenz, Denk- und Erinnerungsvermögen.

Bei Störungen kommt es zu Wachstumsstörungen wie Riesenwuchs oder Zwergenwuchs, zu verfrühter sexueller Entwicklung, Unfruchtbarkeit, zu speziellen Formen von Zuckerkrankheit, aber auch zum Ausbleiben der Menstruation oder der Milchproduktion.

Schilddrüse

Die Tatsache, daß sich die Schilddrüse bei Frauen während der Menstruation, der Schwangerschaft oder bei sexueller Erregung vergrößert, deutet auf die Wichtigkeit dieser Drüse für Frauen hin.

Die Schilddrüse hat die Funktion, den Stoffwechsel in Gang zu halten. Eine Kropfbildung ist nichts anderes als eine Unterfunktion der Schilddrüse. Auch Kretinismus und Zwergenwuchs sind Auswirkungen einer Schilddrüsen-Unterfunktion und heute therapierbar. Daß ein Jodmangel zu einer Schilddrüsen-Unterfunktion führen kann, ist inzwischen allgemein so bekannt, daß in vielen Ländern Trinkwasser und Speisesalz mit Jod angereichert werden.

Die bei Frauen so häufig auftretende *Unterfunktion der Schilddrüse* äußert sich in einer allgemeinen Verlangsamung des Stoffwechsels. Symptome wie Müdigkeit, Gewichtszunahme, Verstopfung, geschwollene Beine, Knöchel und so weiter treten auf. Der Menstruationszyklus wird kürzer, und die Blutungen werden heftiger. Aber auch körperliche Trägheit, Müdigkeit und Niedergeschlagenheit bis hin zu schweren Depressionen sind oft Auswirkungen einer Schilddrüsen-Unterfunktion.

Schwache Symptome können oft schon durch jodhaltige Nahrungsmittel ausgeglichen werden, wie durch jodiertes Speisesalz, Meeresalgenprodukte wie Spirulina und anderes mehr.

Eine *Überfunktion der Schilddrüse* ist eine viel heiklere Angelegenheit. Stellen Sie sich das Gegenteil der oben genannten Symptome vor: Alles läuft schneller als normal ab. Obwohl die mit einer Überfunktion einhergehende Gewichtsabnahme von vielen Frauen als willkommene Nebenerscheinung empfunden wird, bleibt das Krankheitsbild alles andere als erstrebenswert und natürlich. Man kann zwar viel essen, und die damit zugeführte Energie wird sofort wieder verbrannt, denn der gesamte Stoffwechsel läuft auf Hochtouren, aber es kommt auch zu gesteigerter Nervosität, Gereiztheit, Schlaflosigkeit, und der gesamte Alterungsprozeß wird beschleunigt. Dieses Gesamtbild kann und wird oft mit einem psychotischen Zustandsbild verwechselt. Deshalb werden (zumindest in der

Schweiz) bei allen Patientinnen, die in psychiatrische Kliniken eingeliefert werden, hormonelle Untersuchungen durchgeführt.

Die Behandlung einer Überfunktion ist alles andere als einfach. Oft müssen starke Beruhigungsmittel eingesetzt oder operative Eingriffe vorgenommen werden, um diesen Menschen zu helfen.

Thymusdrüse

Wenn wir auf die Welt kommen, ist diese Drüse noch vollständig ausgebildet, aber mit unserem Heranwachsen schrumpft sie langsam. Sie soll im Zusammenhang stehen mit unseren Abwehrkräften, also handelt es sich hier um ein lymphatisches Organ, das auch mit der Blutbildung zu tun hat.

Bei den Taoisten gilt die Thymusdrüse als Verjüngungsdrüse, die einen sehr engen Kontakt zum Herzen hat. Die Befreiung des Herzens von körperlichen und seelischen Blockaden scheint unumgänglich, um den Alterungsprozeß umzukehren und die Thymusdrüse dazu zu bewegen, nicht zu schrumpfen, sondern weiterzuwachsen. Ein Schlüssel zu diesem Umkehrprozeß liegt in der Verbindung zwischen der Sexualkraft und den genannten Funktionen der Thymusdrüse.

Die Störungen sind noch weitgehend unerforscht; es gibt Menschen, die sagen, daß eine eingeschränkte Funktion dieser Drüse mit dem Krankheitsbild von Aids in engem Zusammenhang stehe.

Bauchspeicheldrüse

Wer von uns hat schon einen Bezug zur Bauchspeicheldrüse, die man auch »Pankreas« nennt? Daß sie irgend etwas mit Zucker und Insulin zu tun hat, wissen noch am besten die – bei uns leider häufig anzutreffenden – Diabetiker, denn für die meisten der Betroffenen verlangt Diabetes eine drastische Veränderung ihrer Eßgewohnheiten. Wir alle wissen aus eigener Erfahrung, wie wichtig die persönlichen Eßgewohnheiten für uns sind.

Die Bauchspeicheldrüse wird der Milz und dem Erdelement zugeordnet. In der chinesischen Medizin bilden Milz und Pankreas eine untrennbare Einheit; Erkrankungen der Bauchspeicheldrüse sind deshalb immer ein Zeichen für eine Unausgewogenheit des Erdelements.

Eine Schwäche der Bauchspeicheldrüse bedeutet, den Zuckerhaushalt nicht mehr genügend regulieren zu können; die Insulinproduktion ist reduziert oder nicht vorhanden. Symptome sind anfangs oft übermäßiger Durst, Müdigkeit, Abmagerung, trockene Haut und Juckreiz.

Auf jeden Fall kann sowohl eine Überzuckerung wie auch eine Unterzuckerung in extremer Form für die Betroffenen ein lebensbedrohlicher Zustand sein.

Nebennieren

Die Nebennierenhormone sind oft auch unter dem Begriff Streßhormone bekannt; das bekannteste ist das Adrenalin mit seiner belebenden Wirkung. Nebennierenhormone bewirken einen Zustand gesteigerter Reaktionsfähigkeit und Aufmerksamkeit und haben eine sehr stimulierende Wirkung auf den ganzen Menschen.

Adrenalin regt sämtliche Organe und Drüsen an. Deshalb wird diese Art von Belebung von vielen Menschen künstlich erzeugt, um ein intensiveres Lebensgefühl zu erfahren. Die Nebennieren bilden einen Teil der Niere und werden auch als das »Nierenfeuer« bezeichnet.

Durch eine Überstimulierung der Nebennieren werden die Nieren dazu aufgefordert, Lebenskraft freizusetzen, die sie sonst nur in Notfällen abgeben würden. Auch alle anderen Organe und Drüsen werden durch die Nebennierendrüse aufgefordert, dies zu tun, um dem Körper zum Beispiel ein Gefühl von Erregung zu geben.

Harte Drogen oder auch zum Beispiel Kaffee bringen Drüsen und Organe dazu, Energien freizusetzen, um ein gewisses Erregungsgefühl zu erzeugen. Am Anfang genügt eine leichte Stimulation, um den erwünschten Erregungspegel zu erreichen. Mit der

Zeit bedarf es dafür immer mehr Reize: Die Menschen springen von Klippen oder aus dem Flugzeug, erklimmen die gefährlichsten Gipfel, zum Teil nur mit minimaler oder gar keiner Sicherheitsvorkehrung, oder lassen sich von Hochhäusern kopfüber an einem elastischen Seil in die Tiefe fallen - nur um sich dadurch selbst intensiver zu spüren.

Dieses Yang-Gefühl, das einer Art höchstem Dauerstreß gleichkommt, hat auf Menschen eine drogenähnliche Wirkung. Sobald diese Menschen einmal zur Ruhe kommen, fühlen sie sich so leer und ausgelaugt, daß sie das gar nicht aushalten können.

Brüste

Obwohl die Brüste an sich keine Drüsen sind, möchte ich sie hier erwähnen. Da sie mit *Milchdrüsen* ausgestattet sind, haben sie besondere weibliche Eigenschaften. Diese bei weiblichen Säugetieren und Frauen einmalige Fähigkeit, Milch zu produzieren, hat die Taoisten sehr fasziniert. Sie sehen es als selbstverständlich an, daß dieses Potential, das in den Brüsten schlummert, sich in körperlichen Problemen manifestiert, falls es ungenutzt bliebe.

Wenn die enorme Energie, die im Busen sitzt (egal, ob er groß oder klein ist), nicht fließt, kommt es zu einem Energiestau. Überprüfen Sie einmal Ihre Beziehung zu Ihren Brüsten. Wie oft fassen Sie Ihre Brüste an? Viele Frauen haben nur durch Männer einen speziellen Bezug zu ihren Brüsten. Eine Frau, die bei mir in der Beratung war, erzählte mir: »Weißt du, immer wenn er mir an den Busen faßt, ist der nächste Schritt sofort ins Bett.« Durch den Busen fühlen sich Frauen oft zum Lustobjekt degradiert. Immer wieder beklagen sich Frauen mit einer eher größeren Oberweite, daß Männer meist mehr an ihrem Busen als an ihrer Person interessiert seien.

Die Brustmassage hat den Zweck, die Brüste energetisch aufzuladen (und damit zum Beispiel auch Brustkrebs vorzubeugen) und das gesamte Drüsensystem zu beleben. Brustmassage ist auch eine gute Vorbereitung für die Eierübung, die Ovaratmung und die Transformationsübung.

Brustmassage

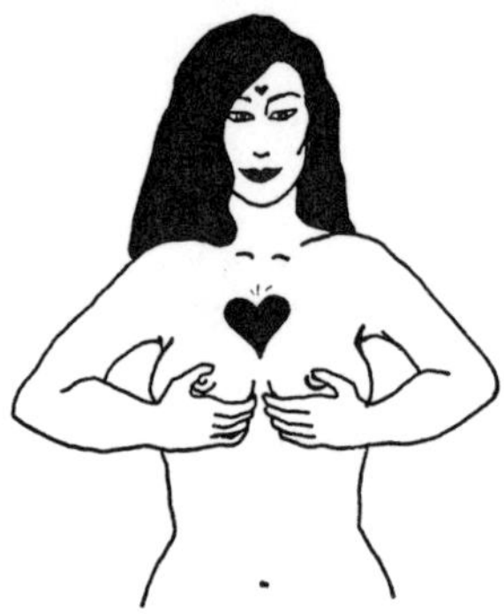

52. Brustmassage

- o Sie nehmen ein gutes Massageöl aus rein natürlichen Substanzen, das Ihnen angenehm ist, und massieren die Brüste kreisförmig.
- o Sie massieren »nach außen und oben«, also vom Bauchnabel hoch zum Kopf und von der Brustmitte zu den Schultern.
- o Machen Sie das, bis Sie ein tieferes Gefühl für Ihre Brüste bekommen und eine Belebung bemerken.
- o Dann kehren Sie die Massagerichtung um.
- o Probieren Sie aus, welche Druckstärke für Sie gut ist – etwas stärker, um die Brüste zu beleben und zu energetisieren, oder ganz sanft –, und lassen Sie sich auf die unterschiedlichen Wirkungen ein. Massieren Sie Ihre Brüste, bis Sie eine Reaktion im Körper wahrnehmen.
- o Zum Abschluß der Übung streichen Sie die entstandene Wärme nach unten in den Bauch und sammeln und verdichten diese Energie in Ihrer Mitte.

Diese Übung gehört ins tägliche Übungsprogramm der Frau.

Drüsenübungen sind aus taoistischer Sicht eine unumgängliche Sache. Die Taoisten gehen – wie auch die westlichen Mediziner – von der Annahme aus, daß das gesamte Drüsensystem untereinander verbunden ist. Sie meinen jedoch, daß wir durch eine bewußte Verbindung der verschiedenen Drüsen diese in ihren vielfältigen Funktionen und Qualitäten unterstützen können.

Achtung: Üben Sie nie nur auf eine Drüse hin, sondern verbinden Sie immer alle Drüsen miteinander. Auch hier gilt es, als ersten Schritt eine bewußte Beziehung mit jeder Drüse herzustellen: durch die bewußte Atmung in die Drüse, durch das innere Lächeln und durch Hineinfühlen.

Unterschätzen Sie die Übungen bitte nicht, weil sie so einfach erscheinen. Sich auf die Drüsen einzulassen gibt vielen Frauen ein ganz tiefes Gefühl und eine unaussprechliche innere Ruhe. Die Drüsen können in der Tat zum Tor zu einer völlig anderen Welt werden, zu einer völlig neuen Dimension. Erwarten Sie jedoch nicht ähnliche Gefühle wie bei den inneren Organen. Seien Sie offen für eine Entdeckungsreise. Auch die Drüsenübungen werden am Nabel beendet, durch Zentrieren und Stärken der Mitte.

Drüsenübung

Sie können die Übung im Sitzen oder im Reiterstand ausführen.

Zum Vorwärmen:

- Beginnen Sie mit der Brustmassage und dem inneren Lächeln ins Herz.
- Sobald Sie Wärme oder ein Kribbeln spüren, lenken Sie die Wärme mit der Ausatmung in die Geschlechtsorgane, in Gebärmutter, Eierstöcke und Klitoris.
- Massieren Sie nun von den Eierstöcken zur Gebärmutter und weiter über Leisten und Schambein bis zur Ihrer Klitoris. Massieren Sie sanft, bis Sie merken, daß die Drüsen aktiviert sind.
- Die Atemtechnik ist wie beim kleinen Energiekreislauf: Mit der Einatmung verbinden Sie die Drüsen von unten nach oben.

Nach dieser Vorwärmübung kann der Hauptteil beginnen:

- Lächeln Sie in die Klitoris und massieren Sie sie leicht, bis ein Gefühl entsteht. Dann atmen Sie das Gefühl ein und ziehen es hoch bis zu den Eierstöcken – atmen Sie das Gefühl dort aus und kreisen Sie mit Ihren Händen, um die Eierstöcke anzuregen.
- Gehen Sie zurück zur Klitoris und massieren Sie diese wieder leicht, bis Sie etwas fühlen; dann ein kleiner Atemzug zu den Eierstöcken und ein weiterer kleiner Atemzug zu den Nebennieren; dann ausatmen, in die Nebennieren hineinlächeln und kreisen, um die Nebennieren zu aktivieren.
- Dieser Vorgang wiederholt sich, aber gehen Sie immer wieder zurück zur Klitoris, und beziehen Sie von unten nach oben immer eine Drüse mehr mit ein, und zwar in der Reihenfolge Eierstöcke, Gebärmutter, Eierstöcke, Nebennieren, Bauchspeicheldrüse, Thymusdrüse, Schilddrüse, Hirnanhangdrüse, Zirbeldrüse.

Legen Sie sich nach der Übung einige Minuten ganz ruhig hin, damit die Übung möglichst tief wirken kann. Bevor Sie wieder aufstehen, sollten Sie erst Ihre Mitte wieder aktivieren und Ihre Energien sammeln. Diese Übung kann auch mit der Eierübung (Seite 116f.) kombiniert durchgeführt werden.

Hormondusche

Als Abschluß der Drüsenübung können Sie sich in Ihren Hormonen »duschen«. Dies geht so:

- Stellen Sie sich in den Reiterstand.
- Die Hände halten Sie wie ein Gefäß auf der Höhe Ihrer Geschlechtsorgane.
- Nachdem Sie bereits in Kontakt mit allen Drüsen sind, können Sie direkt in einem Atemzug durch alle Drüsen bis hin zur Zirbeldrüse einatmen und so die Essenzen der Drüsen hochziehen.
- Mit der Ausatmung öffnen Sie das Scheitelzentrum und stoßen die Drüsenenergien sanft aus Ihrem Kopf hinaus, so daß diese sich wie ein goldener Regen über Ihren ganzen Körper ergießen.

51. Hormondusche

- Durch die Vagina atmen Sie diesen magischen unsichtbaren Regen oder Dunst wieder ein, atmen erneut durch alle Drüsen und duschen so einige Male, bis Ihr ganzer Körper schön kribbelt.
- Die Bewegung der Hände helfen mit, die magische Drüsenkraft im Körper hochzubringen (siehe Bild 51).

- o Am Schluß dieser Übung den ganzen Körper und das Gesicht mit Ihren Hormonen einreiben wie mit einer Schönheitscreme.

Kräuter, die die Drüsen nähren und die Abwehr stärken:
- o Blütenpollen kurmäßig mit kleiner Dosis beginnen, da unter Umständen allergische Reaktionen auftreten können, 1/4 Teelöffel, 3 x tägl.;
- o Spirulina (Meeresalgenprodukt; Dosierung laut Verpackung);
- o Hafer als Tinktur, 2-3 ml, 3 x tägl. oder Aufguß der ganzen Pflanze, inkl. Samen 10 g pro Tasse, 3 x tägl.;
- o Wasserkresse, Saft der frischen Pflanze oder als Salat essen.

Die Wechseljahre

Diese Phase im Leben einer Frau wird - wie bereits erwähnt - bei den Taoisten »Stillstand des himmlischen Wassers« genannt. Dieser hormonelle Übergang ist für jede Frau individuell; Dauer und Beschwerden hängen unter anderem auch von der Bereitschaft ab, sich in eine neue Lebensphase zu begeben.

Die in den Wechseljahren oft erlebten körperlichen Symptome sind häufig Zustände, die durch Substanzmangel und die damit verbundene Nierenschwäche entstehen. Das Yin ist zu schwach und kann das Yang nicht mehr halten, so daß das Yang, das Feuer, unkontrolliert nach oben schießt.

Folgende Symptome werden von Frauen oft wahrgenommen: Hitzewallungen im Kopf, Herzklopfen, Gefühlsschwankungen, Schlaflosigkeit, Unruhe, Reizbarkeit, Schwitzen, Kopfweh, trockene Schleimhäute.

Eigentlich sollte es ja normal sein dürfen, daß der Körper nach etwa vierzig oder fünfzig Jahren nicht mehr ganz neu ist. Wir alle sind hier auf dem Planeten Erde, um etwas Bestimmtes zu lernen, und unsere unterschiedlichen Erfahrungen haben eine Wirkung auf den Körper. Wir sollten auch sehen, daß eine Frau gelebt und gearbeitet und meistens auch Kinder auf die Welt gebracht hat. Wenn

52. Yin hält Yang, aber schwaches Yin kann Yang nicht halten (falsche Hitze)

wir lernen, den Körper trotz seiner kleinen oder größeren Wehwehchen liebevoll zu unterstützen und seine Sprache zu verstehen, kann das nur gut für uns selbst sein.

Sie werden selbst schon bemerkt haben, daß viele Symptome nach dem Essen auftauchen oder in bestimmten Situationen durch ein bestimmtes Gefühl ausgelöst werden. Sie trinken gemütlich ein Glas Rotwein, und plötzlich steigt die Hitze in den Kopf. Wo sollte die Hitze sonst hingehen? Hitze kann ihrem Wesen nach nur aufsteigen. Nahrungsmittel, die in der thermischen Wirkung erwärmend oder heiß sind, haben eben diese Wirkung.

In Ihrer *»Notfallapotheke für Hitzewallungen«* sollte sich auf jeden Fall ein möglichst bitteres Bier befinden, denn Bitteres leitet Hitze nach unten. Auch bittere oder kühlende Kräuter können eingesetzt werden (siehe auch die Nahrungsmittelübersicht im Ernährungsteil).

Bei Wechseljahrbeschwerden empfiehlt es sich außerdem, die nachfolgend abgebildeten Punkte zu massieren:

Die sprudelnde Quelle

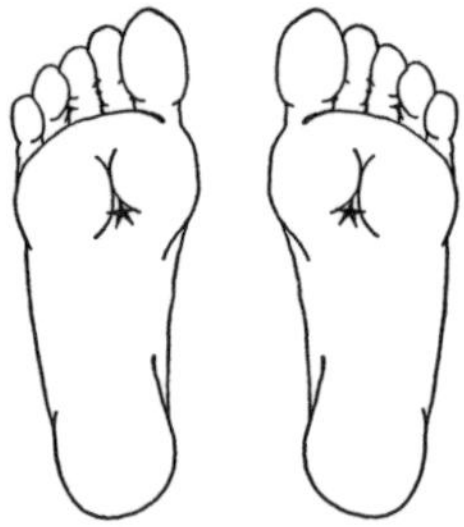

53. Nierenpunkte 1 (links und rechts)

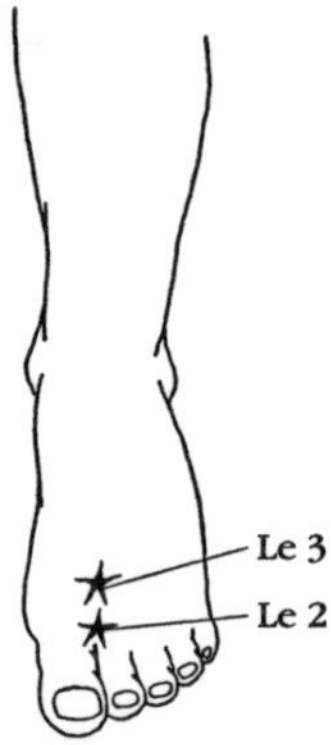

54. Lebermeridian, Punkte 2 und 3

Oft entsteht Wärme durch Emotionen, und Wärme steigt auch dann noch, wenn wir sie nicht bewußt über den Gaumen in die Füße lenken. Mit Organübungen unterstützen Sie diesen Prozeß, und mit den heilenden Lauten können Sie den ganzen Organismus entlasten. Aber auch die Ovaratmung, die Eierübung, die Knochenatmung und die Drüsenübungen sind sehr wirksame Hilfsmittel in dieser Zeit.

Feuer verdampft das Wasser, und dadurch wird der ganze Körper auch trockener. Besonders die Haut will zusätzlich gepflegt werden. Betroffen sind von der Austrockung auch die Schleimhäute, was dann beim Geschlechtsverkehr häufig Schmerzen verursacht. Dafür gibt es spezielle Cremes und Salben, die Sie in der Apotheke oder über Ihren Arzt beziehen können.

Lassen Sie sich von einem Kräuterspezialisten eine persönliche Teemischung zusammenstellen. In Ihrer Ernährung sollten Sie sich um substanzaufbauende Bestandteile bemühen (mehr dazu im Kapitel Ernährung).

Gehirn - Knochen - Mark

Gehirn, Mark und Knochen werden dem Wasserelement zugeordnet. Demnach sind die Nieren auch zuständig für die Ernährung des Gehirns, für die Produktion der Knochen und des Knochenmarks.

Gehirn

Das Gehirn ist die Schaltzentrale, wo alle Funktionen koordiniert werden. Die Nieren haben die Aufgabe, das Gehirn zu versorgen und zu nähren. Sind die Nieren geschwächt, wirkt sich das auch auf das Gedächtnis aus. So können wir zum Beispiel bei alten Menschen, deren Nierenkraft schon sehr geschwächt ist, oft Vergeßlichkeit, Alzheimersche Krankheit, Hirnschwund und so weiter erleben.

Aber es reicht nicht, die Gehirnfunktionen nur über die in den Nieren gespeicherte Lebenskraft zu unterstützen. Die verschiedenen Funktionen - wie die Fähigkeit, logisch zu denken, zu kombinieren, sich zu konzentrieren, die Merkfähigkeit, die Vorstellungskraft und vieles mehr - sollten zusätzlich bewußt entwickelt, trainiert und ausgeglichen werden.

Auch um die eigene Ganzheit zu entwickeln, sollten Sie sich um verschiedene *Hirnaktivitäten* kümmern, die gefördert werden können. Nicht immer liegt die Selbstheilung im körperlichen oder im emotional-energetischen Bereich. Vielleicht ist es für Ihr Leben wichtiger, die geistigen Kräfte zu entwickeln, indem Sie etwas Neues lernen, zum Beispiel eine Fremdsprache, oder durch Lesen, auch lautes Lesen, aktiv *Ihr Gedächtnis trainieren*.

Überprüfen Sie Ihre Lebenssituation daraufhin, welche Tätigkeiten in Ihrem Leben eine Hirntätigkeit fördern und aktivieren.

Bei allen taoistischen Übungen hat der Kopf, die Geisteskraft, eine sehr wichtige Funktion. Das Ziel ist nicht, den Kopf auszuschalten, sondern ihn in den Prozeß der Selbstheilung und des Ganzwerdens mit einzubeziehen, um die verschiedenen Ebenen miteinander zu verknüpfen. Der Kopf hat die Fähigkeit, Beschwerden zu erkennen und Gefühle wahrzunehmen, um dann gezielt darauf einzuwirken und den Prozeß der Selbstheilung einzuleiten.

Die linke und die rechte Gehirnhälfte werden auch in männlich und weiblich eingeteilt, Yang und Yin, die rationale Seite und die intuitive Seite. Hier eine Übung zum Ausgleich beider Gehirnhälften.

Ausgleich der beiden Gehirnhälften

- Schließen Sie die Augen und lächeln Sie in Ihr Gehirn hinein.
- Spüren Sie nun, welche Gehirnhälfte Sie stärker wahrnehmen.
- Beginnen Sie, mit dieser Aufmerksamkeit sehr langsam im Gehirn zu kreisen (nur einige wenige Male, um nicht schwindlig zu werden). Danach kreisen Sie in die andere Richtung.
- Kommen Sie am Schluß in die Mitte des Gehirns und konzentrieren sich auf diesen Punkt in der Mitte.
- Kreisen Sie dort ganz sanft von der Mitte aus, so daß sich die beiden Gehirnhälften ausgleichen und harmonisieren.

Knochen und Mark

Auch die Knochen und das Mark werden von den Nieren versorgt und sind, wie die Nieren und das Gehirn, dem Wasserelement zugeordnet. Die *Speicherfunktion* gilt genauso für Knochen und Mark; sie speichern die Essenz unserer Lebenskraft. Diese Speicherfunktion bezieht sich leider ebenfalls auf Krankheiten und negative Energien. Die Taoisten gehen zum Beispiel davon aus, daß Kortisonbehandlungen zwar Krankheitssymptome vertreiben, daß aber die Krankheit durch das Kortison einfach tiefer in den Körper hineingeschoben wird und die Symptome dadurch nicht mehr erkennbar sind.

Wenn wir an Knochen denken, haben wir meistens die Vorstellung, daß der Knochen etwas sehr Starres und Unbewegliches sei. Knochen haben aber auch die Fähigkeit zu atmen; Knochen leben, sie sind elastisch. Da Knochenerkrankungen gerade für Frauen ein so häufiges Problem darstellen, möchte ich Ihnen einige Knochenübungen vorstellen.

Knochenatmung zur Reinigung

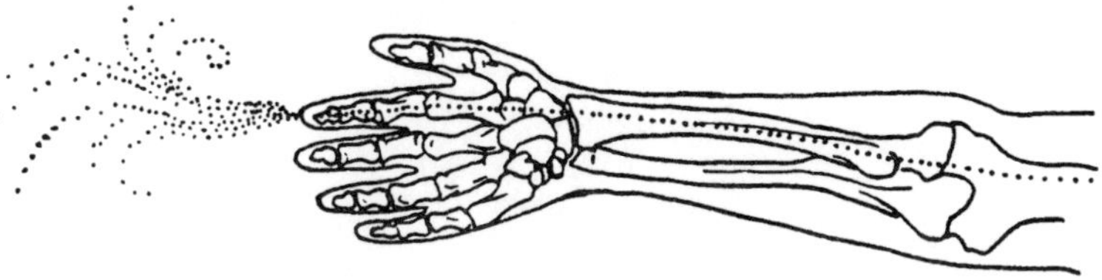

55. Durch den Finger atmen

- Sie strecken den Zeigefinger einer Hand aus und drücken mit einer Fingerspitze der anderen Hand ganz vorn auf die Kuppe des Zeigefingers, so daß Sie den Knochen im Finger spüren.
- Visualisieren Sie den Knochen des Zeigefingers und versuchen, ein Gefühl für den Knochen zu erlangen.
- Stellen Sie sich vor, daß Sie dort, wo Sie die Kuppe des Zeigefingers gedrückt haben, mit der Einatmung in den Knochen des Zeigefingers hineinatmen.
- Mit der Ausatmung lassen Sie alle dunklen und negativen Energien, die in diesem Knochen gespeichert sind, wieder vorn an der Kuppe herausfließen.

Üben Sie mit einem Finger, bis Sie wirklich ein Gefühl für diesen einen Knochen haben. Dann üben Sie mit allen anderen Fingern, dann mit den Armen und schließlich auch mit den Beinen – bis Ihr ganzes Skelett mitatmet.

Knochenatmung zur Stärkung

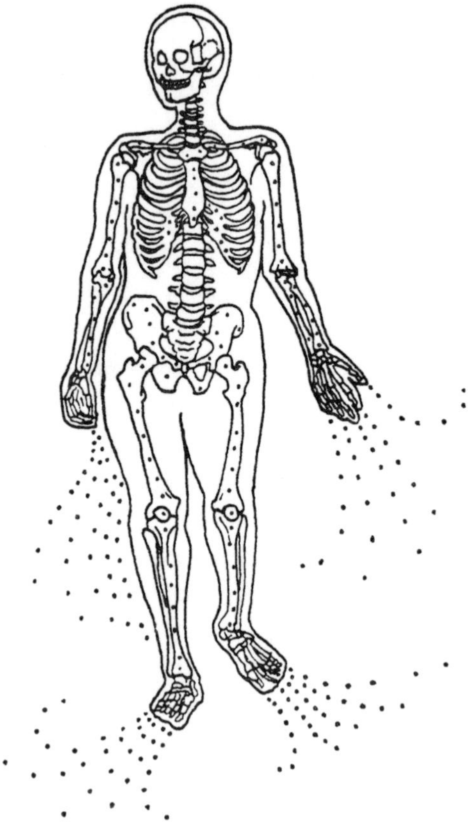

56. Knochenatmung

- o Atmen Sie durch die Finger und durch die Füße in alle Knochen des Körpers hinein.
- o Stellen Sie sich dabei vor, daß sich bei der Einatmung alle Knochen mit Licht auffüllen.
- o Bei der Ausatmung verdichten und verteilen Sie dieses Licht noch tiefer in alle Bereiche der Knochen hinein.

Wenn Sie Sicherheit in diesen Übungen erlangt haben, können Sie sie auch auf das Knochenmark ausdehnen.

Wirbelsäule

Obwohl die Wirbelsäule und ihre Funktion einen wichtigen Faktor für die Gesundheit darstellen, widme ich diesem Thema nur sehr wenig Platz, denn es gibt heute viele gute, gezielte Methoden, um die Wirbelsäule zu stärken und zu heilen. Eine Blockade in der Wirbelsäule selbst zu beheben ist beinahe unmöglich. Sie können die Wirbelsäule aber mit den unten angeführten Übungen stärken.

Auch Nierenaufbau und Nierenatmung sind immer förderlich. Zur Gesundheitsvorsorge lassen Sie sich eine Massage geben; wenn Sie unter Rückenschmerzen leiden, suchen Sie sich einen feinfühligen Osteopathen; auch die Cranio-Sacral-Therapie ist sehr wirkungsvoll.

Üben Sie einen aufrechten Gang, vielleicht mit Hilfe der Alta-Major-Übungen (siehe Literaturverzeichnis). Für Frauen, die unter einem Schleudertrauma leiden, kann ich aus eigener Erfahrung die Drüsenübungen (Seite 141) empfehlen.

Die Wirbelsäule sollte möglichst geschmeidig und beweglich sein, damit die Energie gut fließen kann. Rückenblockaden sind oft der Grund, warum der Energiekreislauf nicht richtig ins Fließen kommt.

Wirbelsäulenatmung

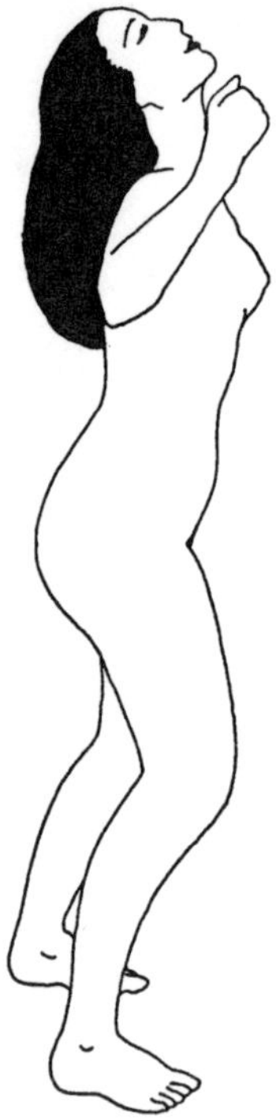

57 Einatmen

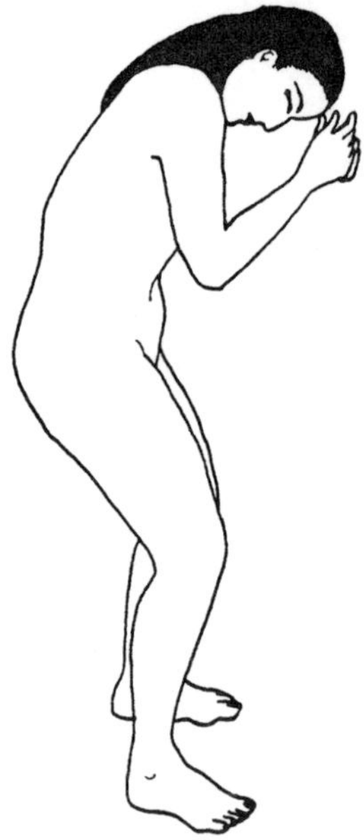

58 Ausatmen

- Stellen Sie sich im Reiterstand hin.
- Während der Einatmung spannen Sie Kopf und Hals sowie Gesäß so nach hinten, daß die Wirbelsäule wie ein Bogen aussieht.
- Bei der Ausatmung kippen Sie das Becken, bringen die Ellbogen vor dem Oberkörper nach vorn und beugen den Oberkörper nach vorn, so daß Sie nun einen »Rundrücken« haben.
- Dann atmen Sie wieder ein und führen diese Übung wie eine Wellenbewegung durch, um die Wirbelsäule richtig zu lockern und durchzukneten.
- Machen Sie das, bis die Wirbelsäule leicht warm wird.

Die Wirbelsäulenatmung eignet sich als Ausgleich für Menschen, die viel sitzen müssen. Sie bewirkt, daß das Rückgrat geschmeidig bleibt. Die nächste Übung stärkt den Rücken.

Wirbelsäule in Licht hüllen

- Atmen Sie durch das dritte Auge goldenes Licht ins Gehirn ein.
- Dann lassen Sie das Licht vom Gehirn hinunterfließen in die Wirbelsäule und wickeln mit ganzer Aufmerksamkeit das Licht spiralförmig um das Rückgrat, langsam, Wirbel für Wirbel.
- Wenn Sie am Ende angekommen sind, atmen Sie beim Steißbein ein und drehen das Licht nun in umgekehrter Richtung von unten nach oben um die Wirbelsäule.

Körpersignale und Körpersprache

Der menschliche Organismus hat eine unglaubliche Ausdrucksfähigkeit, wenn wir bedenken, wieviel verschiedene Krankheitsbilder und Symptome ein Körper produzieren kann. In der chinesischen Medizin werden Symptome und Krankheiten als Körpersprache und Körpersignale betrachtet. So gilt es nicht in erster Linie, diese Signale zu vertreiben, sondern das Signal als Hinweis zu verstehen, um so die Ursache zu finden. In diesem Abschnitt werde ich Ihnen einige dieser Signale etwas näherbringen, damit Sie lernen, die Sprache Ihres Körpers besser zu verstehen.

Vaginaler Ausfluß

Sehr viele Frauen leiden unter chronischem Ausfluß. Das ist ein sehr lästiges Leiden, über das man meist nicht gerne spricht. Ausfluß wird von vielen Frauen stillschweigend hingenommen, wenn er nicht gerade starken Juckreiz verursacht. Er wird als zuwenig wichtig betrachtet, um deshalb einen Arzt aufzusuchen. Besonders in der Partnerschaft kann chronischer Ausfluß Frauen hemmen.

Ausfluß und Vaginalsekrete sind aber auch normal. Beim Eisprung bildet sich ein durchsichtiger Schleim, der sich wie ein Faden ziehen läßt. Bei sexueller Erregung wird im Genitalbereich vermehrt Feuchtigkeit und Flüssigkeit produziert und abgesondert, die normalerweise klar ist. Jede Vagina hat ihren ganz persönlichen Duft.

Ausfluß und Juckreiz können ganz verschiedene Ursachen haben, zum Beispiel mangelhafte Hygiene, Empfindlichkeit gegenüber synthetischen Stoffen oder Badezusätzen, die Reizungen auslösen, auch wenn diese Zusätze als »natürlich« bezeichnet werden, Medikamente sowie bestimmte Damenbinden und Tampons. Außerdem kann es zum Ausfluß kommen aufgrund bestimmter emotionaler Zustände oder auch bei Organschwäche. Einige dieser Faktoren möchte ich jetzt behandeln.

Hygiene

Ausfluß kann auch aufgrund mangelnder Hygiene entstehen. Viele Frauen waschen ihre Vagina nur äußerlich. Das ist ungefähr so, wie wenn wir uns nur die Lippen waschen, ohne jemals den Mund zu spülen oder die Zähne zu putzen. Regelmäßige Vaginalduschen zum Beispiel mit etwas Essig (benutzen Sie natürlichen Apfelessig ohne Konservierungsmittel) oder mit Meersalz sind einfache Maßnahmen, die Vagina sauberzuhalten. In jedem Fall sollte bei der morgendlichen Dusche die Vagina nicht vergessen werden. Verwenden Sie pH-neutrale Seife, welche die Vaginalschleimhäute nicht reizt.

Zusätze

Viele Frauen sind überempfindlich gegen synthetische Unterwäsche, Bade- und Duschzusätze oder Waschmittel; auch auf natürliche Produkte wie zum Beispiel Pflanzenessenzen kann eine Reaktion entstehen. Damenbinden und Tampons können durch Bleichstoffe, die darin enthalten sind, ebenfalls Reizungen verursachen. In Naturkostläden und Reformhäusern sind ungebleichte Binden erhältlich. Auch Kondome können bei sehr empfindlichen

Frauen Irritationen auslösen, besonders solche, die mit Gleitcremes versehen sind. Das in Gleitcremes oft verwendete Konservierungsmittel kann leichte allergische Reaktionen auslösen. Es gibt aber auch natürliche Gleitcremes ohne diese Konservierungsmittel; lassen Sie sich in der Apotheke beraten.

Medikamente

Medikamentöse Behandlungen können die Ursache für eine wiederum zu trockene Vagina sein. Mögliche Folgen: leichteres Eindringen von Krankheitserregern oder schmerzhafter Geschlechtsverkehr - um nur zwei Beispiele zu nennen. Psychopharmaka, besonders Antidepressiva trocknen die Schleimhäute aus; Behandlungen mit Antibiotika schwächen die Vaginalflora ebenfalls. Deshalb werden schon von vielen Ärzten zusätzlich zu einer Antibiotikabehandlung Vaginaltabletten verschrieben, die die Vaginalflora erhalten sollen, um Beschwerden vorzubeugen.

Charakter und Ausfluß

Falls Sie unter Ausfluß leiden, fangen Sie an, ihn genauer zu beobachten. Untersuchen Sie ihn auf Menge, Farbe, Konsistenz und Geruch. Nachfolgend ein paar Anhaltspunkte zur Beurteilung.

Farbe: Weißer Ausfluß deutet auf Kälte hin und entsteht häufig aus einer Milz- oder Nierenschwäche. Es kann sich aber auch um eine Erkältung handeln, durch kaltes Wetter oder Wasser. Gelber Ausfluß weist meist auf eine feuchte Hitze im Unterkörper hin oder auf toxische Hitze mit Feuchtigkeit, zum Beispiel Trichomonaden. Grünlicher Ausfluß deutet auf eine feuchte Hitze im Lebermeridian hin.

Konsistenz: Wäßriger Ausfluß kommt bei Kälte und Feuchtigkeit vor, dicker Ausfluß (der ideale Nährboden für Pilze und Bakterien) bei Hitze und Feuchtigkeit.

Geruch: Fischiger Geruch kommt bei feuchter Kälte vor, ein ledriger Geruch bei feuchter Hitze.

Da es sich bei Ausfluß oft um eine Entzündung, eine Pilzerkrankung oder einen Infekt handelt, ist es in jedem Falle besser, sich und seinen Partner erst einmal gründlich untersuchen zu lassen.

Es gibt immer mehr Frauenärztinnen, die noch zusätzlich in alternativer Medizin ausgebildet sind, wie zum Beispiel in chinesischer Heilkunde oder in Homöopathie, und die auch sanfte Heilmethoden anwenden. Aber trotz einer immer stärkeren Entwicklung hin zur »sanften Medizin« müssen manche Beschwerden trotzdem mit herkömmlichen Methoden behandelt werden. Jede Art von Behandlung aber können Sie selbst durch die Organübungen und das Beckenboden-Training unterstützen.

Yin- und Yang-Zustände

Die folgenden Gegensatzpaare bezeichnen Yin- und Yang-Zustände des Körpers. Yin-Zustände haben meist mit Leere oder Kälte zu tun, bei Yang-Zuständen handelt es sich eher um Fülle und Wärme.

Yin-Anzeichen	**Yang-Anzeichen**
energielos	energetisch
Müdigkeit	Ruhelosigkeit
introvertiert	extrovertiert
leise Stimme	laute Stimme
schwache und flache Atmung	tiefe, eventuell laute Atmung
wenig Appetit	guter Appetit
blaß	rot
feuchte Haut	trockene Haut
kalter Körper	warmer Körper
Abneigung gegen Kälte	Abneigung gegen Wärme und Druck
kein Durst	Durst
Abneigung gegen Getränke	Lust auf kühle Getränke

Durchfall	Verstopfung
geblähter Bauch	Magenbrennen und brennender Stuhl
viel und heller Urin	wenig und dunkler Urin
Ödeme	Entzündungen
Schlappheit	Krämpfe
langer Zyklus	kurzer Zyklus
leer	voll
tief	oberflächlich
mangelnde Libido	starkes sexuelles Verlangen
Ausatmung	Einatmung
dick	dünn
langsame Bewegung	schnelle Bewegung
Unterkörper	Oberkörper
Blut	Energie
chronische Erkrankung	akute Erkrankung
feuchte Haut	trockene Haut

Schmerzen im Yin- und Yang-Zusammenhang

Auch Schmerzen kann man nach Yin und Yang unterscheiden:

Yin	**Yang**
chronisch	akut
diffus	lokal
dumpf	scharf
tief	oberflächlich

Verschlimmerung der Schmerzen entsprechend der Yin- oder Yang-Zustände:

Yin	**Yang**
in der Nacht	am Tage
durch Ruhe	durch Bewegung
durch Kälte	durch Hitze

Verbesserung der Schmerzen entsprechend der Yin- oder Yang-Zustände:

Yin	**Yang**
durch Bewegung	durch Ruhe
am Tag	in der Nacht
durch Hitze	durch Kälte

Kopfschmerzen und ihre Bedeutung:

- o Kopfschmerzen tagsüber: Chi- oder Yang-Mangel;
- o Kopfschmerzen abends: Blut- oder Yin-Mangel;
- o Kopfschmerzen am Nacken: meistens Erkältung oder Grippe;
- o Kopfschmerzen in der Stirn: Magenhitze oder Blutmangel;
- o Kopfschmerzen an den Schläfen: Leber- oder Gallenblasenschwäche;
- o Kopfschmerzen am Scheitelpunkt: Leberschwäche;
- o Kopfschmerzen am ganzen Kopf: Erkältung;
- o Kopfschmerzen mit dumpfem Schweregefühl: Feuchtigkeit oder Schleim;
- o Kopfschmerzen tief im Kopf und hinter den Augen: Nierenschwäche;
- o Kopfschmerzen mit Spannungsgefühl, stark pulsierend: Leberfülle;
- o Kopfschmerzen, die stechend und bohrend sind: Blutstau;
- o Kopfschmerzen, die sich durch Kälte verschlimmern: Yin-Muster;
- o Kopfschmerzen, die sich durch Wärme verschlimmern: Yang-Muster.

Schwitzen

Auch die Art und Weise, wie wir schwitzen, läßt einen Rückschluß darauf zu, ob der Körper an einem Yin- oder einem Yang-Mangel leidet beziehungsweise welchc Organe geschwächt sind.

- o Schwitzen am Tag: Yang-Mangel;

- o Schwitzen in der Nacht: Yin-Mangel, in seltenen Fällen auch feuchte Hitze;
- o Schwitzen am Kopf: feuchte Hitze, besonders im Magen;
- o Schwitzen an Armen und Beinen: Magen- und Milz-Schwäche;
- o Schwitzen nur an den Händen oder am ganzen Körper: Lungenschwäche, Nervosität;
- o Schwitzen an Handflächen und Fußsohlen: Yin-Mangel.

Schlaf

Wie schon erwähnt, wird der Geist (Shen) vom Blut und vom Yin beherbergt. Ohne Blut und Yin hat der Geist kein Zuhause und irrt besonders in der Nacht ziellos umher; daraus entstehen Schlafstörungen. Nicht alle Schlafprobleme sind jedoch gleich. Hier einige Hinweise:

- o Schwierigkeiten beim Einschlafen deuten auf eine Herz- und Blutschwäche hin.
- o Menschen, die nicht durchschlafen können und immer wieder aufwachen, leiden häufig unter einer Nierenschwäche.
- o Menschen, deren Nachtruhe von Träumen gestört wird, haben oft zu viel Hitze in Leber oder Herz.
- o Ein unruhiger Schlaf ist oft ernährungsbedingt, zum Beispiel durch schwerverdauliche Speisen, Fleisch, stark gewürzte oder gebratene Nahrung. Auch Alkohol kann einen unruhigen Schlaf bewirken.
- o Sehr frühes Aufwachen (um dann wieder weiterzuschlafen) wird oft von einer Gallenblasenschwäche oder einer Ansammlung von Schleim oder Feuchtigkeit verursacht.
- o Müdigkeit nach dem Essen wird durch eine Milzschwäche hervorgerufen.
- o Ein Trägheitsgefühl deutet auf eine Wasseransammlung oder eine Verschleimung des Körpers hin, oft in Verbindung mit Kälte.

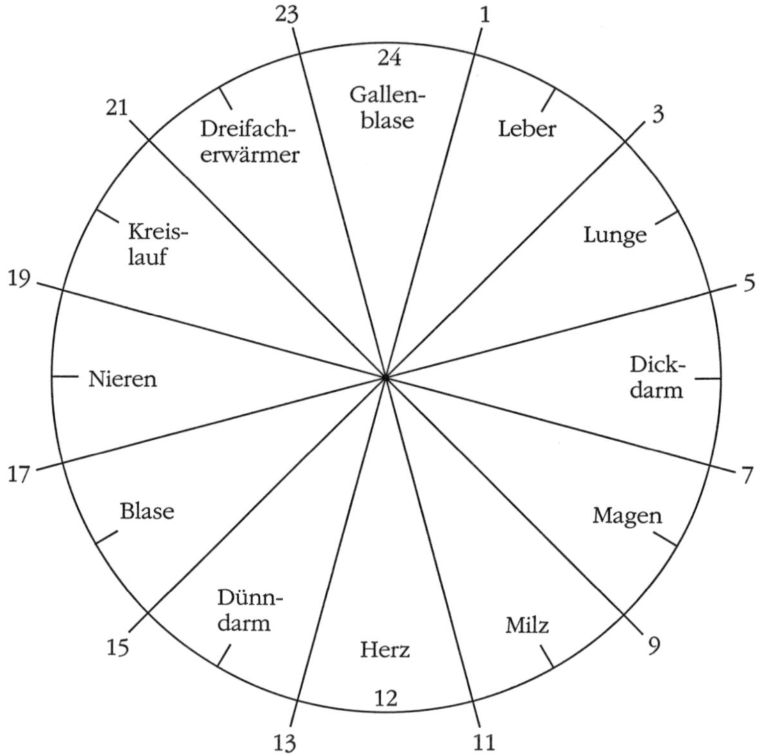

59. Die Organuhr

Die Organzeit

Jedes Organ hat eine aktive Phase, das ist die sogenannte Pluszeit. Dann werden Fülle-Zustände wie Hitze, Feuchtigkeit oder Schleimsymptome verstärkt. In der Pluszeit findet auch die stärkste Entgiftung statt.

Die Minuszeit liegt der Pluszeit gegenüber. In der Minuszeit kommen Schwächen der Organe zum Ausdruck. Es ist zum Beispiel bezeichnend, daß fast alle Patienten mit Leberproblemen, seien sie durch Alkohol, Gelbsucht oder andere Ursachen bedingt, gegen zwei Uhr nachts aufwachen. Übungen und Behandlungen wären am wirkungsvollsten, wenn sie während der betreffenden Organzeiten gemacht werden – leider ist das selten möglich.

6. Das Tao der Emotionen

Die Macht der Gefühle

Gefühle stellen in unserem Leben mehr oder weniger das Barometer für Lebensqualität und Wohlbefinden dar. Der Kontakt zu sich selbst, sich - nur zum Beispiel - wohl, gesund, erotisch, stark oder akzeptiert zu fühlen, sind oft Hauptkriterien für Lebensgestaltung und Lebensintensität.

Gefühle können auch so stark dominieren, daß Beziehungen, Arbeit und Wohnsituation dadurch nicht nur mitbestimmt, sondern auch regiert werden. Bei uns in der westlichen Welt werden Gefühlsleben und persönliche Empfindungen im Gegensatz zu östlichen Kulturen als viel wichtiger bewertet. Gefühle zu verstehen und zu ergründen, sie auszudrücken und mitzuteilen, könnte in der westlichen Welt manchmal fast als ein Gesellschaftsspiel betrachtet werden. Was wird nicht alles getan, um sich gut zu fühlen: Viel Geld wird dafür ausgegeben, unzählige Situationen werden kreiert, andere Menschen versucht man einzuschränken oder zu manipulieren und so weiter.

Die Frage ist nur: Tun wir all das, um uns wirklich gut zu fühlen - oder wollen wir damit einfach verhindern, in direkten Kontkat mit »negativen« Gefühlen zu kommen, oder überhaupt Situationen vermeiden, die uns mit der unbewußten Schattenseite konfrontieren?

Was geschieht mit unangenehmen Gefühlen, wo haben sie ihren Platz, was machen wir damit? Leider haben wir meistens nicht gelernt, mit negativen Gefühlen richtig umzugehen. So werden wir sehr oft von unseren eigenen Gefühlen oder denen unserer Mitmenschen bestimmt, manipuliert oder dominiert, oft ohne zu wissen, wie manches Verhalten zustande kommt.

Das Tao hilft uns, ein neues Verständnis für die Gefühle zu entwickeln, Verantwortung dafür zu übernehmen, mit unangenehmen

Situationen umzugehen und bereits entstandene, negative Gefühle gar nicht erst herunterzuschlucken.

Im Tao werden die Gefühle auch nicht überbewertet. Die Gefühlswelt ist nur ein Teil des Ganzen. Im Tao unterscheiden wir Gefühle von Emotionen. Gefühle sind zum Fühlen, zum Leben, zum Verarbeiten da.

Bei Emotionen handelt es sich um Gefühle, die irgendwann einmal unterdrückt wurden, also um Gefühle, die unverarbeitet ins Unterbewußte verdrängt worden sind. Ein bestimmtes Ereignis, Menschen, Streßsituationen und andere Begebenheiten können uns, meist unverhofft, wieder in Kontakt mit diesen alten Gefühlen bringen. Wir haben dann erneut die Möglichkeit, den alten Schmerz, die alte Wut, den gestauten Frust oder was sonst an die Oberfläche getragen wird, als Hinweis zu betrachten und uns zu bemühen, noch mehr in der Ganzheit zu leben und noch mehr zu zentrieren und zu heilen.

Unbewußte Gefühle und Emotionen kosten uns enorm viel Lebenskraft. Gefühle abzuwürgen benötigt Energie, die wir kreativer nutzen könnten. Bei der Entstehung von Krankheiten sind Emotionen meist beteiligt. Daß Menschen unglücklich und unzufrieden sind, steht auch im Zusammenhang damit, daß wir uns zu stark mit unseren Emotionen und Gefühlen identifizieren.

Daß wir Emotionen und Gefühle mit Menschen und Situationen verknüpfen, hindert uns oft daran, die Verantwortung dafür zu übernehmen und das Kraftpotential der negativen Emotionen zu nutzen, indem wir diese in Lebenskraft umwandeln.

Gefühle sind zum Fühlen da. Sich gesund fühlen heißt, das Gefühl für uns zu entwickeln, das wir brauchen, um uns gut zu fühlen. Die Gefühle sind ein Schlüssel zur Gesundheit. Leider ist die gesunde Art zu fühlen mit alten unerledigten, ungefühlten Emotionen vermischt, so daß wir uns erst einmal von diesem Ballast befreien müssen, um die natürliche Fähigkeit des Fühlens wiederzuerlangen.

Frauen und Gefühle

Für uns Frauen sind Gefühle, Stimmungen und Empfindungen von großer Bedeutung. Erinnern wir uns an die Yin- und Yang-Zuordnungen am Anfang des Buches. Gefühle werden dort als Yin-Eigenschaft aufgeführt, rationales Denken als Yang-Eigenschaft. Das bedeutet nicht, daß Frauen nur fühlen und Männer nur denken. Es geht nicht darum, ob wir die Fähigkeit besitzen zu denken, wie intelligent wir sind, wie empfindsam oder tiefgründig jemand ist, sondern darum, in welchem Bereich wir mehr zu Hause sind. Frauen sind durch ihre Yin-Betonung im Gefühlsbereich mehr zu Hause und können sich dadurch auch unbeschwerter und natürlicher auf diesen Bereich einlassen.

Gefühle zulassen und ausdrücken sowie Stimmungen und Gefühle von anderen Menschen wahrnehmen zu können ist sozusagen eine natürliche Gabe von Frauen. Ich persönlich kenne keine, welche die Gabe der Empfindung nicht hätte. Bei vielen Frauen sind Gefühle und Empfindung jedoch zum Beispiel durch traumatische Erlebnisse wie Übergriffe und Mißhandlungen körperlicher, emotionaler oder psychischer Art, eine sehr leistungsbetonte Erziehung (wenn Kinder ausschließlich auf der rationalen Ebene gefördert werden und nicht auch auf der emotionalen), durch belastende Beziehungen oder Existenzkämpfe verschüttet oder abgespalten worden.

Es stellt sich die Frage, wie wir wieder in Kontakt mit dieser Fähigkeit gelangen und lernen, mit Gefühlen und Sensibilität umzugehen, damit diese im Alltag wiederaufleben können. Schauen Sie einmal genau hin, wie Sie mit Ihren Gefühlen umgehen.

Hierzu ein paar Fragen, die Sie sich stellen können, um den Ist-Zustand besser zu erfassen.

- Wie ist Ihr Zugang zu Ihren Gefühlen?
- Können Sie Gefühle empfinden oder sich Gefühlen hingeben?
- Haben Sie Angst vor Ihren Gefühlen?
- Teilen Sie Ihre Gefühle mit beziehungsweise drücken Sie sie aus?

- Verbergen Sie Ihre Gefühle – verheimlichen Sie sie?
- Was sind Ihre Abspaltungsmuster im Zusammenhang mit Ihren Gefühlen?
- Verwirren Sie Ihre Gefühle?
- Welches Gefühl ist Ihnen am nächsten?

Gehen Sie die Fragen zweimal durch. Zunächst untersuchen Sie Ihren Umgang mit positiven Gefühlen, beim zweiten Durchgang erforschen Sie Ihren Umgang mit negativen Gefühlen. Im Alltag können Sie Ihre Beobachtungen vertiefen. Achten Sie auf Ihre persönlichen Abspaltungsmuster in bezug auf Ihre Gefühle. Was passiert, wenn sich Gefühle bemerkbar machen? Bleiben Sie in der Ganzheit? Oder welchen Teil trennen oder spalten Sie ab: die Klarheit, den Kopf, das Herz, den Körper oder das Gefühl selbst? Welchen Teil müssen Sie bewußt stärken, um in der Ganzheit zu bleiben beziehungsweise in die Ganzheit zurückzukehren, und welche Ebenen müssen Sie noch besser miteinander verbinden?

Frauen, die Angst haben, ihre eigene Kraft und Stärke zuzulassen, verlieren sich oft in diffusen Gefühlszuständen und lullen sich in den Gefühlen richtig ein. Das ist ein unbewußtes Ausweichmanöver, weil man nicht klar ausdrücken kann, was man wie fühlt, denkt oder nicht will. Viele Frauen haben große Angst, diesen Gefühlsbereich zu verlassen, weil sie sich hier am meisten zu Hause und auch wohl und geborgen fühlen. Diesen Frauen ist von Therapieformen und Selbsterfahrungstechniken, die den Gefühlsbereich noch mehr betonen, abzuraten. Um diese Zustände auszugleichen, ist es wichtig, sich auch auf die geistige Bewußtseinsebene einzulassen. Nur so ist es möglich, Klarheit zu entwickeln und sich neuen Dimensionen zu öffnen.

Gefühle und die fünf Elemente

Das taoistische Verständnis von Gefühlen und Emotionen unterscheidet sich ganz grundsätzlich von unseren westlichen Ansichten und Ideen. Jedes Gefühl wird einem bestimmten Element und

Organ zugeordnet. So werden Gefühle in der chinesischen Medizin als diagnostisches Hilfsmittel eingesetzt und als Körpersprache verstanden.

Nehmen wir ein Beispiel: Sie sind eine Frau, die oft sehr traurig und deprimiert ist, Sie weinen viel, haben Angst vor der Zukunft und wenig Energie. Der westliche Arzt würde Ihnen vielleicht ein Antidepressivum verschreiben und Sie beim Psychiater oder Psychologen anmelden. Diese würden mit Ihnen im Gespräch versuchen, die Ursache der Trauer zu finden. Gemeinsam suchen Sie nach traurigen Situationen und Erlebnissen und graben die Seele immer weiter um nach noch mehr Trauer und Schmerz. Im Gespräch wird auch versucht, eine Problem- oder Krankheitseinsicht zu erarbeiten. Mit Hilfe der Psychologie versuchen Sie, Logik in Ihr Gefühlsleben zu bringen und die Gefühle zu verstehen.

Im Taoismus und in der chinesischen Medizin wird Trauer als Schwäche der Lunge, des Metallelements, angesehen. So wird in der Behandlung als erstes mit Akupunktur und einer gezielten Kräutertherapie die Lunge gestärkt. In der Selbstheilung wird die Lunge gereinigt und gestärkt – mit den heilenden Lauten, mit dem goldenen Licht und dem inneren Lächeln.

Jedes Gefühl gilt als ein *Hinweis auf eine Organschwäche* oder eine körperliche Disharmonie. Je schwächer die Lunge ist, desto mehr Traurigkeit entsteht, je mehr Tränen fließen, desto schwächer werden die Lungen.

In der nachfolgenden Tabelle »Psychologie der fünf Wandlungen« (nach Claude Diolosa) sind die Zugehörigkeiten von Organen und Gefühlen zu den verschiedenen Elementen mit ihren Yin- und Yang-Eigenschaften ablesbar.

Wie können Sie die Zugehörigkeiten verstehen? Negative Eigenschaften können eine Organschwäche auslösen oder Ausdruck einer Organdisharmonie sein. Wenn ein Organ zum Beispiel zuviel Hitze hat oder sich durch ein Zuviel von etwas dort ein Stau bildet, kann sich das in einer Yang-Emotion auswirken. Positive Eigenschaften können Ausdruck einer Stärke des betreffenden Organs sein.

Psychologie der fünf Wandlungen

Element	**Holz**	**Feuer**
Organe	Leber Gallenblase	Herz Dünndarm
Positive Eigenschaft	kreativ	schöpferisch
Tugenden	Freundlichkeit	Respekt, Ehre
Emotions-kategorien der TCM[1]	Zorn	Begierde, Schock
Positive Yin-Emotionen	anpassungsfähig tolerant verständnisvoll kreativ	geistige Klarheit Geistesruhe friedvoll
Postive Yang-Emotionen	kreativ intuitiv phantasievoll unternehmungs-lustig schöpferisch	begeistert wißbegierig optimistisch neugierig
Negative Yin-Emotionen	Frustration Depression Melancholie Nostalgie	Trauer
Negative Yang-Emotionen	Zorn Eifersucht Ungeduld launisch	Zeitdruck Begierde Hysterie Verwirrtheit Wahnsinn

[1] TCM = traditionelle chinesische Medizin

Erde	**Metall**	**Wasser**
Milz Magen	Lunge Dickdarm	Nieren Blase
anständig	zuverlässig	weise
Ausgeglichenheit Aufrichtigkeit Ehrlichkeit	Rechtschaffenheit	Sanftheit
Grübeln Sorgen über die Zukunft	Trauer	Angst
selbstbewußt vernünftig selbstlos aufrichtig	Mitgefühl Gerechtigkeit charismatisch	weise anziehend
fürsorglich hilfsbereit unterstützend	altruistisch selbstlos großzügig	willensstark entschieden furchtlos
Grübeln Nachdenken über die Vergangenheit	Sorgen über die Zukunft	Angst Minderwertigkeitskomplex Pessimismus
Besessenheitsdenken Fanatismus Nachdenken über die Zukunft	egoistisch süchtig	machtsüchtig herrschsüchtig herrisch abergläubisch paranoid

Die energetische Wirkung der Gefühle

Aus der vorne aufgeführten Tabelle können Sie ersehen, daß Emotionen den verschiedenen Elementen zugeordnet sind, aber auch nach Yin- und Yang-Eigenschaften beurteilt werden.

Yang-Gefühle sind intensiv, meist eher kurzlebig und extrovertiert. Yang-Gefühle und -Emotionen erzeugen Hitze und erhöhen so kurzfristig das Chi und das Yang. Auf die Dauer verdampft Hitze und Wasser, die Yin-Anteile, Blut und Säfte, werden durch heftige Emotionen geschwächt.

Yin-Gefühle sind vom Charakter her eher chronisch, permanent und innerlich. Yin-Gefühle, wie sich zu sorgen, Grübeln, Angst, Traurigkeit und Depressionen, können zu Stagnationen von Chi und Blut führen, langfristig können Entzündungen oder innere Hitze entstehen.

Die meisten Gefühle lösen bei längerem Bestehen inneres Feuer und Hitze aus. Daraus können folgende Symptome entstehen: Unruhe, Schlafprobleme, Durst, Hautausschläge und so weiter.

Die traditionelle chinesische Medizin (TCM) unterteilt Emotionen nach sechs bis sieben Kategorien, die wir aber nicht zu eng sehen sollten. Diese Einstellung dient vor allem dazu, die *energetische Wirkung der verschiedenen Gefühlszustände* in uns selber etwas genauer zu betrachten, um diese dann besser ausgleichen zu können.

- *Zorn* veranlaßt das Chi, nach oben zu fließen, und schwächt und strapaziert dadurch die Leber.
- *Freude* macht friedlich und entspannt, und dadurch verlangsamt sich der Chi-Fluß; zuviel Freude schwächt das Herz.
- *Grübeln und Sorge* verknoten und verwirren das Chi – das schwächt die Milz.
- *Traurigkeit* zersetzt das Chi und schwächt die Lungen.
- *Angst* zieht das Chi nach unten und läßt es absteigen; das schwächt die Nieren.
- Ein *Schock* zerstreut das Chi und löst es auf; dies schwächt Herz und Nieren.

Gefühle sind zum Fühlen da

Was macht den Umgang mit Emotionen so schwierig? Wieso schieben wir anderen Menschen die Schuld für unsere Gefühle zu und übergeben damit die Verantwortung – oder fühlen uns für die Gefühle von anderen Menschen zuständig? Es ist vor allem die Unfähigkeit, mit Gefühlen umzugehen, diese zuzulassen und zu spüren.

Damit sich ein Mensch entwickeln kann, muß er auch auf der Gefühlsebene bestimmte innere Heilprozesse durchleben. Aus negativen Erfahrungen in der Kindheit zum Beispiel oder aus einer alten Angst vor Schmerz oder Verletzung erlauben sich viele Menschen auch im Erwachsenenalter nicht, sich auf tiefe Gefühle einzulassen. So bleiben sie in unerledigten und unverdauten Gefühlen stecken. Diese unbewußten Gefühle sind wie Giftstoffe, die den ganzen Organismus, jede Zelle im Körper, chemisch verändern und prägen.

Solange wir den eigenen Gefühlen ausweichen, werden wir nie die Möglichkeit haben, diese umzuwandeln, zu transformieren und uns zu heilen. Gefühle und Emotionen sind immer ein Fingerzeig nach innen. Wenn wir diesen Wink wahrnehmen, können wir sehen, wo wir noch verwundet sind, wo unsere Denk- und Verhaltensmuster zu eng sind und erweitert werden sollten oder wo in unserem Leben eine Veränderung notwendig ist. So ist Eifersucht zum Beispiel nicht als Gradmesser oder Beweis unserer Liebe zu betrachten, sondern als Barometer für die eigene Unsicherheit.

Es gibt verschiedene Verhaltensmuster, den eigenen Gefühlen auszuweichen:

- Gefühle unterdrücken, abspalten.
- Situationen vermeiden, die uns in Kontakt mit Gefühlen bringen könnten.
- Gefühle oder Emotionen loswerden durch:
  - sportliche Betätigung;
  - Sexualität als Instrument, um gestaute und unterdrückte Emotionen loszuwerden (häufiger bei Männern zu finden);

- Schuldzuweisungen oder Vorwürfe einem anderen Mitmenschen anhängen beziehungsweise ihm ein schlechtes Gewissen machen;
- Gefühle rauslassen, um sich zu entlasten, also Schreien, Fluchen oder ähnliches.

o Reden ist oft eine Methode, um nicht zu fühlen.
o Drogen, Alkohol, Tablettenkonsum.
o Eß- und Magersucht.
o Alleinsein und innerer Ruhe aus dem Weg gehen.
o Sich ständig beschäftigen (Workaholic).
o Sich mit den Gefühlen anderer Menschen auseinandersetzen (Helfersyndrom).
o In einem Lähmungszustand oder Ohnmachtszustand flüchten (Opferrolle).

Wie gehen Sie mit Ihren Gefühlen um? Jeder Mann und jede Frau hat aus Selbstschutz einen eigenen Mechanismus aufgebaut. Dieses Muster kann erst aufgelöst werden, wenn wir eine Möglichkeit finden, mit den Gefühlen umzugehen und lernen, alte Gefühle zu heilen. Die aufgeführten Muster können Ihnen eine Hilfe sein, um Ihre Gefühle in einer neuen Perspektive zu sehen. Der nächste Schritt ist dann, Gefühle gegenüber Menschen und gegenüber Objekten zu trennen; dadurch bekommen Sie einen Zugang zu Ihrem Gefühl und können es umwandeln, um sich selbst zu stärken, anstatt sich durch unbewußtes Handeln noch mehr zu schwächen.

Negative Gefühle und Emotionen haben oft eine gröbere Energie als die körpereigene Energiefrequenz. Emotionen erzeugen auch innere Hitze. Deshalb müssen Emotionen verfeinert und energetisch ausgeglichen werden, um dem Körper nicht zu schaden. So wird es auch möglich, negative Emotionen in Lebenskraft umzuwandeln.

Transformation der Gefühle

Transformation bedeutet umwandeln, verfeinern oder verändern. Transformation ist einem Recyclingprozeß gleichzusetzen. Oder stellen Sie sich einen Komposthaufen vor, wo Ihr Abfall in Dünger umgewandelt wird. So ist es auch mit den Gefühlen. Negative Emotionen können wir als Abfallprodukte betrachten, die genauso wie andere Abfallprodukte entsorgt werden müssen. Wenn wir diesen Müll einfach rausschmeißen, ist das reine Umweltverschmutzung.

Die Taoisten gehen davon aus, daß gewisse Geisteskrankheiten entstehen, weil sensible Menschen unbewußt diese emotionalen Abfälle, diese negativen Schwingungen von anderen Menschen aufnehmen. In Großstädten werden durch anhaltende Hektik und zum Teil unmenschliche Arbeits- und Wohnverhältnisse die negativen Schwingungen durch emotionale Verschmutzung immer größer und größer. So wundert es nicht, daß immer mehr Menschen »durchdrehen« und die negativen Gefühle sich zunehmend multiplizieren.

Die *Transformation der negativen Gefühle* findet auf verschiedenen Ebenen statt. Die einzelnen Schritte für diese Umwandlung lauten:

1. Sich des Gefühls bewußt werden.
2. Die Bereitschaft entwickeln, das Gefühl und nicht die Situation verändern zu wollen.
3. Das Gefühl von der Situation und dem Objekt, durch die/das es ausgelöst wurde, trennen.
4. Das Gefühl als Energie wahrnehmen.

Bewußtsein, Liebe des Herzens, das goldene Licht des Himmels und die Kraft der Stille machen es möglich, Gefühle zu transformieren. Die Übung des inneren Lächelns ist ein sehr wirksames Hilfsmittel, um in Kontakt mit diesen heilsamen Qualitäten zu kommen und sie zu kultivieren.

Experimentieren Sie mit den folgenden Übungen, damit Sie für sich ein Rezept entwickeln, Ihren »Abfall« selbst zu beseitigen und in Lebenskraft, Licht und Liebe umzuwandeln. Nur so können wir die destruktiven »Schlammschlachten« der Emotionen durchbrechen.

Durch Haß, Streit und Kriege werden immer noch mehr negative Emotionen ausgelöst, und alle erwarten vom anderen ein Signal, aus diesem häßlichen Spiel auszusteigen. Aber wenn wir das jetzt nicht selbst tun, wer dann und wann?

Meine und deine Gefühle

Transformation negativer Gefühle:

- Lächeln Sie auch dann direkt in ein negatives Gefühl hinein, wenn Ihnen gar nicht nach Lächeln zumute ist.
- Verbinden Sie sich dazu durch das dritte Auge mit dem goldenen Licht und lassen Sie diese Kraft direkt zu diesem negativen Gefühl fließen.
- Füllen Sie Ihren ganzen Körper damit auf.

Ableitung von Fremdeinflüssen

- Stellen Sie sich bewußt hin, um sich zu erden.
- Lassen Sie dann Gefühle, Einflüsse oder Kräfte, die Ihnen fremdartig oder unangenehm vorkommen und die auf jeden Fall unerwünscht sind, mit der Ausatmung und der Reinigungsatmung durch die Füße in die Erde fließen.

Übung zum Organschutz

Diese Übung dient dazu, daß sich negative Gefühle gar nicht erst ausbreiten, unabhängig davon, ob es sich um eigene, innere oder um fremde, äußere Emotionen handelt.

- Bei Wut schützen Sie Ihre Leber mit dem Sch-Laut.
- Bei Unruhe und Ungeduld schützen Sie Ihr Herz mit dem Hauchlaut.

- o Bei Unkonzentriertheit schützen Sie Ihre Milz mit dem Fauchlaut.
- o Bei Traurigkeit schützen Sie Ihre Lungen mit dem Sssss-Laut.
- o Bei Angst und Unsicherheit schützen Sie Ihre Nieren mit dem Blaslaut.
- o Senden Sie gleichzeitig das innere Lächeln in das betreffende Organ.

Inneres Recycling

Hier werden negative Emotionen in Lebenskraft umgewandelt.

- o Sie lassen alle Emotionen in Ihre Mitte laufen und sammeln sie dort ein wie in einem Kochtopf.
- o Dann kreisen Sie darin mit Ihrer Aufmerksamkeit so lange, bis es schön warm wird. In dieser Wärme können Sie alle Energien mit dem inneren Lächeln miteinander verschmelzen und reinigen.
- o Die Mitte ist wie ein Komposthaufen, wo Abfallprodukte in Lebenskraft umgewandelt werden.

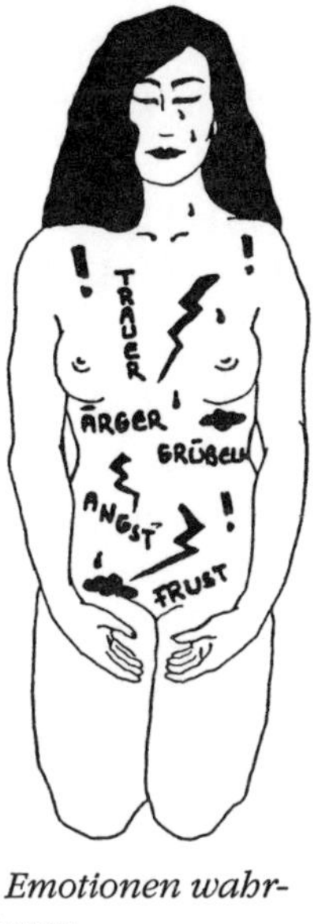

60. Emotionen wahrnehmen

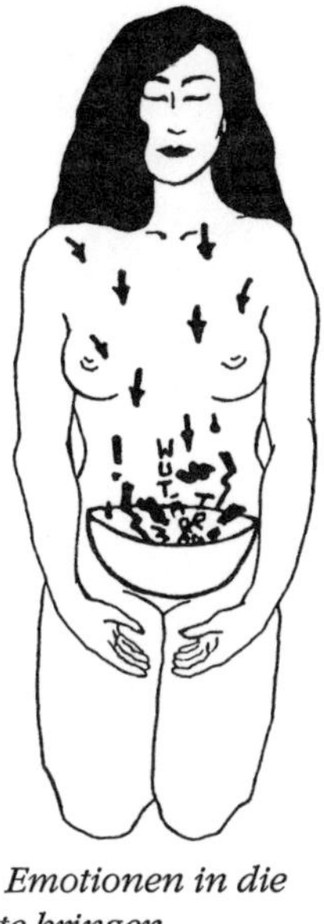

61. Emotionen in die Mitte bringen

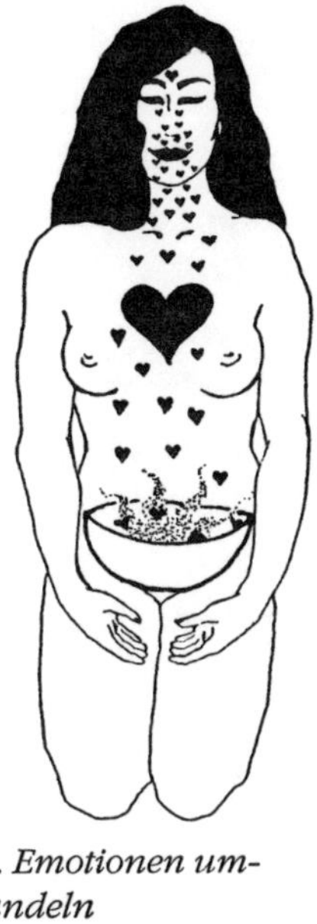

62. Emotionen umwandeln

7. Das Tao der Sexualität

Die natürliche Sexualität

Die Sexualkraft ist die Basis für Kreativität, Gesundheit, Vitalität und sogar für Spiritualität, wie die Taoisten meinen. Das Hauptanliegen des Tao der Sexualität besteht in der Heilung, Vermehrung und Transformation dieser starken Energie. Frauen lernen, die Energie und Kraft aus den Eierstöcken freizusetzen, Männer die Samenkraft, um sie jeweils bewußt in den Körper zu leiten. Auf diese Weise wird ein innerer Selbstheilungsprozeß eingeleitet.

Um die Sexualkraft aber bewußt lenken und nutzen zu können, sie zu bewahren und zu verfeinern, ist es notwendig, das Wesen der Sexualität zu verstehen; das bedeutet, die eigene Sexualität mit ihren verschiedenen Gesichtern zu erforschen und zu entdecken.

In der Öffentlichkeit ist Sexualität ein ständiges Thema. Besonders der weibliche Körper wird als Lustobjekt erfolgreich vermarktet und gilt als wirksamster Werbeträger schlechthin. Wunschdenken und Phantasien der Männer, raffinierte Werbekampagnen und die heute jedermann/-frau zugängliche Pornographie verbreiten ein Frauenbild, das sich zwar gut verkauft, das aber der *weiblichen Sexualität*, den Bedürfnissen und Wünschen der Frauen nicht unbedingt entspricht. Viele Frauen werden dadurch in ihrem sexuellen Verhalten und im Zulassen ihrer Gefühle sehr verunsichert.

Die eigene Sexualität ist nach wie vor ein Tabubereich, eine Grauzone, die mit vielen gemischten Gefühlen, Sehnsüchten, Schmerzen, negativen Erlebnissen, Schuldgefühlen und Mißverständnissen belastet ist, die den natürlichen Fluß der Sexualkraft erdrücken und blockieren können, auf der körperlichen, energetischen, emotionalen sowie psychischen Ebene. Wie es wirklich um die eigene Sexualität steht, ist ein gutgehütetes Geheimnis. In persönliche Sehnsüchte, Ängste und Konflikte werden oft weder der Partner noch die Freundin eingeweiht oder gar einbezogen.

Das Tao fordert uns auf, Eigenverantwortung auch im sexuellen Bereich zu übernehmen. Das bedeutet zu lernen, sich an der eigenen Sexualität, der eigenen Energie zu orientieren, diese zu heilen und zu entwickeln, und auch seine Gefühle und Vorlieben kennenzulernen sowie - nicht zuletzt - mit dem Partner zu kommunizieren.

Das Tao der Sexualität möchte Ihnen das Tor zu einer natürlichen Sexualität öffnen, damit die Sexualkraft in Fluß kommt und Ihnen als enorme Energiequelle jederzeit zur Verfügung steht.

Das Wesen der Sexualkraft

Traumatische Erlebnisse, Erziehung, religiöse Auflagen, Partnerschaft oder Einsamkeit, Unsicherheit und Emotionen im Bereich der Sexualität machen es oft unmöglich, die eigentliche Funktion der Sexualkraft zu erkennen. Die Fähigkeit, sich aus sich selbst heraus vermehren zu können, unterscheidet die Sexualkraft grundsätzlich von anderen Naturkräften und Energien. Diese biologische Eigenschaft beinhaltet eine ständig vorhandene Qualität, die besonders bei sexueller Erregung gut wahrgenommen werden kann. Man könnte diese Sexualkraft mit einem »Turbo« vergleichen.

Durch die Sexualität werden alle Gefühle, Energien, Absichten und auch Gedanken intensiviert. Durch die Sexualität wird das verstärkt, was bereits vorhanden ist. Diese Turbofunktion wird von den Taoisten zur Selbstheilung und zum spirituellen Wachstum genutzt, indem die Sexualkraft bewußt mit der Liebe und Stille des Herzens und den höheren Energiezentren verbunden wird.

Sie kann auf der energetischen Ebene mit Techniken wie dem kleinen Energiekreislauf unterstützt und eingeübt werden. Leider werden durch die Sexualkraft nicht nur die positiven Gefühle verstärkt, sondern auch alle irgendwann einmal ins Unbewußte verdrängten, unangenehmen Emotionen. Unverdaute und unverarbeitete Erlebnisse und Eindrücke werden intensiviert oder wieder aktiviert.

Das erklärt auch - ohne es jedoch zu entschuldigen! -, weshalb durch Sexualität so viel Grausamkeit, Gewalt und Destruktivität zum Ausdruck kommt. Um so wichtiger ist es, alte Wunden und Probleme zu heilen, Liebe und Stille zuzulassen und zu kultivieren, damit die Sexualkraft in Heilkraft und Lebenskraft verwandelt werden kann.

Die weibliche Sexualität

Die weibliche Sexualität manifestiert sich wie alle natürlichen Vorgänge im ewigen Wechselspiel von Yin und Yang. Die weibliche Energie entspricht mehr der Yin-Energie, und so entspringt auch die Sexualität der Frau mehr aus der Tiefe, aus dem Inneren und aus dem Gefühl.

Im Gegensatz zum Mann liegen bei der Frau die Geschlechtsorgane tief innen in den Schoß eingebettet. Sexualität hat für Frauen eine Qualität, die ganz natürlich aus der Ganzheit, der inneren Harmonie und der Gesundheit wächst und gedeiht. Die Fähigkeit zu empfangen ist ein weiterer Punkt, in dem sich die Sexualität der Frau grundlegend von der des Mannes unterscheidet.

Empfänglichkeit ist eine Eigenschaft, die sich nicht nur auf die biologische Ebene auf Fortpflanzung bezieht. Empfänglichkeit bedeutet, sich zu öffnen, um aufnehmen zu können. Das ist ein extrem verletzlicher Zustand, der von Frauen oft als sehr bedrohlich erlebt wird und Angst, Unsicherheit und Energieblockaden auslösen kann. So sind für Frauen Abgrenzung, Selbstschutz und Selbstheilung wichtige Voraussetzungen, um Sexualkraft und Sinnlichkeit zulassen und sich hingeben zu können.

Im alten China gehörte es zu den Aufgaben der Frau, die Künste des Schlafzimmers zu beherrschen – was im Klartext bedeutete, daß ihre Funktion darin bestand, den Mann zu erfreuen, und daß sie für die Lustempfindung des Mannes und die Dauer des Liebesspiels verantwortlich war. Dazu brauchte sie vor allem einen schönen und gesunden Körper, die Kenntnis diverser Liebestechniken und guttrainierte Geschlechtsorgane.

Wie sich die Frau selbst dabei fühlte und wie sie ihr eigenes Potential entwickelte, war kein Thema, dem große Bedeutung beigemessen wurde. Die Rolle der Frau bestand in der Unterstützung des Mannes, damit er seine Lebensaufgabe verwirklichen und seine innere Kraft entwickeln konnte - und eine wichtige Zutat bildete die nährende Yin-Kraft des weiblichen Körpers. Die durch den Geschlechtsverkehr freigesetzten Vaginalsekrete haben, wie die Taoisten früh herausfanden, eine hohe stärkende Wirkung auf den männlichen Körper.

Diese patriarchalische Rollenaufteilung gab es nicht nur damals in China - auch heute noch sind viele Kulturen von diesem frauenfeindlichen Modell geprägt. In der westlichen Welt haben die »sexuelle Revolution« und vor allem die Frauenbewegung viel dazu beigetragen, diese tief eingeprägten sexuellen Muster transparenter zu machen und in Frage zu stellen. Doch auch bei uns ist Sexualität vom männlichen Prinzip geprägt und beherrscht, und Frauen werden vielfach als Hilfsmittel zur Lustvermehrung eingesetzt und mißbraucht. Die Entwicklung der weiblichen Sexualität der Frau steht erst am Anfang. Noch heute wird in über zwanzig Ländern kleinen Mädchen die Klitoris unter grauenhaften Schmerzen herausgeschnitten... im zwanzigsten Jahrhundert!

Es existiert keine allgemeingültige gesellschaftliche Regelung zur Auflösung der weltweiten Unterdrückung von weiblicher Lust. Deshalb ist es besonders wichtig, sich persönlich darum zu bemühen, aus diesen eingefleischten Mechanismen herauszuwachsen und die eigene gefangene Weiblichkeit und Sexualität zu befreien.

Yin und Yang in der Sexualität

Eine erfüllte Sexualität zu haben verknüpfen die meisten Menschen mit einem anderen Menschen. Durch einen anderen Menschen ganz zu werden, das fehlende Stück zu ergänzen, sich durch einen anderen Menschen zu spüren und das Selbstvertrauen anhand der

Reaktionen und des Lustgewinns des Partners zu messen, ist ein tief eingeprägtes Verhaltensmuster auch bei uns Frauen. So entstehen viele Beziehungen aus Angst, Unsicherheit und Schwäche heraus.

Das Tao der Sexualität sucht das ständige Wechselspiel von Yin und Yang, innen wie außen. Eine wichtige Voraussetzung für eine erfüllte Sexualität ist, erst einmal seine Schwächen zu stärken. Das heißt für Frauen oft, zunächst den eigenen Yang-Anteil zu entwickeln, damit sie den verletzlichen Yin-Zustand überhaupt zulassen können. Die Eierübungen und Ovaratmung können diesen Prozeß energetisch unterstützen. Bewegung, Zentrierungsübungen und Selbständigkeit im Alltag stärken das Yang zusätzlich.

Ausgleich von Yin und Yang in der Sexualität bedeutet auch, Herz und Sexualkraft tief miteinander zu verbinden, so daß die Sexualorgane Ausdruck der Liebe und Ruhe des Herzens sind: Die Sexualkraft beflügelt das Herz, und das Herz gewinnt die Kraft, sich zu befreien.

Die Harmonie von Yin und Yang bedeutet auch, die beiden Gegensätze zu integrieren: Die in sich ruhende, kühlende Erde nimmt das erregende Feuer in sich auf. Feuer ist nötig, um das Wasser zu erhitzen und es zum Siedepunkt zu bringen. Zuviel Hitze verdampft das Wasser – der Körper trocknet aus und wird spröde; auch die Vagina wird trocken. Eine Yang-betonte Sexualität ist erregend, spannend, am Höhepunkt orientiert, heiß, oberflächlich, kurzlebig und drängt nach außen. Oft wird das Feuer durch innere Spannung und äußere Stimulation zu heiß und ist nicht mehr zu kontrollieren; das Feuer brennt alles nieder und wird destruktiv.

Die Yin-Kraft verwurzelt das Yang, so kann die Sexualität auch integriert und verinnerlicht werden. Eine Yin-Sexualität bedeutet, Gefühle, Ruhe, Tiefe zuzulassen und sich langsam zu bewegen; die Atmung ist dabei ruhig und weich. Die Harmonie von Yin und Yang meint, daß beide Aspekte integriert werden. Eine friedliche Erregung, eine absichtslose Absicht, tun, ohne zu tun.

Ein häufiges Problem heutzutage besteht darin, daß Männer durch den Arbeitsstreß körperlich zuwenig aktiv sind und zuwenig Feuer haben. Frauen sind durch schlechte Ernährung, Ängste und

Überbelastung oft körperlich unterkühlt, so daß das Feuer des Mannes dann nicht ausreicht, um das Wasser der Frau zu wärmen.

Oder dem Manne fehlt die innere Kraft, sein Feuer zu halten. Das heißt, daß der Geschlechtsverkehr oft schon nach ein paar Minuten endet, bevor die Frau überhaupt zu ihrer Erregung gekommen ist.

Das Tao lehrt Eigenverantwortung in der Sexualität. Das bedeutet, seinen Körper so auszugleichen und zu heilen, daß das Wasser innerlich nicht zu kalt ist. Durch Bewegung, Ernährung und Beckenboden-Training können die Geschlechtsorgane und der ganze Körper energetisiert werden; der Partner wird dann nicht unnötig mit Erwartungen überfordert, die nicht nur unmöglich zu erfüllen sind, sondern die Partnerschaft auch unnötig vergiften würden.

Lust, Erregung, Ekstase und Orgasmus

Immer noch haben sehr viele Frauen keinen Zugang zu ihrer Lust, erleben keine oder nicht genügend Erregung und haben noch nie einen Orgasmus erfahren. Was mich an dieser Tatsache immer wieder stark berührt, ist, daß Frauen sich nicht trauen, das ihren Partnern oder ihren Freundinnen mitzuteilen. Immer wieder kommen verzweifelte Frauen mit diesem Problem zu mir in die Sprechstunde und fühlen sich ratlos und allein mit der Meinung, sie seien frigide und hätten keine Gefühle.

Ich habe noch keine Frau getroffen, die keine Gefühle hat. Ich treffe aber sehr viele Frauen, die sich noch nie im Leben Zeit für sich genommen haben, um ihre eigene Sexualität und ihren eigenen Körper zu entdecken. Deshalb lassen sie sich auch in der Partnerschaft häufig von den Bedürfnissen ihrer Partner überrollen, passen sich der männlichen Sexualität an und geben sich dabei auf – auf Kosten der eigenen Gefühle.

Für Männer ist Sexualität ein zentrales Thema. Männer kaufen Pornohefte und schauen sich Sexfilme an. Frauen tun das weniger häufig. Männer gehen zu Prostituierten und machen ihre Erfahrungen. Männer masturbieren nach den bisherigen wissenschaftlichen Erhebungen mehr als Frauen. Männer wissen, was sie mögen, was sie gerne haben möchten und was sie erregt.

Was Frauen sexuell stimuliert und was Frauen gerne haben möchten, dieses Wissen entnehmen Männer oft aus Werbung, Filmen und Zeitschriften, selten aber von Frauen direkt.

Wunschdenken und Phantasien führen in Beziehungen zu großen Mißverständnissen, denn mit den eigentlichen Bedürfnissen der Partnerin oder des Partners haben sie oft wenig zu tun.

Wenn Frauen nicht wissen, was ihnen Spaß macht und was sie wollen oder eben nicht, können sie dies auch nicht mitteilen. Dazu kommt, daß viele Frauen denken, nur ihnen ergehe es so, und sich mit ihren Gefühlen alleine fühlen. Aus Angst, den Partner zu verlieren, spielen sie womöglich Lust, Erregung und Orgasmus vor – und die meisten Männer merken das nicht einmal.

Nehmen Sie sich Zeit, Ihren Körper zu entdecken. Streicheln Sie Ihren Körper und entdecken Sie empfindsame Körperstellen. Lernen Sie, sich anzufassen, um herauszufinden, was Ihr Körper gern hat. Wie können Sie Ihre Sexualenergie stimulieren? Was »turnt« Sie an, erregt Sie also?

Die weibliche Sexualität geht über die Nierenkraft, über das Loslassen, über das Weichwerden. Die Nierenkraft zu stärken ist bei Problemen in diesem Bereich unumgänglich. Auch die Entwicklung der inneren Kraft ist eine wichtige Hilfe, um Angst vor der Hingebung zu überwinden.

In vielen Fällen haben Frauen einen Grund dafür, daß sie sich sexuell verschließen: Sie sind zu sensibel und empfänglich, und die Sexualität des Partners ist einfach zu grob oder zu egoistisch, um der Frau zu helfen, sich zu öffnen.

Ein Orgasmus passiert nicht einfach aus dem Nichts. Ein Orgasmus wird immer gemacht, oder zumindest wird ein Klima geschaffen, in dem er passieren kann. Der einfachste Weg ist, sich zu erlauben zu masturbieren, sich Zeit für Vagina und Klitoris zu nehmen, um herauszufinden, worauf sie reagieren. Eventuell können ein Massagestab (Vibrator), chinesische Liebeskugeln, natürliches Öl und so fort Hilfsmittel sein, um in Kontakt mit Ihrer Erregung zu kommen und Ihnen zu helfen, Ihren eigenen Orgasmus zu entdecken.

Wenn Sie wissen, was Sie mögen, kann sich auch die Sexualität in der Partnerschaft verbessern. Tanzen kann Frauen sehr helfen, in den Fluß ihrer Energie einzutauchen: sinnliches Tanzen, erotisches Tanzen, aber ohne Partner, nicht, um zu gefallen, sondern aus Spaß, um sich selbst zu genießen, um die eigene Energie in Fluß zu bringen und Sinnlichkeit zuzulassen.

Umgang mit der männlichen Sexualität

Als Frau von einem Mann wirklich verstanden zu werden, ist zwar nicht ganz ausgeschlossen und unmöglich, aber oft doch sehr schwierig. Frauen und Männer müssen sich immer wieder beide ernsthaft darum bemühen. Wenn es dann zu sexuellen Begegnungen kommt, wird uns Frauen das männliche Verhalten oft noch rätselhafter, und für manche Frauen scheint die männliche Sexualität schlicht und einfach nicht nachvollziehbar und meist nur schwer zu akzeptieren.

In diesem Abschnitt möchte ich versuchen, mit Hilfe des Tao die männliche Seuxalität etwas genauer zu betrachten. Ich möchte dem Thema »Männer« aber nur einen kleinen Platz in diesem Buch einräumen, weil Männer oft schon einen zu großen Platz im Leben einer Frau einnehmen.

Die wichtigsten Fragen im Umgang mit der männlichen Sexualität lauten: Was löst männliche Sexualität in mir aus? Was bedeutet für mich männliche Erregung? – Das kann eine diffuse Mischung von Gegensätzlichkeiten sein, was jedoch überhaupt keine Rolle spielt. Stellen Sie sich diese Fragen und schauen Sie einfach in sich hinein und fühlen Sie, was diese Überlegungen auslösen.

Hier noch einige Fragen, die Sie sich dazu stellen können. Es ist sehr wirkungsvoll, diese Fragen schriftlich zu beantworten – durch das Niederschreiben kann eine neue Klarheit entstehen. Probieren Sie es selbst aus.

Fragen zur männlichen Sexualität:

- o Was bedeutet männliche Erregung für mich?
- o Was löst der Anblick eines steifen Penis in mir aus?
- o Wie reagiere ich auf sexuelle Wünsche (m)eines Mannes?
- o Löse ich gerne sexuelle Energie beim Mann aus, oder blockiere ich sie?
- o Möchte ich sexuelle Situationen kontrollieren, oder gebe ich mich hin?
- o Wie wichtig ist mir der männliche Orgasmus?
- o Fühle ich mich für die Befriedigung des Mannes verantwortlich?
- o Akzeptiere ich die sexuellen Wünsche meines Partners?
- o Was gefällt mir an der Sexualität meines Partners?
- o Was gefällt mir nicht, was ekelt mich an, wo verschließe ich mich?

Im Umgang mit der männlichen Sexualität gibt es kein Ideal- oder Patentrezept. In einer Beziehung oder Ehe ist Sexualität meistens ein zentrales Thema. Sexualität ist ein Lebensbereich, den Sie nicht mit vielen anderen Mitmenschen teilen. Oft beschränken sich sexuelle Kontakte auf einen Lebenspartner oder Ehemann.

Es passiert häufig, daß diese Energien in Beziehungen unbewußt blockiert werden, weil wir nie gelernt haben oder nicht haben lernen wollen, diesen essentiellen Bereich bewußt zu entwickeln.

Orientieren Sie sich im Umgang mit der männlichen Sexualität auch an sich selbst. Was löst sie aus in mir, was möchte ich, was möchte ich nicht, was kann oder will ich nicht? Die wichtigsten Aspekte im Umgang mit der männlichen Sexualität sind Ihre Lust und Ihre Freude sowie absolute Ehrlichkeit mit sich selbst und mit dem Partner. Die Bereitschaft, mit dem Partner eine Sexualität zu entwickeln, die beiden Spaß macht, ist vonnöten, ebenso die Bereitschaft, sich gegenseitig zu helfen, das Herz zu öffnen und unbewußte Wünsche und Ängste bewußt wahrzunehmen.

Die Tatsache, daß Männer sich im Gefühlsbereich nicht so unbeschwert wie Frauen bewegen können, kann sich im sexuellen Erleben für Frauen als sehr unangenehm erweisen. So entspringt die

Sexualität von Männern oft aus inneren Spannungen und unterdrückten Gefühlen, und die Sexualität dient dann als ein Ventil, um diesen unerledigten Abfall und Streß lustvoll loszuwerden.

Wenn sexuelle Vorgänge sich ohne Liebe ereignen, wird der emotionale Abfall nicht »recycelt«, sondern nur irgendwo hingekippt. Frauen werden weltweit als »Abfalleimer« benutzt. Aus Abhängigkeit und Unselbständigkeit lassen sie eine Art Sexualität über sich ergehen, die nicht ihrem Wesen entspricht. Sie lassen sich prügeln oder quälen - wenn ich den Frauen zuhöre, was sie alles mitmachen, wird mir persönlich manchmal beinahe schlecht. Trotzdem dürfen wir nicht vergessen, daß auch die Männer geliebt und akzeptiert werden wollen, aber den Weg ins Herz und in die Gefühle alleine oft nicht finden.

So ist es für uns Frauen ein Muß, als Geliebte, als Ehefrauen, als Mütter, als Mitmenschen die Herzebene zu entwickeln, sie in Beziehungen einzubringen, sie als Qualität zu teilen und gemeinsam zu kultivieren. Aber nicht auf Kosten der Sexualität, sondern als Fundament für eine gesunde, lustvolle Sexualität voller Kreativität, Lebensfreude und Vertrauen. Es geht darum, gemeinsam eine Sexualität zu entdecken und zu entwickeln, die keine Grenzen kennt und alte Wunden heilt.

Die heilende Liebe

Liebe wirkt Wunder. Daß sich dieses Wunderelixier in uns selbst befindet, ist für Frauen oft unglaublich, und viele trauen sich diese Umwandlung und diese Selbstheilung einfach nicht zu. Vielmehr träumen nicht wenige Frauen vom Märchenprinzen, der dieses Wunder für sie vollbringt, sie von all ihren Leiden erlöst und ihr Leben mit Licht, Liebe, Lust und Sinn erfüllt.

In meiner Arbeit begegne ich immer wieder Frauen, die sich und ihren Körper ablehnen und hassen und sich gleichzeitig beklagen, daß ihr Partner oder ihr Ehemann sie nicht genug liebten. Zu diesen Frauen sage ich immer:

»Wenn Sie sich so hassen, wie soll ein anderer Mensch Sie lieben können? Das ist doch fast unmöglich, denn Sie strahlen diesen Selbsthaß aus, und es wird für Ihre Mitmenschen sehr schwierig, Ihre negative Energie und Ausstrahlung in Liebe umzuwandeln und Sie zu lieben – so, wie Sie sind. Wenn Sie sich nicht lieben, wie sollen es andere Menschen können?«

Wenn Sie also geliebt werden möchten, fangen Sie bei sich selbst an. Das innere Lächeln und die Spiegelübung auf Seite 247 werden Ihnen helfen, Selbstliebe zu entfalten und zu entwickeln.

Liebe ist für Frauen ein natürliches Bedürfnis, ein natürlicher Zustand, die wesentliche Qualität und der Inhalt des Lebens. Ohne zu lieben oder geliebt zu werden, empfinden Frauen das Leben als leer. Aber solange dieses Liebesgefühl, der Zustand der Erfüllung und Befriedigung nur durch einen anderen Menschen entsteht, kann dieser Zustand nicht von Dauer sein.

Solange man von anderen abhängig ist und aus einer inneren Schwäche heraus den anderen Menschen braucht, lebt man nicht nur am anderen Menschen vorbei, sondern auch an sich selbst. Liebe ist keine Reaktion auf die Umwelt, sondern eine Qualität oder ein Zustand, den wir jederzeit zulassen können.

Aus Stolz, Selbstschutz, unreifen Machtgelüsten oder aus Angst haben wir jedoch die Tendenz, uns dieser Kraft zu verschließen. Das innere Lächeln ist ein Elixier für das Herz. Lächeln Sie immer wieder in Ihr Herz hinein und füllen Sie es auf mit Licht und Kraft, damit es die Energie gewinnt, sich zu befreien, und den Mut findet, sich zu öffnen, zu leben und zu lieben.

Nur aus innerer Unzufriedenheit geraten wir immer wieder in Abhängigkeiten. Wir lieben nicht, weil wir soviel zu teilen haben, sondern, weil wir geliebt werden möchten. Wir lieben, weil wir Angst haben, verlassen zu werden und allein zu sein. Das wird zu einem Teufelskreis. Wir sind auf Anerkennung und Zuwendung angewiesen, aufgrund einer eigenen inneren Leere und Unsicherheit.

Solche Liebe ist nicht heilend, sondern gibt eine Scheinsicherheit und Scheingeborgenheit, die uns oft daran hindert, das eigene

Potential zu entfalten und die Größe und Natürlichkeit des Tao zu erfahren.

Spiritualität und Sexualität

Spiritualität und Sexualität sind zwei Bereiche, die selten miteinander verbunden werden. Die meisten Religionen trennen Sexualität von Spiritualität. Je stärker aber die Sexualität tabuisiert und unterdrückt wird, desto negativer entwickelt sich ihre Energie. In vielen religiösen Systemen versucht man, die Sexualität zu transformieren, zum Beispiel über das Zölibat. Aber immer wieder hört man von religiösen Männern, die sich sexuell vergehen oder plötzlich Vater werden, und keiner kann sich das erklären.

Der taoistische Weg unterscheidet sich in diesem Punkt von anderen Systemen. Die Taoisten wollen die Sexualkraft nutzen, um das spirituelle Wachstum zu beschleunigen. Sie lernen, mit dem Feuer umzugehen. Die Sexualkraft zu bewahren heißt nicht, sie zu unterdrücken, sondern sie wahrzunehmen und zu befreien.

Immer wieder kommen Menschen zu mir in die Praxis, weil sie gerne einen spirituellen Orgasmus erleben und ihre Sexualität auf eine spirituelle Ebene bringen möchten. Oft besteht die Erwartung, daß eine Technik oder Disziplin diese Transformation, dieses Wunder vollbringt. Besonders für Männer sind Techniken ein wichtiger Bestandteil, um besser mit der Sexualität umgehen zu können und um zu lernen, wie sie den Samenerguß vom Orgasmus trennen, um das Orgasmusgefühl in den Körper zu lenken und das Herz und die höheren Energiezentren zu aktivieren.

Das wichtigste Fundament, um Sexualkraft auf die spirituelle Ebene zu heben, ist das Zulassen der Sexualität und das Kennenlernen der eigenen sexuellen Neurosen. Für Frauen heißt das auch, daß sie, bevor sie einen spirituellen Talorgasmus erfahren können, zunächst lernen, einen »normalen« Orgasmus zu erleben, die eigene Sexualität zuzulassen und ihre Sexualkraft zu befreien.

Spirituelle Praktiken sind keine Abkürzung, um Problemzonen zu überspringen. Die Sexualität zu verfeinern bedeutet, klarer und bewußter zu werden, Unbewußtheiten wahrzunehmen und durch die Eigenliebe und das goldene Licht zu reinigen und zu transformieren. Regelmäßige Meditationen und Selbstheilungspraktiken helfen Frauen, ihren natürlichen Zustand der heiligen, heilenden Sexualität wiederzufinden, um sozusagen die Hure und die Göttin miteinander zu versöhnen.

Sexuelle Probleme verstehen

Die Probleme im Bereich der Sexualität sind sehr vielfältig, doch die Lösungen dafür liegen meist woanders. Häufig gründen die Probleme in einem anderen Bereich und manifestieren sich dann in der Sexualität. In diesem Buch kann ich nur auf einige der häufigsten Probleme eingehen.

Keine Lust auf Sex

Wenn Sie keine sexuelle Lust empfinden, ist das oft ein Zeichen, daß Sie sich im Moment nicht ganz wohl fühlen, mit Ihrer allgemeinen Lebenssituation oder Ihrem Partner nicht zufrieden sind. Schlechte, negative Erfahrungen oder Unerfahrenheit sind ebenfalls häufige »Lustkiller«. Aber auch Alltagsstreß und Alltagsroutine können Ihre Lebendigkeit und Lust massiv eindämmen. Vielleicht müssen Sie und Ihr Partner erst einmal lernen, miteinander zu schmusen, sich zusammen richtig wohl zu fühlen. Lernen Sie, sich gegenseitig anzufassen, zu streicheln, zu kitzeln, zusammen zu lachen und zu weinen und sich aufeinander einzulassen. Starre Vorstellungen darüber, wie Sex ablaufen sollte, sind die größten Hindernisse einer lustvollen Sexualität.

Keine oder wenig Erregung

Erregung ist Ausdruck von Lebendigkeit und Wärme. Für Frauen, die ständig frieren, ist es sehr schwierig, Erregung zu spüren. Oft steht auch Angst im Zusammenhang mit Erregungsproblemen. Angst und Kälte haben eine ähnliche Wirkung auf den Körper, beide ziehen den Körper zusammen. In einem zusammengezogenen Körper staut sich die Energie und kann nicht fließen, sich ausdehnen und vibrieren. Den Körper und die Geschlechtsorgane zu energetisieren, zu beleben und zu stärken, innere Kraft und Eigenständigkeit zu entwickeln sind wichtige Voraussetzungen, damit Erregung überhaupt entstehen kann. Stärken Sie Ihre Organe, besonders die Nierenkraft, und unterstützen Sie sich mit der Eierübung und durch körperliche Betätigung.

Orgasmusprobleme

Bei Frauen sind Orgasmusprobleme meist vorhanden, weil sie ihren Körper und ihre Geschlechtsorgane einfach nie richtig kennengelernt haben. Bei Orgasmusproblemen handelt es sich oft um Mißverständnisse. Ein Orgasmus passiert nicht aus heiterem Himmel, er wird immer »gemacht«. Nur wenige Frauen erfahren einen Orgasmus beim Geschlechtsverkehr, weil bei vielen Formen des Liebesspiels die Klitoris nicht richtig stimuliert werden kann. Für die Mehrzahl von Frauen ist die Stimulation der Klitoris unerläßlich, um einen Orgasmus zu erleben. Es lohnt sich, selbst auszuprobieren, wie Sie zum Höhepunkt kommen – dann können Sie diese Erfahrungen auch in die Partnerschaft einbringen. Jede Frau braucht eine andere Art von Stimulation; seien Sie also erfinderisch. Die Fähigkeit zum klitoralen Orgasmus ist auch eine hilfreiche Voraussetzung, um den Orgasmus zu verinnerlichen und in die höheren Energiezentren zu lenken. Nehmen Sie sich genügend Zeit und Raum, um Ihre eigenen sexuellen Wünsche zu entdecken.

Schmerzen beim Geschlechtsverkehr

Schmerzen beim Geschlechtsverkehr werden durch verschiedene Ursachen ausgelöst. Es kann sein, daß die Vagina zu wenig feucht wird. Frauen in oder nach den Wechseljahren sind davon betroffen, ebenso Frauen, die Medikamente nehmen, zum Beispiel Antidepressiva, Antibiotika und so fort. Gleitcremes können in diesem Fall helfen. Für Frauen in oder nach den Wechseljahren gibt es spezielle Hormoncremes. Schmerzen können aber auch durch Entzündungen ausgelöst werden, oder wenn ein Penis zu lang ist für einen kurzen Vaginakanal – wir alle sind verschieden gebaut. Beim Eindringen in die Frau kann der Penis bis zur Gebärmutter vorstoßen, was für die Männer besonders genußvoll sein kann, bei Frauen aber möglicherweise Schmerzen und chronische Gebärmutterentzündungen auslöst. In diesem Fall kann sich der Partner Ringe über den Penis stülpen, um so den Penis zu verkürzen. Schmerzen entstehen aber auch durch eine Gebärmuttersenkung oder einen Gebärmutterknick. Nicht zuletzt sind Angst und Lustlosigkeit Auslöser für Schmerzen.

Vaginismus

Eine Verkrampfung der Vaginalmuskulatur kann durch eine Entzündung entstehen; wenn sie behandelt wird, klingt der Scheidenkrampf wieder ab. Diese andauernde Verkrampfung hat meiner Erfahrung nach sehr viel mit Abgrenzung und Selbstschutz zu tun. Frauen, die davon betroffen sind, können sich nicht abgrenzen – weder beruflich noch in familiären und sozialen Bereichen; sie werden dadurch oft verletzt und in ihren Gefühlen ausgenutzt. Es sind häufig auch Frauen, die ihre eigenen Bedürfnisse nicht ernst nehmen, aber für andere Menschen alles tun. In diesen Fällen ist der Vaginismus eine Art Selbstschutz, um weitere Verletzungen und Grenzüberschreitungen zu vermeiden und sich körperlich abzugrenzen, um so den privatesten Bereich ganz für sich zu behalten. Um einen Vaginismus zu lösen, braucht es Zeit und Geduld. Die Betroffene muß vor allem Liebe und Achtung sich selbst gegenüber entwickeln und diese Eigenschaften auch in Beziehungen bewahren. Sich zudem von niemandem respektlos behandeln oder ausnützen zu lassen, sind weitere Voraussetzungen dafür, daß sich die Scheide wieder zu öffnen traut.

Sich öffnen und wieder schließen

Daß Frauen Mühe haben, sich sexuell zu öffnen, hat nicht selten damit zu tun, daß wir nie gelernt haben, uns zu verschließen. Die sexuelle Vereinigung mit einem Mann bedeutet für die Frau, sich hinzugeben, sich zu öffnen, sich energetisch aufzulösen - der verletzlichste und empfänglichste Zustand überhaupt. Es wundert nicht, daß Frauen sich in diesem fließenden Zustand an ihrem Partner orientieren und daß das anschließende Kuscheln und Schlafen neben dem Partner der Frau die Sicherheit und Geborgenheit geben, die sie in diesem offenen und verunsicherten Yin-Zustand auch wirklich braucht. Nicht alle Partner haben Verständnis für dieses Bedürfnis der Frau, was in Beziehungen immer wieder zu Spannungen und negativen Emotionen führt. Für Frauen ist es enorm wichtig, nach dem Geschlechtsverkehr wieder ganz bewußt in die eigene Mitte zu kommen und auch ihre Yang-Kraft wieder zu aktivieren, die eigene Energie wieder einzusammeln und auszugleichen. Frauen mit Abgrenzungsschwierigkeiten oder Frauen mit einem energetisch sehr dominierenden Partner möchten vielleicht auch in einem eigenen Bett schlafen. Nehmen Sie sich Zeit, sich selbst wiederzufinden und zu verschließen. Den Chi-Ball zu bilden, die Eierübung und der kleine Energiekreislauf helfen Ihnen dabei. Auch die Beckenboden-Übungen können Sie gezielt einsetzen, um die Vagina wieder zu verschließen.

III

Ganzheit und Heilung im Alltag

8. Energiearbeit

Einführung

Da Energiearbeit und ihre taoistischen Übungen (Qi Gong oder Chi Kung) überwiegend von Männern entwickelt wurden, sind die Techniken nicht unbedingt auf den weiblichen Körper abgestimmt. Der Körper (Yin) hat die Funktion, die Energie (Yang) aufzunehmen und an sich zu binden. Er wirkt also als Energieträger.

Je stärker der Körper ist, desto mehr Energie können wir aufnehmen. Ein geschwächter Körper kann nur begrenzt Energien binden. Starke Yang-Energien können einen geschwächten weiblichen Körper zwar für den Moment energetisieren und beleben, aber die Energie kann vom Körper nicht absorbiert werden. Das bedeutet, daß sich die aufgenommene Energie wieder verflüchtigt oder es zu Überhitzungssymptomen kommt.

Bei einem Zuviel an Yang-Energie fühlt man sich nach einigen Stunden, wenn die Energie aufgebraucht ist oder sich verflüchtigt hat, sogar eher schlechter als vorher – wie ausgelaugt. Das Chi (Yang) hat die Yin-Substanz (Blut, Säfte und Knochen) noch zusätzlich geschwächt, das Feuer hat das Wasser verdampft.

Innere und äußere Übungen

Bei den taoistischen Übungen unterscheiden wir grundsätzlich zwischen den inneren und den äußeren Energieübungen. Die inneren Übungen und Praktiken, wie die Zentrierung, die Organübungen, der kleine Energiekreislauf und Meditation, wirken direkt auf das Innere des Körpers und die Energie ein. Organe, Drüsen und Knochen werden direkt beeinflußt. Diese inneren Übungen scheinen sich besonders für Frauen zu eignen, da es für Frauen sehr natürlich ist, die Aufmerksamkeit nach innen zu richten und in die Tiefe zu gehen.

In diesem Buch habe ich mich auf innere Techniken konzentriert, die Sie in Ihren Alltag und in Ihr persönliches Übungsprogramm einfließen lassen können, um so die Wirkung leichter zu integrieren.

Durch die inneren Übungen können wir ganz gezielt auf den Körper und die Energie einwirken, auch ohne erst viel Yang-Energie erzeugen zu müssen; deshalb sind sie für die Selbstheilung sehr geeignet. Dieser direkte, sanfte Weg ist für geschwächte oder kranke Frauen sehr zu empfehlen.

Unter äußeren Übungen versteht man hauptsächlich Bewegungsübungen, die Chi erzeugen. In diesen Übungen konzentriert man sich auf die Extremitäten. Durch die Bewegungen füllen sich die Arme und Beine mit Chi. Wenn das Energieniveau genügend hoch ist, wird das Chi die verschiedenen Meridiane aktivieren und durchlässig machen. Auf diese Weise kann das Chi im Körper ungehindert fließen und alle inneren Organe versorgen. Diese äußeren Übungen eignen sich für die allgemeine Gesunderhaltung von gesunden Menschen.

Die inneren wie auch die äußeren Übungen bauen auf dem Wechselspiel von Yin und Yang und den Wandlungsphasen der Elemente auf. Im Idealfall werden innere und äußere Übungen miteinander verbunden.

Gezielte Auswahl und Vorbereitung der Übungen

Das A und O der Übungspraxis ist die gezielte Auswahl einer oder mehrerer Übungen. Was möchten Sie durch die Übung erreichen? Wollen Sie Stagnationen auflösen, sich beleben oder ausgleichen, sich entgiften oder zentrieren? Zuerst sollten Sie immer überlegen, was Sie jetzt brauchen können und was Sie mit einer Übung bezwecken wollen.

Der zweite Punkt ist, die Grundlage zur Selbstheilung zu schaffen. Achten Sie darauf, daß Sie sich vor einer Übung immer zuerst zentrieren. Zentrieren heißt, Körper, Geist und Gefühl durch die Atmung miteinander zu verbinden. Erst im Zustand des Zentriertseins kann bewußte Selbstheilung passieren. Achten Sie auch während der Übungen auf Ihre Abspaltungsmuster. Die Zentrierungsübung, die Sie schon weiter vorn im Buch ab Seite 40 kennengelernt haben, können Sie auch im Alltag einsetzen, um sich immer wieder im Jetzt und in Ihrer eigenen Mitte zu sammeln.

Chancen und Risiken der Energiearbeit

Energiearbeit will gelernt sein. Mit Energien zu arbeiten, ohne Grundkenntnisse und Grundlagen zu besitzen, ist nicht ungefährlich. Nehmen Sie sich genügend Zeit, bis Sie Ihren Körper, Ihre Organe und Ihre Energie wirklich spüren.

Sich auf allen Ebenen wahrzunehmen gibt Ihnen auch Eigenständigkeit. Sie allein können beurteilen, was Ihnen guttut und was Ihnen schadet. Sie selbst können die Signale Ihres Körpers am besten verstehen und darauf gezielt reagieren. Überprüfen Sie Ihre Alltagssituation immer wieder neu und passen Sie Ihre Übungen Ihren momentanen Bedürfnissen und Ihrem Zustand an.

Energien und Emotionen auszulösen und freizusetzen ist nur ein Teil der Energiearbeit; die ausgelösten oder freigewordenen Energien zu integrieren ist ein ebenso wichtiger zweiter Teil. Der Vorteil der Selbstheilung ist, daß Sie die persönliche Energiearbeit so dosieren und sich soviel Zeit zur Vorbereitung und Integration Ihrer Erfahrungen nehmen können, wie es Ihrem persönlichen Rhythmus entspricht.

Die innere Energiearbeit ist in ihrer Wirkung nicht zu unterschätzen, sie ist fast mit einer Operation vergleichbar. Nehmen Sie sich immer genügend Zeit, um sich anschließend wieder in der Mitte zu sammeln, damit von dort der Körper und die Energien wieder ausgeglichen werden können. Sonst entstehen durch die Energiearbeit möglicherweise neue Verletzungen.

Die Kraft der Mitte

Zentrierung ist ganz allgemein - wie auch mehrfach schon erwähnt - die wichtigste Grundlage, auf der Selbstheilung überhaupt erst stattfinden kann. Sich zu zentrieren heißt, mit dem eigenen Selbst in Verbindung zu sein und aus dieser Verbindung als ganzer Mensch verantwortungsvoll zu leben. Die Zentrierung weist vier Aspekte auf: die Erdung, die Atmung, das innere Lächeln und die Kraft aus der Mitte. Erst die Beachtung aller vier Aspekte zusammen ergibt die gewünschte Zentrierung.

Die grundlegende Übung zu diesen vier Einzelschritten finden Sie weiter vorne ab Seite 40. Sie sind Teile einer gesamten Übung, wir lernen sie aber leichter einzeln.

Zentrierung bedeutet, die verschiedenen Einzelbereiche des Menschen, wie Kopf, Herz, Bauch, Gefühle, Körper, Sinnlickeit und Bewußtsein, nachdem sie bei fast allen Menschen in irgendeiner Form voneinander abgespalten sind, wieder miteinander zu verbinden und zu einem Ganzen zu verschmelzen. Wenn wir zentriert sind, können wir auch aus der eigenen Mitte heraus leben und handeln und sind nicht gezwungen, auf alle Außeneinflüsse und Situationen unbewußt zu reagieren. Ein zentrierter Mensch ist nicht so leicht manipulierbar und beeinflußbar. Der Zustand des Zentriertseins ist zudem der beste Selbstschutz - im Alltag, in Beziehungen und überhaupt.

Durch das Zentrieren die eigene Mitte zu entwickeln ist für Frauen oft der Schlüssel, um sich selbst zu finden. Sich in der eigenen Mitte zu verwurzeln und sich in dieser inneren Kraftquelle zu erholen und zu entspannen, auch wenn »draußen« alles drunter und drüber geht, hat eine sehr kraftspendende und harmonisierende Wirkung.

Den Zustand der Zentrierung können wir durch die Zentrierungsübung lernen und festigen. Das Ziel ist jedoch, uns in jeder Lebenslage immer wieder zu zentrieren, das heißt, uns in jedem Moment immer wieder daran erinnern, in die Ganzheit zu kommen und die Kraft der Mitte zu stärken.

Wenn ich zum Beispiel ein Krankenzimmer betrete und dabei zentriert bleibe, heißt das, daß ich die verschiedenen Ebenen zulasse und bewußt erlebe. So ist es mir möglich, die Energien, die Stimmung und die Menschen, die im Raum sind, bewußter wahrzunehmen. Wenn ich mit meinem Körper, meinem Gefühl und meinem Bewußtsein in mir selbst, in der Situation und im Moment verankert bin, kann ich mich auch schützen vor den kranken Energien – weil ich diese auch wahrnehme und spüre, wo sie in meinen Körper eindringen, wo sie etwas in mir auslösen, meine Energie besetzen oder belasten. So wird es möglich, kranken oder schädlichen Einflüssen entgegenzuwirken, diese zu heilen und zu transformieren.

Ich kann aber auch meine eigenen Gefühle und Grenzen, die möglicherweise durch eine Situation ausgelöst werden, wahrnehmen, respektieren und zum Beispiel das Zimmer verlassen, wenn es mir zuviel wird, oder ich kann das ausgelöste Gefühl mit anderen teilen.

Wenn wir in derselben Situation unzentriert sind, kann das für alle Beteiligten sehr unangenehm und ungesund sein. In einem unzentrierten Zustand kann man die Situation in ihrer Ganzheit nicht bewußt erleben und erfassen, und so kann weder Heilung noch Transformation stattfinden. Möglicherweise verlassen wir wieder das Zimmer und fühlen uns plötzlich müde, traurig, ungeduldig oder ganz dumpf im Kopf, weil wir irgendein Gefühl oder eine Energie in uns oder um uns herum nicht wahrgenommen oder auch unbewußt übernommen haben.

Die Zentrierung ist also die zentrale Energieübung, weitere Übungen stelle ich Ihnen im folgenden Kapitel vor.

Energieübungen

Diese Übungen ergänzen die Zentrierung und können ganz nach eigenem Bedürfnis und/oder Schwerpunkt gezielt ausgewählt und durchgeführt werden. Sie sind vor allem gut geeignet,

- o um Stagnationen aufzulösen,
- o um den Körper mit Energie aufzuladen,
- o zur Entgiftung und Reinigung,
- o um die Organe zu stärken,
- o um gezielte Atemübungen durchzuführen,
- o um den Beckenboden zu trainieren,
- o zur Entspannung,
- o für die innere Kraft,
- o um Naturkräfte aufzunehmen.

Schüttelübung

Der Sinn dieser Übung liegt daran, gestaute Energie zu lösen und den Energiefluß zu fördern.

- o Sie stellen sich aufrecht hin und beginnen von den Füßen her aufwärts nacheinander die Knöchel, die Knie, die Oberschenkel, Becken und Gesäß, Bauch, Oberkörper, Schultern, Armgelenke, Hals und Kopf gut durchzuschütteln. Atmen Sie dabei tief ein und aus, unterbrechen Sie den natürlichen Atemfluß also nicht. Das machen Sie etwa zehn Minuten lang.
- o Dann führen Sie die Zentrierungsübung durch.

Wu-Chi-Übung

Diese Übung bewirkt eine tiefgreifende Reinigung der Energiebahnen.

- o Sie stellen sich aufrecht hin und schließen die Augen.
- o Fangen Sie an, den Körper ganz leicht und langsam zu bewegen, wie es Ihnen gerade angenehm ist. Atmen Sie dabei tief ein und aus, bis der Körper anfängt, sich von selbst zu bewegen.
- o Lassen Sie Ihrem Körper freien Lauf, sich so auszudrücken, wie er es will. (Es geht nicht um »dekorative« Bewegungen, sondern darum, daß der Körper seine eigenen Bewegungen findet.)
- o Zum Schluß zentrieren Sie sich.

Pulsieren

Mit dieser Übung können Sie den ganzen Körper mit Energie aufladen und in sich ausgleichen.

- Sie legen sich flach auf den Rücken und schließen die Augen.
- Gehen Sie mit der Aufmerksamkeit und Ihrem Gefühl in Ihr Zentrum; hören Sie tief hinein, bis Sie Ihren eigenen Puls wahrnehmen.
- Atmen Sie immer noch tiefer und erspüren Sie, wie sich der Puls immer mehr ausdehnt und zusammenzieht. Fühlen Sie, wie beim Zusammenziehen des Pulses Kraft angesogen und bei der Ausdehnung des Pulses diese Kraft im Körper verteilt wird.
- Wenn Sie mit dieser Erfahrung im Kontakt sind, dehnen Sie die Pulsierung immer mehr aus – in Beine, Arme, Kopf – und spüren, wie der ganze Körper pulsiert und sich dabei auflädt.

Entgiftung, Reinigung und Stärkung der Organe

Sie haben die einzelnen heilenden Laute schon in den Kapiteln über Körper und Emotionen kennengelernt. Wenn Sie diese Laute im Schöpfungskreislauf der fünf Elemente ausüben, haben sie eine besonders entgiftende, reinigende und stärkende Wirkung. Die Übungen mit den *sechs heilenden Lauten* werden traditionell mit bestimmten Bewegungsabläufen verbunden, deren Beschreibung den Rahmen dieses Buches jedoch sprengen würde. Zum Einstieg auf den taoistischen Weg der Selbstheilung sind diese Übungen aber auch ohne Bewegung schön und wirkungsvoll, zum Beispiel im Liegen vor dem Einschlafen.

Zunächst eine Zuordnung der Organe zu den sechs heilenden Lauten sowie zu den entsprechenden Heilfarben:

- Leber: Sch-Laut; Grün.
- Herz: Hauchlaut; Rot.
- Milz: Fauchlaut; Gelb.
- Lunge: Sssss-Laut; Weiß.

- Nieren: Blaslaut; Schwarz.
- Dreifacherwärmer: Ch-Laut; ohne Farbe.

Der Ablauf der Übung eignet sich für die Arbeit mit jedem Organ. Sie können sie auf alle genannten Körperteile mit den ihnen zugeordneten heilenden Lauten und Farben übertragen.

- Legen Sie sich flach auf den Rücken. Falls das für Sie bequem ist, legen Sie Ihre Hände auf die betreffende Körper- oder Organstelle.
- Atmen Sie dort hinein.
- Bei der Ausatmung lassen Sie den jeweiligen Laut tief an die gewählte Stelle eindringen und spüren Sie der Wirkung nach.
- Wenn Sie ein Gefühl für die Körperstelle bekommen haben, füllen Sie das Organ oder den Körperteil mit der entsprechenden Farbe auf.

Haben Sie den Mut, erfinderisch zu sein: Vielleicht sind für Sie andere Farben und Laute wirksamer, zum Beispiel der OM-Laut, den manche aus der Meditationspraxis kennen.

Zentrierungsatmung

Bei der Zentrierungsatmung sind wir darauf bedacht, regelmäßig und ruhig zu atmen. Der Sinn dieser Übung ist, die eigene Mitte zu aktivieren und zu entwickeln.

Die Übung geht so:

- Stellen Sie sich aufrecht in den »Reiterstand«, also die Beine schulterbreit auseinander, die Knie weich entspannt, das Becken aufrecht, ohne ein Hohlkreuz zu bilden (genaue Beschreibung siehe Seite 40 ff.).
- Nun atmen Sie durch die Nase langsam, weich und tief ein.
- Lenken Sie bei der Ausatmung die eingeatmete Kraft bewußt in Ihre Mitte, innen hinter den Bauchnabel (Sie können Ihre per-

sönliche Mitte herausfinden, indem Sie im Stehen leicht mit dem Oberkörper kreisen und Ihren Schwerpunkt erspüren).

- Bleiben Sie während der Übung entspannt.

Machen Sie die Übung so lange, bis sie etwas spüren und merklich ruhiger geworden und in Ihre Mitte gekommen sind.

Reinigungsatmung

- Atmen Sie tief durch die Nase ein in den Körperteil, den Sie reinigen möchten.
- Wenn Sie eingeatmet haben, halten Sie den Atem kurz an, kreisen mit Ihrer Vorstellungskraft an diesem Ort.
- Mit der Ausatmung atmen Sie alle Belastungen und Giftstoffe aus, die an diesem Ort vorhanden sind.

Kompressionsatmung

- Sie stehen aufrecht und atmen tief durch die Nase ein.
- Bei der Ausatmung drücken Sie das Zwerchfell nach unten und ziehen die Beckenbodenmuskeln gleichzeitig nach oben. (Sie saugen sozusagen Vagina, Anus und Perineum nach oben, so daß im Unterbauch ein Druck entsteht.)

Entspannungsatmung

- Sie legen sich flach auf den Rücken und schließen die Augen.
- Atmen Sie durch die Nase so tief wie möglich ein und halten Sie dann kurz den Atem an, solange es eben leicht geht.
- Atmen Sie langsam durch die Nase aus.
- Wenn Sie ausgeatmet haben, halten Sie einige Augenblicke inne, bevor Sie wieder einatmen.

Die Übung soll entspannend sein; versuchen Sie also nicht, persönliche Rekorde aufzustellen, was das Anhalten des Atems betrifft!

Beckenboden-Schließübung

Diese Übung führen Sie beim Wasserlassen auf der Toilette durch.

- o Unterbrechen Sie mit dem Schließmuskel den Wasserstrahl, halten Sie die Spannung des Schließmuskels und lösen sie dann wieder.
- o Üben Sie ruhig so lange, wie Sie Wasser lassen können.

Gewichtsübung

Diese Übung ergänzt die Eierübung von Seite 116. Das Ei ist in diesem Fall an dem Schnürchen mit einem kleinen Gewicht versehen,

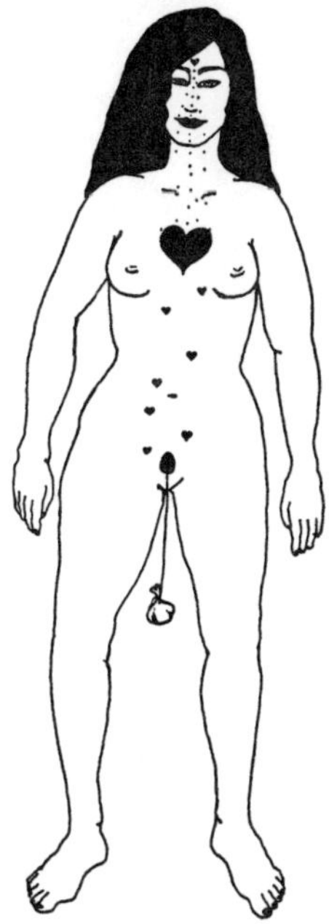

63· Ei mit Gewicht

zum Beispiel mit einem Säckchen mit einem Edelstein darin oder etwas Ähnlichem.

- o Nachdem Sie das Ei in die Vagina eingeführt haben, halten Sie das Ei trotz des Zugs nach unten mit Ihren Vaginal- und Beckenboden-Muskeln sicher fest (Bild 63).
- o Mit der Atmung versuchen Sie, das Ei langsam weiter nach innen in Richtung Gebärmutter zu schieben.

Benutzen Sie nur soviel Gewicht, wie Sie ohne Kraftaufwand halten können.

Es sollte kein übermäßiges Wärmegefühl im Körper entstehen, wie zum Beispiel Hitzewallungen. Diese Übung eignet sich nicht für Frauen, die zu Nervosität neigen!

Die innere Ruhe

64. Die innere Ruhe

Diese Meditationsübung dient als »Allheilmittel« für alle Leiden. Suchen Sie sich zunächst einen harmonischen und ruhigen Platz aus. Vielleicht wollen Sie eine Kerze anzünden, vielleicht möchten Sie ein Kissen als Sitzhilfe haben. Sie können sowohl am Boden wie auch auf einem Stuhl sitzen.

- o Schließen Sie die Augen. Beginnen Sie, langsam und ruhig zu atmen.
- o Orientieren Sie alle Ihre Sinne, die sich normalerweise nach außen wenden, nach innen.
- o Beobachten Sie die Gefühle und die Gedanken, ohne zu urteilen odere zu analysieren.
- o Geben Sie sich dieser Ruhe hin und gönnen Sie sich eine Pause.

Üben Sie so oft und so lang wie möglich. Diese Übung ist durch keine andere Übung austauschbar oder ersetzbar.

Baumübung

Zur Aufladung mit Naturkräften empfehle ich die Aufladeübung, die Sie auf Seite 72ff. finden. Zusätzlich schlage ich eine weitere Übung vor, die Baumübung. Sie besitzt eine reinigende und heilende Wirkung. Gehen Sie in die Natur hinaus und suchen Sie sich einen Baum aus, der Sie anspricht, der Ihnen gefällt.

- o Setzen oder stellen Sie sich vor den Baum. Sie können ganz nah an den Baum herangehen und ihn berühren oder sich in bis zu etwa zwei oder drei Meter Entfernung zu dem Baum hinsetzen. Erfühlen Sie, was für Sie stimmt.
- o Begrüßen Sie den Baum und fragen Sie ihn, ob Sie seine Heilkräfte beanspruchen dürfen.
- o Öffnen Sie sich dann für seine Energie, nehmen Sie seine Kraft in sich auf und verschmelzen Sie damit.
- o Bleiben Sie für die Kraft des Baumes geöffnet, solange Sie das als angenehm und heilend empfinden.
- o Bedanken Sie sich am Schluß beim Baum.

Diese Übung können Sie mit allen Naturelementen durchführen, mit Sonne, Wasser, Sternen, Bergen, Steinen, Blumen und so fort.

65. Die heilende Kraft des Baumes

Chi-Ball

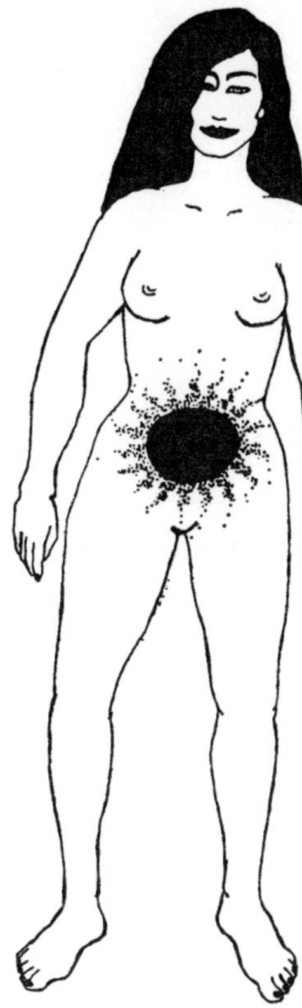

66. Chi-Ball

Diese Übung ist für Frauen gedacht, die bereits Qi Gong und Tai Chi betreiben; sie bedarf einiger Übung und dient der Entwicklung innerer Kraft.

- o Sie sitzen oder stehen.
- o Mit der Kompressionsatmung erzeugen Sie Wärme und inneren Druck.
- o Nun sammeln Sie mit der Zentrierungsatmung die Kraft an und verdichten sie so stark, bis Sie merken, daß im Unterbauch ein »Energieball« entsteht (siehe Abbildung 66).

Entgiftungssymptome

Viele der in diesem Buch beschriebenen Übungen haben eine sehr stark entgiftende Wirkung. Besonders dann, wenn die Übungen im Zustand der Zentrierung durchgeführt werden, wird der *Entgiftungsprozeß* noch zusätzlich verstärkt.

Folgende vorübergehende Symptome können bereits während der Übungen selbst oder danach auftreten: Müdigkeit, Gähnen, vermehrtes Aufstoßen, Winde, innere Unruhe, undefinierbare Gefühle, die nicht unbedingt angenehm sind, Unkonzentriertheit, Widerwillen gegen die Übung, Kopfschmerzen, unangenehme Ausdünstung; auch Stuhlgang und Urin können plötzlich anders riechen.

Bei den Beckenboden-Übungen stellt sich manchmal vorübergehend Ausfluß als Zeichen des Reinigungsprozesses ein. Es können jedoch auch alte Krankheitssymptome wieder auftauchen, die aber nach einiger Zeit wieder verschwinden. Möglicherweise kommen Symptome, die im Körper schlummern, an die Oberfläche. Auch unreine Haut, Pickel und so weiter stellen Entgiftungssymptome dar. Emotionen können ebenfalls eine Art von Entgiftung bedeuten.

Menschen, die auf Entgiftungs-, Entspannungs- und Zentrierungsübungen mit vermehrter Müdigkeit reagieren und ein sehnliches Bedürfnis nach Schlafen entwickeln, sollten sich bewußt sein, daß es sich bei vielen Entgiftungssymptomen ursprünglich um Gefühle handelte, die nicht richtig verarbeitet worden sind und die nun irgendwo im Körper schlummern. Wenn Sie den jetzt eingeleiteten Entgiftungs- und Reinigungsprozeß bewußt begleiten, haben Sie die größte Chance, diese alten, noch nicht vollständig erledigten Angelegenheiten abzuschließen und zu verabschieden.

Eigenmassage

Hände aufladen

Eine wichtige Voraussetzung für diese Übung: Führen Sie sie nur an Orten durch, wo Sie sich wirklich wohl fühlen. Optimal ist ein Ort draußen in der Natur, wenn die Sonne scheint.

- Stellen Sie sich aufrecht in den Reiterstand.
- Halten Sie die Handflächen zur Erde gerichtet, die Handgelenke bleiben locker.
- Atmen Sie durch die Hände die Kraft der Sonne, die Kraft der Erde und die kosmische Kraft, die Sie umgibt, ein – und zwar durch jede Pore der beiden Hände.
- Machen Sie das, bis Sie das Gefühl haben, daß die Hände etwas dick werden.
- Mit der Ausatmung stoßen Sie diese Kräfte noch tiefer in die Hände hinein.
- Machen Sie das so lange, bis Sie merken, daß die Hände etwas taub werden oder leicht zu kribbeln beginnen. Auf der Haut können auch kleine rote Pünktchen entstehen. Das ist ein Zeichen dafür, daß die Hände aufgeladen sind.

Wenn die Hände aufgeladen sind, können Sie Organe, Drüsen und Körperteile Ihres Körpers von außen über Ihre eigenen Hände »bestrahlen«, ohne den Körper direkt zu berühren. Sobald Sie merken, daß die Kraft wieder weg ist, laden Sie die Hände neu auf.

Bauchmassage

Der Sinn der Bauchmassage ist, die eigene Mitte zu erspüren und die Energie im Zentrum freizusetzen. Die Chinesen sprechen von zweierlei Gehirnen, die der Mensch habe: das eine im Kopf, das zweite im Bauch. Im Bauch werden alle unverdauten Erlebnisse,

Eindrücke, Spannungen und Emotionen in Form von Knoten, Verhärtungen oder Schmerzen gespeichert. Ziel dieser Übung ist es, den Bauch von diesen Belastungen zu befreien, damit die Energie wieder frei fließen kann.

- Sie legen sich bequem auf den Rücken und ziehen die Beine leicht an. Beginnen Sie mit einer langsamen, tiefen Zentrierungsatmung und lenken Sie Ihre Aufmerksamkeit in den Bauch. Schenken Sie Ihrem Bauch dann das innere Lächeln.
- Legen Sie nun beide Hände auf den Bauchnabel und spüren Sie, wie Ihre Atmung tiefer wird und sich die Bauchdecke langsam hebt und senkt.
- Beginnen Sie dann, mit Ihren Händen leicht zu vibrieren, so daß sich diese Bewegung auf den Bauch überträgt, um den gesamten Bauchbereich zu lockern und sanft »durchzuschütteln«. Führen Sie das so lange durch, bis sich der Bauch langsam entspannt und Sie sich wohlig im Bauch »eingelebt« haben.
- Nun beginnen Sie, mit den Fingerkuppen beider Hände im Uhrzeigersinn rund um den Nabel herum in den Bauch hineinzudrücken. Das sollte so tief wie möglich gehen, bis vor die Schmerzgrenze.
- Dieses Durcharbeiten des Bauchs wird im Uhrzeigersinn spiralförmig so fortgesetzt, daß Sie sich mit den Fingerkuppen immer weiter vom Nabel entfernen. Seien Sie nicht zu zaghaft, sondern gehen Sie spürbar in den Bauch hinein.
- An den Stellen, die Ihnen verspannt erscheinen, arbeiten Sie länger. Massieren Sie mit zwei Fingern kreisförmig die betreffenden Punkte, bis sie weicher und lockerer werden. Zur besseren »Orientierung« sehen Sie im Bild 67 die einzelnen Reflexzonen-Massagepunkte und ihre Organentsprechungen.
- Beschließen Sie die Übung, indem Sie Ihre Hände wieder auf den Nabel legen und sich dort mit Hilfe der Zentrierungsatmung wieder bewußt sammeln.

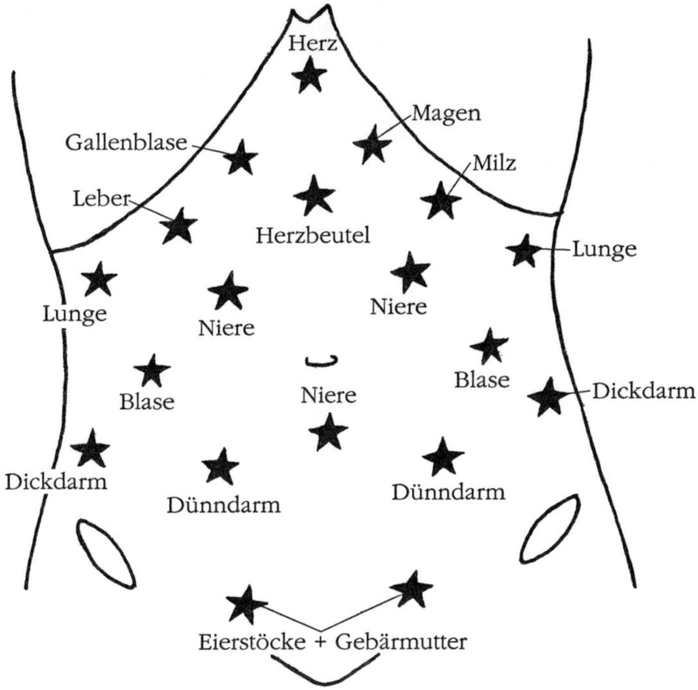

67. Reflexzone Bauch

Meridian-Klopfmassage

- Stellen Sie sich aufrecht hin.
- Klopfen Sie mit geschlossener Faust sanft und weich alle Meridiane, die Sie erreichen, durch (die wichtigsten Meridiane sind ab Seite 87 vorgestellt).

Entgiftungsmassage

- Wieder stehen Sie aufrecht.
- Nun führen Sie dasselbe durch wie bei der Klopfmassage, benutzen dazu aber etwa zwei bis drei Zentimeter starke Rattanstäbe anstatt der Faust.

Die Benutzung von Rattanstäben entgiftet die Haut stärker; sie wirken besonders gut bei Cellulite und »Orangenhaut«. Rattan erhalten Sie im Baumarkt. Kleben Sie zwei Stäbe mit Textilklebeband zusammen. Sie können diese Stäbe notfalls durch eine Körperbürste ersetzen.

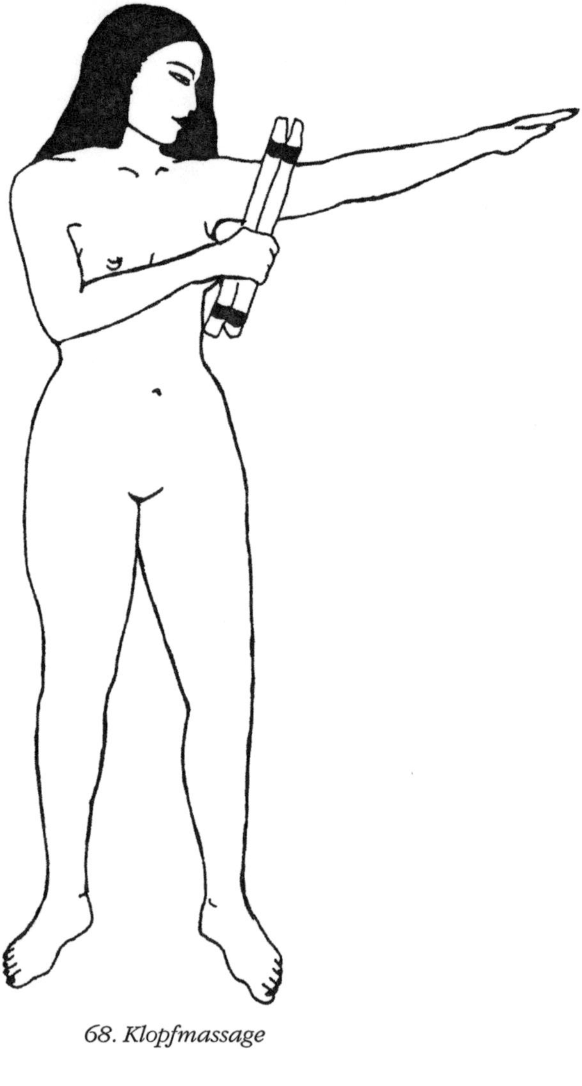

68. Klopfmassage

9. Umgang mit Konflikten

Konflikte erkennen

Konflikte sind die größten Herausforderungen und Wachstumschancen überhaupt. Sie sind ein Appell, aufmerksamer und bewußter diese heiklen Momente zu erkennen und zu lernen, im Sinne des Tao die Verantwortung dafür zu übernehmen, und sich ernsthaft zu bemühen, die Konflikte zu lösen. In diesem Kapitel möchten wir uns mit den äußeren Konflikten befassen, die selbstverständlich fast immer einen inneren Konflikt auslösen. Die inneren Konflikte, die nach außen projiziert werden, haben wir im Kapitel »Das Tao der Emotionen« bereits genauer betrachtet.

Konflikte sind Ausdruck von Uneinigkeit, Spaltung oder Stagnation. Jeder Mensch will respektiert und verstanden werden. Das Nichtbeachten dieses Bedürfnisses ist die Grundlage jedes Konfliktes.

Das Tao lehrt in erster Linie, die Konflikte als solche zu erkennen, nicht vor ihnen davonzurennen, sich nicht vor Konflikten zu fürchten, die durch Konflikte erzeugten Spannungen und Schmerzen auszuhalten, zu beobachten und zu akzeptieren.

Im Umgang mit Konflikten bilden sich häufig folgende Muster:
- Konflikte können gelöst werden;
- Konflikte können ignoriert werden;
- Konflikte können vermieden werden;
- Konflikte können im Streit eskalieren;
- Konflikte können chronisch werden.

Ein Konflikt hat immer eine Ursache

Nehmen Sie sich Zeit, über die Ursache des Konfliktes zu reflektieren: Was ist die Ursache Ihres Konfliktes? Sind Sie bereit, eine Lösung zu finden, oder suchen Sie Konfrontation und Streit?

Das Tao ist an Wegen interessiert, die für die beteiligten Parteien eine echte Lösung bringen oder eine Auflösung des Konfliktes darstellen - ganz im Sinne von Yin und Yang also eine Ergänzung, ein Sowohl-Als-auch, nicht eine eigennützige, egoistische Lösung auf Kosten der anderen Beteiligten, wie man sie bei »Kampfscheidungen« zum Beispiel sieht. Die Parteien streiten, anstatt zu kommunizieren, und das bringt nie eine gute Lösung.

Die Lösung soll einen gangbaren Weg für beide Parteien darstellen, bei dem nicht einer gegen den anderen »gewinnt« und der andere »verliert«.

Die Hauptursachen von Konflikten sind:

- Mißverständnisse,
- Unaufrichtigkeit,
- Unzuverlässigkeiten und falsche Versprechungen,
- unschöne, egoistische Absichten, Machtspiele,
- Beharren auf Meinungen und Grundsätzen,
- Abgrenzungsprobleme,
- Emotionen und Sexualität,
- Angst (Verlustängste - Angst vor Gewalt - Überlebensangst),
- Geschlechterkonflikte.

Konflikte bringen uns immer in Kontakt mit den eigenen Grenzen und unerledigten Emotionen. Grenzen wollen erweitert, Emotionen geheilt, Schattenseiten beleuchtet werden.

Wie reagieren Sie persönlich auf Konflikte? Es gibt verschiedene Möglichkeiten:

- In der Mitte bleiben, den Konflikt nach bestem Gewissen und Können lösen;

- o Kampfhaltung - das Feindbild angreifen;
- o nachgeben aus Angst vor Konflikten und Konfrontation;
- o Konflikte leugnen und ihnen ausweichen;
- o Trotzreaktion, rebellisches Verhalten;
- o Verwirrtheitszustand, sich abkapseln und zurückziehen.

Konfliktvermeidung - Konfliktlösung

Um Konflikte gar nicht erst entstehen zu lassen beziehungsweise sie dann, wenn sie entstanden sind, auch wieder lösen zu können, gibt es ein paar grundlegende Verhaltensweisen:

- o *Die innere Bereitschaft,* Konflikte vermeiden oder lösen zu wollen; dazu gehören Aufrichtigkeit, Aufmerksamkeit, Offenheit für kreative und friedliche Lösungen, die für beide stimmig sind, und eine gewisse Kompromißbereitschaft.
- o *Emotionen und Fakten trennen:* Die Konfliktsituation auf Fakten und Emotionen untersuchen und diese voneinander trennen, eventuell unter Einbeziehung einer weiteren Person. Eine Lösung wird sehr schwierig, wenn wir diese beiden Sachen vermischen, also Emotionen auf Situationen übertragen, die nichts damit zu tun haben.
- o *Kommunikation:* Es bedarf der Bereitschaft aller Beteiligten, sich offen auszutauschen, um die Situation positiv zu verändern.

Allerdings will miteinander zu reden auch gelernt sein. Folgende Punkte verbessern Ihre Kommunikation:

- o Offenheit und Ehrlichkeit;
- o sich zu eigenen Fehlern bekennen;
- o ehrliche und gute Absicht;
- o gegenseitiger Respekt;
- o nicht aus der Vergangenheit sprechen und handeln;
- o nur von der eigenen Person reden (keine Schuldzuweisung);
- o sich gegenseitig zuhören und ausreden lassen.

Viele Menschen haben weniger Mühe zu reden als vielmehr auszudrücken, was sie wirklich beschäftigt und belastet. So sollten wir auch lernen, zwischen den Worten zu hören. Durch die verschiedenen Abspaltungsmuster gibt es sehr viele Menschen, die Gefühl und verbalen Ausdruck nicht miteinander verbunden haben. Lassen Sie sich dadurch nicht zusätzlich verwirren. Versuchen Sie, bei sich diese innere Verbindung herzustellen.

Konflikte erzeugen oft Stagnation und innere Hitze. Versuchen Sie, auf der energetischen Ebene den Energiefluß zu bewahren, und zwar durch den Energiekreislauf und durch das Zentrieren. Das unterstützt und beschleunigt die Konfliktlösung. Ungelöste und chronische Konflikte vergiften den ganzen Organismus und rauben kostbare Lebenskraft.

Organübungen sind eine wertvolle Unterstützung, aber nicht die Lösung. Durch die Übungen bekommen Sie immerhin vielleicht die Kraft, um sich besser durchzusetzen, oder Sie werden sich klarer darüber, was Sie wollen, oder Sie können besser unterscheiden, was Ihr Anteil an der Situation ist und was nicht.

Es geht bei Konflikten um Ihr Bewußtsein, um Ihre Grenzen – nicht um die Ihrer Mitmenschen. Denn nicht alle Menschen wollen sich entwickeln oder über Machtspiele hinauswachsen. Aber wir selbst haben die Wahl, ob wir mitspielen und mitreagieren wollen oder nicht, ob wir dazulernen möchten oder in unserer begrenzten Verhaltensweise steckenbleiben.

Jeder Konflikt, den wir nicht bewältigt haben oder der verdrängt oder ignoriert wird, taucht in irgendeiner Form immer wieder auf, bis wir gelernt haben, ihn zu bewältigen, beziehungsweise bis wir uns über unser Wachstum entschieden haben – auch wenn es manchmal sehr weh tut und der Vorteil für uns im Moment noch nicht ersichtlich ist.

Konflikte lassen uns die Grenzen spüren, und das kann schmerzhaft sein. Trennen wir die Schmerzen vom Konflikt, vom Objekt, dann kann uns der Schmerz eine ganz neue Tiefe in uns zeigen. Dann finden Sie einen bis dahin verborgenen stillen Ort in Ihnen, der etwas Licht braucht, etwas Liebe, Zuwendung und Bewußtsein, damit Sie ein Stückchen mehr ganz werden - aus der eigenen Verantwortung und Mitte heraus.

Umgang mit schwierigen Menschen

Der wichtigste Punkt, den ich zu diesem Thema hervorheben möchte, ist: Nehmen Sie jede Gelegenheit wahr, um Ihre innere Ruhe zu stärken und Ihre Meditation zu vertiefen. Wenn Sie sich für Ihre kreative Entwicklung entscheiden, bieten Ihnen solche Menschen unendlich viele Lern- und Wachstumsmöglichkeiten.

Warten Sie nicht darauf, bis der andere Mensch auch kommt, auch mitmacht oder Sie gar unterstützt. Verlieren Sie keine unnötige Zeit. Erwarten Sie auch kein Verständnis; Sie sollten sich selbst verstehen - und das ist schon viel. Sie werden dann auch genügend Kraft besitzen, um Ihre Interessen durchzusetzen oder Ihr Leben Ihren Vorstellungen anzupassen.

Scheuen Sie auch nicht davor zurück, wenn Konflikte und Probleme Sie erdrücken, eine weitere, neutrale Person einzuschalten (zum Beispiel die Ehe-, Familien- oder Sexualberatung), um entweder gemeinsam oder allein die Situation gründlich zu betrachten. *(Achtung: Lassen Sie sich nicht einreden, daß Sie deshalb eigentlich ein Therapiefall seien!)* Oder melden Sie sich gemeinsam zu einem Massagekurs oder einem Tanzkurs an, oder machen Sie eine schöne Reise. Seien Sie kreativ und erfinderisch in Ihren Beziehungen, und laden Sie das Tao ein, mit Ihnen zu fließen.

Das Tao der Emotionen ist sehr hilfreich in Beziehungen, um erst einmal für sich zu lernen, Negativität und Streß in Lebenskraft umzuwandeln, ohne sich gegenseitig für negative Emotionen zu benutzen. Oft übernehmen nahestehende Personen die Abfalleimerfunktion - und das wird dann im Alltag ein sehr diffuses und fast unlösbares Problem, denn all die Emotionen haben nichts mit Ihrer Liebe oder Partnerschaft zu tun. Liebe will gehegt und gepflegt werden, weil man sonst vor lauter Unkraut die schönen Rosen nicht mehr sieht.

Frauen und Konflikte

Durch ihre Yin-Natur und die starke Gefühlsbetontheit haben Frauen die Tendenz, Konflikte anders anzugehen als Männer. Frauen sind schneller bereit, sich selbst als Ursache des Konfliktes zu sehen und sich deswegen schuldig zu fühlen – nicht selten aus Angst vor Gewalt und der starken Yang-Energie, die, wenn sie eskaliert, immer viel heftiger agiert als die Yin-Energie. Auch aus psychischer und finanzieller Abhängigkeit trauen sich Frauen weniger häufig, Konflikte auszutragen und Lösungen zu finden, die für beide Seiten stimmen.

Für Frauen können Spannungen, ungute oder unterdrückte Gefühle und Gefühllosigkeit des Partners in der Beziehung große Probleme darstellen. Es ist häufig die Frau, die einen schwelenden Gefühlskonflikt in der Partnerschaft anspricht. Den Auslöser dafür bildet oft eine Alltagsbanalität, eine Kleinigkeit, die eigentlich mit dem wirklichen Konflikt nichts zu tun hat.

Wenn wir Frauen nun in solchen Situationen versuchen, dem Mann rational mitzuteilen, was wir fühlen oder wie wir uns fühlen möchten, dann kommen wir damit meist nicht weiter. Gefühle kann man oft nur unzureichend erklären. Gefühl und Verstand sind zwei verschiedene Ebenen.

Es ist den meisten Menschen nicht möglich, Gefühlskonflikte auf einem rationalen Weg zu lösen. Gefühle wollen gelebt und auf der Gefühlsebene angegangen werden. Zu versuchen, dem Partner die Gefühle auf der Verstandesebene rational zu erklären, geht häufig komplett daneben. Um einen Mann auf der Gefühlsebene anzusprechen, sollten Sie ihm Ihre persönlichen Gefühle zeigen und diese immer wieder mit ihm teilen.

Je mehr Sie in der Gefühlswelt zu Hause sind, desto eher können Sie Ihren Partner einladen, daß auch er immer mehr die Angst vor seinen Gefühlen verliert und sich traut, mit Ihnen diese für ihn oft neuen Bereiche zu entdecken.

Gewalt, Erniedrigungen und Übergriffe

Es ist eine Tatsache, daß viel mehr Frauen unter männlicher Gewalt leiden als umgekehrt. Frauen werden geschlagen, mißbraucht und vergewaltigt. Deshalb ist die Angst von Frauen in Konfliktsituationen nicht unberechtigt, aber dieses unberechenbare Yang-Phänomen will ich auch nicht verallgemeinern und auf alle Männer übertragen.

Für die betroffenen Frauen möchte ich die Thematik trotzdem aufgreifen, denn viel mehr Frauen, als wir annehmen, trauen sich immer noch nicht, darüber zu reden, weil sie sich schuldig fühlen und ihren Partner schützen wollen. So leiden viele Frauen stillschweigend vor sich hin, ohne auch nur der besten Freundin davon zu erzählen.

Psychische, körperliche oder sexuelle Gewalteinwirkungen können für jede Frau und jeden Mann einen Schock bedeuten. Das führt in vielen Fällen zu starken Abspaltungsmustern, zu Abgrenzungsproblemen und Schuldgefühlen. Schreckliche und unvergeßliche Erlebnisse und Wunden heilen nur langsam, wenn überhaupt. Wenn Gewalt von einem fremden Menschen ausgeübt wurde, ist das schon schlimm genug. Aber ist der Gewalttätige eine wichtige Bezugs- oder Vertrauensperson, macht das die ganze Sache noch bedeutend schlimmer. Sich aus der Opferrolle zu befreien ist ein langer Weg, der viel Geduld und Liebe erfordert.

Der Weg der Selbstheilung, das hat sich auch in meiner Arbeit immer wieder gezeigt, eignet sich speziell für solche Frauen. Sie müssen lernen, sich selbst zu nähren und zu heilen, damit sie ihrer inneren Stimme wieder vertrauen können. Das ist für betroffene Frauen ein entscheidender Schritt.

In der Selbstheilung wird der Heilungsprozeß durch die Frauen selbst bestimmt, und Erfolge können keiner anderen Person zugeschrieben oder übertragen werden. Das Problem ist, daß gerade diese sich die Selbstheilung nicht zutrauen und sich noch mehr als andere Frauen in therapeutische Abhängigkeitsverhältnisse begeben, aus Unsicherheit und Hilflosigkeit.

Um die eigene Energie aufzubauen und die eigenen Bedürfnisse und Gefühle wahrzunehmen, brauchen diese Frauen anfangs liebevolle Unterstützung. Selbsthilfegruppen und Frauenberatungsstellen können eine wichtige Stütze sein - oft auch, um aus gewalttätigen Situationen überhaupt erst einmal herauszukommen.

Eine Paarberatung oder Therapie kann ebenfalls ein Schritt sein, die Partnerschaft zu heilen. Aber der wichtigste Punkt ist in solchen Situationen, Menschen zu finden, die die Betroffenen wirklich unterstützen und denen diese vertrauen können, damit sie ihr Vertrauen zu sich selbst wiederfinden.

10. Das Tao der Ernährung

Essen mit gesundem Menschenverstand

Warum essen wir? Weil wir neue Energie für den Körper brauchen, aber auch aus Lust und wohl auch aus Frust. Auf dem Planeten Erde ernähren wir uns nicht nur von Luft und Liebe, sondern Essen und Trinken sind für den Normalsterblichen lebenswichtige Grundbedürfnisse. Wie diese Grundbedürfnisse gestillt werden, können viele Menschen, zumindest in unserer westlichen Konsumgesellschaft, meist selbst entscheiden oder doch mitbestimmen.

Neben der lebenserhaltenden und ernährenden Funktion werden durch Essen und Trinken bekanntlich noch andere Bedürfnisse angesprochen und befriedigt. Es gibt Menschen, die essen, weil sie Hunger haben; andere essen aus Lust und Freude; wieder andere verbinden Essen mit sozialem Verhalten. Einige Menschen essen aus Langeweile, andere aus Nervosität oder aus Frust.

Die Nahrungsmittel, die gegessen werden, kann jeder individuell auswählen und zusammenstellen. So werden Nahrungsmittel weltweit auf die unterschiedlichste Art und Weise zubereitet, geprägt von der jeweiligen Kultur, den erhältlichen Lebensmitteln, dem persönlichen Geschmacksempfinden und dem vorherrschenden Verständnis von Gesundheit.

Trenddiäten

Im Tao der Ernährung gehen wir besonders auf den gesundheitlichen Aspekt der Ernährung ein, nachdem Gesundheit und Ernährung immer ein hoch aktuelles Thema sind. Ernährungstheorien schießen wie Pilze aus dem Boden. Die Schnellebigkeit von Trenddiäten hat sich in etwa dem Tempo der Modeschöpfer angepaßt. Immer neue Diätvorschriften gibt es: Plötzlich sollen bestimmte Nahrungsmittel getrennt gegessen werden, dann wieder alles nur roh, dann sollen wir möglichst kein Eiweiß mehr zu uns nehmen. Der Vitaminboom aus Amerika hat nun auch Europa erreicht, und weil es gesund ist, kaufen wir Multivitamine mit Spurenelementen, Ginseng, Zink oder was eben die neuesten wissenschaftlichen Erkenntnisse empfehlen.

Was früher ein sehr gefühlvoller, kreativer Ausdruck einer Frau und Mutter war - meist kochten die Frauen für die ganze Familie -, ist heute eine sehr verstandesbetonte Wissenschaft geworden. Es wird analysiert, gezählt, eingeteilt und bewiesen, warum wir dieses auf jeden Fall und jenes überhaupt nicht essen dürfen. Auch dabei spielen wirtschaftliche Interessen eine enorme Rolle. Gerade im gesundheitlichen Bereich ist es fast unmöglich, die kommerziellen Absichten zu erkennen, weil die Werbung so raffiniert geworden ist und sich entsprechend tief in das Unterbewußtsein einprägt. In der Wirtschaft geht es, wie Sie nicht aus den Augen verlieren sollten, in erster Linie um den Profit, nicht um Ihre persönliche Gesundheit.

Man kann auch im Ernährungswesen beobachten, daß das weibliche Prinzip vom männlichen immer mehr überrollt wird. Essen ist zu einer sehr intellektuellen und wissenschaftlichen Domäne geworden. Um sich heute gesund ernähren zu können, bedarf es beinahe eines Hochschulabschlusses.

In diesem Kapitel möchte ich Sie in bezug auf die Ernährung nicht noch mehr verwirren. Meiner Ansicht nach ist es vielmehr notwendig, wieder den gesunden Menschenverstand einzuschalten, wenn es ums Essen geht, Freude an Zubereitung und Verzehr zu haben und diesen Bereich so natürlich und einfach wie möglich zu gestalten. Wenn wir etwas kochen wollen und erst eine mathematische Berechnung anstellen müssen, um herauszufinden, was jetzt gut und richtig wäre, und dann die Speisezubereitung zu einem Problem wird (was dürfen wir jetzt essen, wie soll es zubereitet sein, was könnte gesund sein?), kann doch etwas nicht stimmen. Nach jedem Nahrungsmittel, das wir nicht hätten essen sollen, bestrafen wir uns dann oft noch mit Schuldgefühlen. Einfach, natürlich, energetisch und lustvoll zu essen ist auf jeden Fall sehr gesundheitsfördernd!

Es gibt keine Nahrungsmittel, die von sich aus gesund oder ungesund sind. Anders sieht es aus, wenn Nahrungsmittel mit chemischen Konservierungsmitteln, Farbstoffen, Antiklumpmitteln, Aromastoffen, Zuckerersatz oder anderen künstlichen Zusätzen vermischt sind. Auch Schädlingsbekämpfungsmittel, die für Insekten und Pilze tödlich sind, sind für den Menschen selbstverständlich nicht unschädlich. Hormonbehandlungen, um mehr und zarteres Fleisch zu produzieren, oder Antibiotika zur Vorbeugung gegen Krankheiten, damit die Tiere die unnatürlichen Aufzuchtbedingungen überstehen, gehören ebenfalls zu den Stoffen, die aus sonst unbedenklichen Nahrungsmitteln ein Gesundheitsrisiko machen. Das Tao ist übrigens nicht gegen den Fleischkonsum – aber achten Sie darauf, woher das Fleisch kommt und wie es »gewonnen« wurde.

Ob Nahrungsmittel gesund oder ungesund sind, hängt davon ab, wer was wann wo unter welchen Umständen ißt. Ernährung ist eine so persönliche Angelegenheit, daß es sehr schwer ist, anderen Menschen zu sagen, was gut für sie sei. Jeder Mensch hat eine andere Konstitution, Arbeit, Vorliebe und so weiter. Jeder Mensch reagiert anders auf bestimmte Nahrungsmittel.

Essen mit Gefühl

Das größte Problem beim Essen ist meiner Ansicht das jeweilige Abspaltungsmuster, woraus die Unfähigkeit entsteht, den eigenen Gefühlen und Körperwahrnehmungen zu trauen. Der Kopf ist zum Beispiel von der makrobiotischen Ernährung überzeugt, er hat viel darüber gelesen, kennt Freunde, die sich so ernähren. Trotz Misosuppe und Reis, trotz sorgsam zubereitetem Gemüse ... das Schaufenster der Bäckerei um die Ecke hat Sie noch nie so in den Bann gezogen wie jetzt, die Sahnetörtchen lächeln Sie so liebevoll an, auch die bis dahin unscheinbare Bäckersfrau wirkt so sympathisch, daß Sie einfach hineingezogen werden und sich trotz Ihrer Vorsätze ein Stück Torte kaufen.

In diesem Kapitel geht es wieder darum, sich besser kennenzulernen, sich besser zuzuhören, auf die innere Stimme zu achten. Der zweite Schwerpunkt ist die energetische Wirkung der Nahrungsmittel. Wenn wir um die energetische Wirkung der Nahrungsmittel wissen, können wir auch entscheiden, was uns guttut. Das Wissen der taoistischen Energielehre werden wir auf die Nahrungsmittel übertragen. Wenn ich weiß, wie Nahrungsmittel wirken, kann ich diese gezielt einsetzen oder – zum Beispiel – die Wirkung einer Sahnetorte etwas ausgleichen.

Bevor ich auf die Wirkungen der Lebensmittel eingehe, gebe ich eine kurze Übersicht über drei Formen der Ernährung, nämlich die ausgewogene Ernährung, die Heildiät und die Meditationsdiät.

Die **ausgewogene Ernährung** ist das Hauptthema dieses Kapitels. Sie besteht in einer natürlichen, ausgeglichenen Auswahl von Nahrungsmitteln, die auf die Konstitution und die Lebenssituation, aber auch auf die Jahreszeit und die Vorlieben eines Menschen abgestimmt sind.

Yin und Yang sowie die fünf Elemente stehen in einem ausgeglichenen Verhältnis zueinander. Die ausgewogene Ernährung besteht aus Nahrungsmitteln, die der Jahreszeit entsprechen und möglichst in der geographischen Nähe des Wohnortes gewachsen sind.

Die **Heildiät** ist eine ganz gezielte Ernährung, welche abgestimmt ist auf die Krankheit oder Disharmonie einer bestimmten Person. Die Grundlage für die Heildiät ist eine genaue Diagnostik eines Arztes der traditionellen chinesischen Medizin oder einer Ernährungsberaterin, die nach den chinesischen Prinzipien arbeitet. Von laienhafter Selbstdiagnostik rate ich ab.

Spirituell praktizierende Menschen, die durch ihre **Meditationen** sehr stark in Kontakt mit der himmlischen Yang-Kraft sind und diese Praktiken oft auch in einer anderen Klimazone ausüben, zum Beispiel in Indien, wo es zeitweise sehr heiß ist, wählen ihre Nahrungsmittel oft nach anderen Schwerpunkten aus als ein normal arbeitender Mensch in unseren Breitengraden.

Die energetische Wirkung der Nahrungsmittel

Jeder kennt wohl den Spruch »Du bist, was du ißt«. Seit ich mich mit den energetischen Aspekten der Nahrungsmittel befasse, habe ich viele Bücher gelesen, habe mir viele Tabellen angeschaut und diese miteinander verglichen und war vorübergehend verwirrt – denn jede Liste ist anders. Das hat mir gezeigt, daß man das Ganze einfach nicht zu eng sehen darf und vielmehr darauf bedacht sein sollte, ein Gefühl für Nahrungsmittel zu entwickeln, also die Qualität eines Nahrungsmittels zu befühlen und sich zu fragen, ob diese Qualität einem auch guttut.

Nehmen Sie einmal einen Apfel, einen Joghurt, eine Hafersuppe, Walnüsse, Blattsalat, ein Steak und einen Teller Spaghetti mit Sugo und versuchen Sie, die Energie der verschiedenen Nahrungsmittel zu spüren. Es ist nicht die Frage, ob Sie im Moment Lust haben, dies oder jenes zu essen, sondern es geht nur um die Einfühlung.

Sie können auch in die Küche gehen und sich in die Nahrungsmittel, die Sie in Ihrem Alltag gebrauchen, einfühlen. Ohne Zweifel haben ein Joghurt und ein Steak jeweils eine total andere Qualität, eine andere Energie, und deshalb haben sie auch eine ganz andere Wirkung! Wie ein Mensch wirkt, der sich hauptsächlich von Steaks oder von Würsten ernährt, können Sie sich leicht vorstellen. Jetzt denken Sie sich einmal einen Menschen, der sich hauptsächlich von Joghurt und Milchprodukten ernährt.

Die Frage lautet nun, woraus *Ihre* Hauptnahrung besteht. Nehmen Sie sich ruhig ein paar Minuten, um Ihre Eßgewohnheiten etwas genauer zu betrachten. Der folgende Fragebogen soll Ihnen dabei helfen – bitte beantworten Sie, ohne lange zu überlegen:

1. Was ist Ihr Lieblingsessen?
2. Woraus besteht Ihr Frühstück?
3. Was sind Ihre Eßgewohnheiten am Mittag?
4. Was essen Sie am Abend, und wie spät abends essen Sie?
5. Essen Sie regelmäßig?
6. Essen Sie zwischen den Mahlzeiten, und wenn ja, was?

7. Haben Sie Gelüste oder Heißhunger, wenn ja, auf welchen Geschmack?
8. Was und wieviel trinken Sie pro Tag?
9. Essen Sie frische Nahrungsmittel oder häufig Fertigprodukte mit chemischen Zusätzen?
10. Ist Essen in irgendeiner Weise ein Problem für Sie?
11. Was, denken Sie, ist gesundes Essen?

Nahrung für die Mitte

Die große Bedeutung, welche die Kraft der Mitte für die Gesundheit hat, wird in diesem Buch immer wieder betont. Aus der Mitte zu leben, in der Mitte zu ruhen, sich zu zentrieren oder die Mitte zu entwickeln ist für die Gesunderhaltung des weiblichen Körpers von wesentlicher Wichtigkeit.

Durch die Übungen können wir die Mitte auf der energetischen Ebene stärken und entwickeln. Die Milz und der Magen, die Organe der Erde und der Mitte, haben die Funktion, die Nahrungsmittel aufzunehmen und in Säfte und Blut umzuwandeln, um so den ganzen Organismus zu nähren. Sorgfältig zusammengestellte Nahrungsmittel, liebevoll gekochte Speisen, das teuerste Essen können vom Körper nicht aufgenommen und verarbeitet werden, wenn Milz und Magen zu schwach sind und ihre Funktion nur ungenügend erfüllen können.

Immer mehr Menschen leiden unter Verdauungsbeschwerden. Die geistige Orientierungslosigkeit und Unzentriertheit wirken sich auch auf körperlicher Ebene aus.

Folgende Beschwerden sind Ausdruck einer *Schwäche von Milz und Magen:* Blähungen, breiiger Stuhlgang, unverdautes Essen, Durchfall, Verstopfung, Unzentriertheit, Konzentrationsmangel, Müdigkeit nach dem Essen.

Bei diesen Symptomen sind dann bestimmte Nahrungsmittel so lange zu vermeiden, bis die Symptome verschwunden sind:

- Rohkost und Vollkornprodukte, denn diese verbrauchen mehr Energie für die Verarbeitung, als sie dem Körper wieder zuführen; dadurch entsteht eine ständige chronische Schwäche.
- Milchprodukte, denn ihre kühlende Wirkung verlangsamt die Verdauung und schwächt den erschöpften Mensch unnötig.

Folgende Umstände und Faktoren haben eine schwächende Wirkung auf die Verdauungsorgane:
- Essen unter Streß oder in unsympathischer Gesellschaft;
- Essen direkt aus dem Kühlschrank;
- tiefgefrorenes Essen (es hat kein Chi mehr!);
- chemische Zusätze wie Konservierungsmittel, Farbstoffe, Geschmacksverstärker, »Light«-Produkte, auch Mineralwasser (sorgfältig auswählen);
- zuviel Essen;
- zuwenig oder zu einseitiges Essen;
- unregelmäßiges Essen;
- Diäten;
- Trinken zum Essen.

Die Milz ist auch für die Umwandlung von Flüssigkeit im Körper zuständig; *so können sich bei Frauen bei einer Milzschwäche zusätzlich folgende Feuchtigkeitssymptome zeigen:*
- Trägheitsgefühle, schwere Gliedmaßen;
- ein dumpfes, unklares Gefühl im Kopf;
- aufgedunsener Körper am Morgen;
- Übergewicht;
- vaginaler Ausfluß;
- aufgedunsene Zunge, eventuell mit Zahnabdrücken oder starker Belag am Zungenansatz;
- Ödeme an den Beinen;
- mangelnde Libido;
- Unfruchtbarkeit;
- kein Durst;
- Gleichgültigkeit.

Zuviel Feuchtigkeit im Körper ist in unseren Gesellschaften und Breitengraden ein sehr weit verbreitetes Übel und der Nährboden für viele lästige und hartnäckige Beschwerden. Feuchtigkeitsansammlungen im Körper haben nicht unbedingt mit zuviel Flüssigkeitszufuhr zu tun, sondern sind (wie eben schon erwähnt) ein Zeichen von Milz- oder auch Nierenschwäche.

Diese Nahrungsmittel sind bei zuviel Feuchtigkeit im Körper zu vermeiden:

- Rohkost (Salate, Früchte und Säfte) und Vollkornprodukte;
- Milchprodukte;
- Bier;
- kühlende Tees;
- Süßigkeiten (der süße Geschmack hat eine befeuchtende Eigenschaft).

Kräuterteemischung zur Entfeuchtung

6 g Kümmel, 6 g Fenchel, 6 g Süßholz, 6 g Schafgarbe, 3 g Pfefferminze: Alle Kräuter außer der Pfefferminze in 2 Tassen Wasser geben, etwa 15 Minuten ohne Deckel aufkochen, bis 1 Tasse Flüssigkeit übrigbleibt. Dann die Pfefferminze dazugeben und ziehen lassen. 3 x täglich 1 Tasse trinken.

Yin und Yang in der Ernährung

Nahrungsmittel können nach ganz verschiedenen Kriterien beurteilt werden. Die thermische Wirkung ist eine Art und Weise, wie wir Nahrungsmittel betrachten können. Es gibt Nahrungsmittel, die kalt, kühlend, neutral, erwärmend oder heiß sind.

Sehr viele Frauen ernähren sich vorwiegend von kalten und kühlenden Nahrungsmitteln, wie zum Beispiel rohen Salate, vielen Früchten und Säften sowie Kräutertees, in der Meinung, daß das besonders gesund sei. Das kann für eine starke Yang-Konstitution durchaus gesund sein. Für eine Frau mit einer starken Yin-Betonung führt eine solche Ernährung jedoch eher dazu, daß sie ihren ganzen Organismus unterkühlt, besonders, wenn sie auch im Winter so ißt.

Kälte zieht immer zusammen; betroffene Frauen empfinden deshalb vermehrt Schmerzen, es kann Blutmangel entstehen und eine gewisse Überempfindlichkeit. Auch unkontrollierbare Emotionen treten manchmal auf, indem man zum Beispiel wegen einer Kleinigkeit plötzlich in Tränen ausbricht.

Durch eine Yang-betonte, erwärmende Ernährung hingegen wird der Organismus leicht überhitzt, und folgende Signale können auftreten: trockener Mund, Unruhe, dunkler Urin, Reizbarkeit und so weiter.

Ein reiner Yin- und ein reiner Yang-Zustand sind selten anzutreffen. Oft sind auch beide Anteile geschwächt und wir brauchen einen Yin- und einen Yang-Aufbau zugleich.

Blut-, Yin- oder Substanzaufbau

Für die Gesunderhaltung der meisten Frauen ist es unumgänglich, den Yin-Anteil zu stärken. Das bedeutet, Nahrungsmittel auszuwählen, die eine blutbildende und substanzerhaltende Wirkung haben. Eine Blutschwäche oder ein Yin-Mangel bilden sich über eine längere Zeitspanne. Diese Leere wiederaufzufüllen braucht Zeit. Seien Sie geduldig, bei einer Ernährungsumstellung zum Yin-Aufbau ist der Erfolg meist innerhalb von ein paar Monaten ersichtlich und spürbar.

Anzeichen einer Blutschwäche sind blasses und dumpfes Gesicht, blasse Lippen, verschwommenes Sehen, depressive Gefühle, schlechtes Gedächtnis, Schreckhaftigkeit, Schlafstörungen, wenig bis keine Menstruation, Abgrenzungsprobleme.

Eine Yin-Schwäche zeigt folgende Zeichen: trockene Haut und Schleimhäute, Hitzegefühl am Nachmittag, am Abend trockene Kehle, Nachtschweiß, Abmagerung, eingefallene Wangen, Unruhe, Nervosität, Schlafprobleme, viele Träume, Hitzewallungen, rote Zunge ohne Belag.

Wenn das Yin stark geschwächt ist, kann es das Yang nicht mehr halten und die Hitze schießt hoch, wie bei Hitzewallungen in den Wechseljahren, und es zeigen sich Hitzesymptome; aber hier handelt es sich um eine sogenannte falsche Hitze. Falsche Hitze sollte man nicht ausleiten, sondern mit Yin-Aufbau behandeln und dabei erhitzende Nahrungsmittel vermeiden. Der Yin-Anteil muß wieder so stark sein, daß er das Yang binden kann.

Bei *Yin-Schwäche* sollten Sie folgendes vermeiden:
- erwärmende und heiße Nahrungsmittel und Getränke; scharfe Gewürze einschließlich Zwiebeln und Knoblauch, Kaffee, Wein und Schnäpse (siehe Klassifizierungsübersicht),
- zu aktiver und schneller Lebensstil, Streß;
- rauchen;
- Schwitzhütte und Sauna;
- wenig Schlaf;
- unregelmäßiges Essen;
- Überanstrengung;
- zuviel körperliche Betätigung;
- eine Yang-betonte Sexualität.

Yin-Aufbau erfolgt mit Hilfe von:
- Wintergemüse;
- Knollen- und Wurzelgemüse, die in die Tiefe wachsen, denn diese stärken auch unsere Yin-Wurzel;
- Nahrungsmittel wie Bohnen und Samen, die eine Speicherfunktion besitzen;
- Meeresgemüse und Meeresfrüchte;
- Pilze;
- Knochen (in Suppen mitgekocht) und Knochenmark;
- Suppen;
- Honig;
- Bier;
- Frischkäse;
- Kokosmilch;
- Rind-, Enten- und Schweinefleisch;

- Kompott;
- amerikanischer Ginseng, Blütenpollen, Datteln.

Das wichtigste für den Yin-Aufbau ist, daß Sie gut essen, am besten zwei warme Mahlzeiten am Tag. Gönnen Sie sich genügend Ruhe und Schlaf, bleiben Sie ungeniert hin und wieder ein ganzes Wochenende im Bett. Der Schlaf vor Mitternacht gilt als besonders heilsam. Spaziergänge in der Natur unterstützen ebenfalls den Yin-Aufbau. Machen Sie Atemübungen, und füllen Sie Ihren Körper immer wieder mit Licht und dem inneren Lächeln.

Yang-Aufbau

Neben dem Yin-Mangel, der falsche Hitzesymptome zeigen kann, gibt es den Yang-Mangel, also zuwenig Wärme. Die Symptome eines Yang-Mangels sind: Kältegefühl, kalte Hände und Füße, kein Durst, blasses Gesicht, breiiger Stuhl, viel heller Urin, blasse Zunge, keine Lust auf Sexualität, Übergewicht, Organsenkungen, Pessimismus, Überempfindlichkeit und so weiter.

Wenn der Körper langfristig unterkühlt ist, zieht er sich innerlich zusammen. Dadurch wird der Energiefluß und die Blutversorgung verlangsamt und es können Stagnationen entstehen. Ein chronischer Yang-Mangel kann die Ursache für eine Abwehrschwäche sowie für Blut-, Säfte- oder Substanzmangel sein.

Bei *Yang-Mangel* sollten Sie folgendes beachten:

- Vermeiden Sie zuviel Rohkost, Blattsalate, Südfrüchte, Säfte, Milchprodukte;
- vegetarische Kost kann bei Frauen langfristig einen Yang-Mangel herbeiführen;
- viele Kräutertees wirken kühlend.

Der Yang-Aufbau geht viel schneller als der Yin-Aufbau, deshalb sollten Sie bitte auf Hitzesymptome achten, damit Sie nicht plötzlich von einem Extrem in das andere kippen.

Hilfreich für den *Yang-Aufbau* sind:

- o leicht erwärmende Nahrung;
- o Rotwein, Schnäpse und Tonika;
- o Yogitee;
- o genügend Bewegung;
- o Sonnenbad oder Solariumbesuch;
- o Energieübungen wie Qi Gong oder Tai Chi;
- o Kräuter wie Kümmel, Fenchel, Ingwer, Zimt, Kardamom.

Achtung: Es kommt oft vor, daß Frauen mit Kältesymptomen beginnen, vorwiegend wärmende und heiße Nahrungsmittel zu essen oder Kräutertees zu trinken, um diesem Zustand entgegenzuwirken. Sie sollten aber unbedingt auch Nahrungsmittel aus dem neutralen Bereich zu sich nehmen, um so Extremzustände zu vermeiden. Mit wärmenden Kräutertees kann man einen Yang-Mangel relativ schnell beheben.

Überhitzung

Eine Überhitzung des Organismus entsteht entweder aus einer echten Hitze, also einer Yang-Konstitution, oder aus einer Yin-Schwäche. Die Symptome ähneln sich zum Teil, sollten jedoch unterschiedlich behandelt werden. Folgende Übersicht soll Ihnen ein Hilfsmittel sein, um diese beiden Zustände auseinanderzuhalten:

Falsche Hitze	***Echte Hitze***
aus Yin-Schwäche	wegen zuviel Yang
rote Wangen	rotes Gesicht
Durst auf warmes Wasser	viel Durst auf kaltes Wasser
kein bitterer Geschmack im Mund	bitterer Geschmack
Hitzegefühl am Nachmittag oder Abend	den ganzen Tag heiß

Nervosität, Unruhe	Anspannung, Erregung, starke Unruhe
erwacht immer wieder	kann nicht einschlafen, schläft unruhig und träumt intensiv

Yin nähren – Hitze klären und ausleiten

Wenn eine Frau eine falsche Hitze mit kühlenden Kräutertees ausleitet, fühlt sie sich nachher meist sehr matt. Da das Yin geschwächt und leer ist, kann die Ruhe auch nicht genossen werden. Im Gegenteil: Dieser Leerezustand wird als unangenehm empfunden, und oft wird er begleitet von depressiven Zuständen und dem Gefühl der Sinnleere.

Falsche Hitze ist ein Zustand, in dem man sehr aktiv sein kann, fast getrieben wird, dies und jenes zu tun, und sich selbst nicht mehr stoppen kann, weil man sonst in ein Loch stürzen würde. Aus Erschöpfung brechen diese Menschen dann plötzlich zusammen und werden krank.

Die fünf Elemente in der Ernährung

Auf der Liste am Ende des Kapitels können Sie sehen, daß Nahrungsmittel neben der thermischen Wirkung auch noch nach den fünf Elementen beurteilt werden. Von Bedeutung sind Geschmack, Farbe und der Charakter der Nahrungsmittel. Eine ausgewogene Ernährung beinhaltet alle Geschmacksrichtungen und Farben, um so auch alle Organe individuell anzusprechen und zu nähren.

Geschmack: Wie Sie auf der nachfolgenden Darstellung sehen, wird der Geschmack Sauer der Leber zugeordnet, Bitter dem Herzen, Süß der Milz, Scharf der Lunge, Salzig den Nieren.

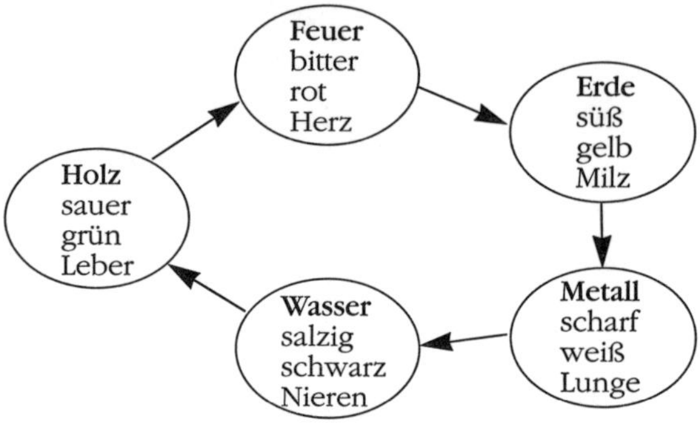

Sauer

Der saure Geschmack (Zitrone) geht in die Leber, aber zuviel Saures schwächt die Leber. Die Leber braucht Entspannung, zum Beispiel durch den Geschmack Süß. Das Saure zieht zusammen und sammelt, bewahrt die Säfte, führt ab und scheidet aus. Starkem Schwitzen kann so entgegengewirkt werden: Der saure Geschmack zieht zusammen und verschließt dadurch die Poren. Die Lust auf Saures in der Schwangerschaft wird durch eine Blutleere der Leber hervorgerufen.

Bitter

Der bittere Geschmack geht ins Herz, aber zuviel Bitteres (schwarzer Kaffee) schwächt das Herz, denn Bitter trocknet Blut und Säfte aus. Bitter senkt ab und leitet so zum Beispiel Hitze aus. Wermutkraut und Magenbitter, die nach dem Essen eingenommen werden, unterstützen die Abwärtsbewegung des Magens und unterstützen so die Verdauung. Auch der in China beliebte Grüntee hat diese Wirkung. Er hilft, Fette zu verdauen und in den Gefäßen abzubauen.

Süß

Der süße Geschmack geht in die Milz, aber zuviel Süßes schwächt die Milz. Süß baut auf, nährt, hebt die Energie, befeuchtet, gleicht aus und wirkt Stagnationen entgegen (allerdings nur kurzfristig). Süßigkeiten wirken auf die Leber, machen diese durchlässig und steigern die Energie. Das regt dann das Herz an und kann Freude und Entspannung auslösen.

Scharf

Der scharfe Geschmack geht in die Lunge, aber zuviel Scharfes schwächt die Lunge. Scharf ist sehr anregend und hat eine zerstreuende und auflösende Wirkung. Es wärmt und öffnet die Poren. Durch Scharf kann angestaute Hitze über Schwitzen aus dem Körper geleitet werden. Scharf wärmt und fördert die Durchblutung. Pfeffer und Ingwer sind hier zu nennen.

Salzig

Der salzige Geschmack geht in die Nieren, aber zuviel Salz schwächt die Nieren, da es ausleitet und nach unten führt, wie zum Beispiel Glaubersalz. Salz hat jedoch noch eine andere Funktion: Es festigt die Mitte, indem es Feuchtigkeit bindet.

Übersicht der Nahrungsmittel
(nach Geschmack und thermischer Eigenschaft)

	Holz	Feuer
	Sauer bewahrt die Säfte auf befestigt zieht zusammen	Bitter führt ab trocknet aus entzündungshemmend
Getreide und Hülsenfrüchte	⊡ Backferment ⊡ Dinkel ◩ Grünkern ⊡ Hefe ⊡ Weizen ⊡ Sauerbrotteig	◩ Buchweizen ⊡ Roggen
Nüsse		
Gemüse	⊡ Eingelegt in Essig oder milch-gegorenes Gemüse ⊡ Essiggurke ⊡ Sauerkraut ⊡ Tomate	⊡ Artischocke △ Chicorée △ Eisbergsalat △ Endivie ⊡ Feldsalat △ Grüner Salat △ Löwenzahnwurzel △ Radicchio ⊡ Rote Bete ○ Rosenkohl

▲ heiß   ◩ erwärmend   ○ neutral   ⊡ erfrischend   △ kalt

Erde	Metall	Wasser
Süß regt an harmonisiert befeuchtet, entspannt	Scharf öffnet und verteilt löst Stagnation auf schweißtreibend	Salzig weicht auf führt ab wirkt Stagnation entgegen
⊡ alle Getreide, Mehle	◩ Hafer	○ Adukibohne
Flocken, Grützen	⊡ Reis	○ Erbse
◩ Amaranth		⊡ Getr. Bohne
⊡ Gerste		⊡ Getr. Hülsenfrucht
○ Hirse		⊡ Gelbe Sojabohne
⊡ Hefebrot, allgemein		⊡ Kichererbse
○ Mais		○ Linse
◩ Sago		△ Mungbohne
◩ Süßer Reis		○ Rote Sojabohne
		○ Saubohne
		⊡ Schwarze Sojabohne
		○ Stangenbohne
⊡ Cashewnuß		
○ Erdnuß		
○ Haselnuß		
◩ Kastanie		
◩ Kokosmilch		
○ Mandel		
◩ Pinienkern		
◩ Pistazie		
○ Sesam		
△ Sonnenblumenkern		
◩ Walnuß		
○ Alle Kohlsorten	◩ Frühlingszwiebel	△ Agar-Agar
⊡ Aubergine	◩ Lauch	△ Alge
○ Avocado	○ Kohlrabi	△ Iziki
⊡ Blumenkohl	△ Kresse	△ Kombu
⊡ Broccoli	⊡ Radieschen	△ Nori
○ Buschbohne	◩ Meerrettich	△ Wakame
⊡ Champignon	⊡ Rettich, allgemein	
⊡ Chinakohl	◩ Schalotte	
○ Erbse	◩ Zwiebel	
◩ Fenchel		
⊡ Gurke		
○ Kartoffel		
◩ Kürbis		
⊡ Mangold		
◩ Möhre		
⊡ Paprika		
○ Rübe		
⊡ Schwarzwurzel		
⊡ Sellerie		
⊡ Spinat		
△ Spargel		
◩ Süße Kartoffel		
⊡ Zucchino		

	Holz	Feuer
Obst	⊡ Unreifes Obst und unreife Beerenfrüchte ⊡ Apfelkompott ⊡ Brombeere ⊡ Erdbeere ⊡ Johannisbeere △ Kiwi ⊡ Orange ⊡ Preiselbeere △ Rhabarber ⊡ Sauerkirsche ⊡ Stachelbeere ⊡ Zitrone	⊡ Holunderbeere ⊡ Pampelmuse ⊡ Quitte
Milchprodukte	⊡ Dickmilch, sauer ⊡ Joghurt, sauer ⊡ Schwedenmilch ⊡ Sauermilch ⊡ Saure Sahne ○ Quark	◩ Ziegenkäse ◩ Ziegenmilch
Fleisch und Fisch	◩ Hähnchen ◩ Huhn △ Ente	▲ Lamm ▲ Ziege

▲ heiß ◩ erwärmend ○ neutral ⊡ erfrischend △ kalt

Erde	Metall	Wasser
⊡ Alles süße Obst		
⊡ Apfel		
◩ Aprikose		
○ Ananas		
△ Banane		
⊡ Birne		
⊡ Brombeere		
○ Dattel		
⊡ Erdbeere		
○ Feige		
⊡ Gemüsepaprika		
⊡ Heidelbeere		
○ Honigmelone		
⊡ Himbeere		
△ Kaki		
◩ Korinthe		
△ Mango		
○ Papaya		
○ Pflaume		
◩ Pfirsich		
◩ Rosine		
◩ Süßkirsche		
◩ Traube		
△ Wassermelone		
○ Butter	◩ Käse, stark fermentierter	
○ Dickmilch, süße	◩ Harzer	
○ Ei	◩ Münster	
○ Joghurt, süßer	◩ Schimmelkäse	
○ Käse, fettiger		
○ Kuhmilch		
○ Sahne, süße		
○ Kalb	◩ Fasan	◩ Aal
○ Rind	○ Gans	◩ Barsch
	⊡ Hase	◩ Forelle
	◩ Hirsch	◩ Garnele
	◩ Rebhuhn	◩ Hummer
	○ Truthahn	◩ Kabeljau
	◩ Wachtel	△ Kaviar
	◩ Wildschwein	○ Karpfen
		△ Krabbe
		◩ Lachs
		◩ Languste
		◩ Miesmuschel
		◩ Scholle
		◩ Shrimp
		◩ Sardelle
		△ Tintenfisch
		◩ Thunfisch

	Holz	Feuer
Gewürze	◩ Balsamessig ⊡ Brottrunk ◩ Essig	▲ Bockshornklee ◩ Curcuma ◩ Kakao ◩ Mohn ◩ Oregano ◩ Rosmarin ◩ Thymian
Getränke	⊡ Fruchtsaft, frischer ◩ Kirschsaft ⊡ Weizenbier mit und ohne Hefe ⊡ Sauerkrautsaft	⊡ Getreidekaffee △ Guinness ◩ Kaffee △ Pils ◩ Rotwein, trockener △ Schwarzer Tee
Kräutertees	⊡ Hisbiskustee ⊡ Hagebuttentee ⊡ Früchtetee	△ Enziantee △ Frauenmanteltee △ Grüner Tee △ Klettenwurzeltee △ Löwenzahnwurzeltee △ Schafgarbentee △ Wermuttee

▲ heiß ◩ erwärmend ○ neutral ⊡ erfrischend △ kalt

Erde	Metall	Wasser
△ Alle kaltgepreßten Öle	◩ Basilikum	△ Salz
⊡ Ahornsirup	▲ Chillie	△ Sojasauce
◩ Amasake	▲ Curry	△ Miso
⊡ Distelöl	◩ Dill	
⊡ Estragon	▲ Fenchel	
○ Honig	◩ Gelbwurz	
○ Malz	◩ Gewürzpaprika	
○ Marzipan	◩ Ingwer	
⊡ Olive/Olivenöl	◩ Kardamom	
○ Rohrzucker	◩ Knoblauch	
○ Safran	◩ Kreuzkümmel	
⊡ Sesamöl	◩ Koriander	
⊡ Sojaöl	◩ Kümmel	
⊡ Sonnenblumenöl	◩ Lorbeerblatt	
○ Süßholz	◩ Majoran	
◩ Vanille	◩ Mandarinenschale	
◩ Walnußöl	▲ Muskatnuß	
⊡ Weizenkeimöl	▲ Nelke	
⊡ Wildpfeilwurzelmehl	◩ Orangenschale	
▲ Zimtpulver	◩ Petersilie	
	▲ Pfeffer	
	▲ Piment	
	◩ Schnittlauch	
	◩ Senf	
	▲ Sternanis	
	◩ Tumeric	
	▲ Zimtrinde	
◩ Alkohol, süßer	▲ Alkohol, hochprozentiger	△ Quellwasser ohne Kohlensäure
⊡ Gemüsesaft	⊡ Champagner	
◩ Honigwein	▲ Glühwein	
○ Malzbier	◩ Sake	
◩ Likör	▲ Schnaps	
⊡ Sojamilch	⊡ Weißwein, trockener	
◩ Traubensaft	▲ Whisky	
◩ Wein, süßer	▲ Wodka	
▲ Fencheltee	◩ Ingwertee	
○ Kamillentee	⊡ Pfefferminztee	
◩ Kümmeltee	▲ Yogitee	
○ Maishaartee	▲ Zimtrindentee	
○ Süßholztee		

(Nahrungsmittelliste nach Claude Diolosa)

Eß- und Trinkgelüste als Körperbotschaften

Gelüste

Überzogener Appetit auf eine bestimmte Geschmacksrichtung sind eine ernstzunehmende Körperbotschaft. Fast jeder kennt die Momente, in denen man unbedingt Schokolade oder Pommes frites oder etwas anderes essen muß. Immer wieder wird angenommen, daß der Körper uns durch die Gelüste anzeigt, was er wirklich braucht. Das stimmt in gewisser Hinsicht, wenn wir die Sprache des Körpers auch richtig verstehen.

Lust auf Sauer deutet auf eine Disharmonie der Leber hin. Lust auf Bitter deutet auf eine Disharmonie des Herzens, Lust auf Süß deutet auf eine Schwäche der Mitte, Lust auf Scharf deutet auf eine Schwäche der Lunge, Lust auf Salz deutet auf eine Schwäche der Nieren hin.

Auf die therapeutischen Anwendungen der verschiedenen Geschmacksrichtungen kann ich in diesem Buch nicht eingehen, da solche Behandlungen immer von Fachpersonen überwacht werden sollten. Eine Problematik möchte ich in diesem Zusammenhang jedoch kurz ansprechen, und zwar die Lust auf Süßes.

Jeder Körper braucht jede der fünf Geschmacksrichtungen, und so auch den süßen Geschmack. Süß sind alle Nahrungsmittel, die auf der Nahrungsmittelliste unter dem Stichwort Erde zu finden sind.

Sehr oft wird der natürliche süße Geschmack in der täglichen Nahrung zuwenig einberechnet. Der Lust auf Süßes können Sie entgegenwirken, indem Sie bei jeder Mahlzeit das Erdelement mit einbeziehen, zum Beispiel in Form von Kartoffeln, Möhren, Kürbis, Datteln. Probieren Sie es einfach aus: Nach ein paar Wochen nehmen die schier unüberwindbaren Gelüste meist ganz von selbst ab.

Durst

- Starker Durst und Lust, viel kaltes Wasser zu trinken, deutet auf Hitze im Körper hin. Viel trinken kann den Durst nur kurzfristig löschen. Mit einem bitteren Getränk können Sie die Hitze ausleiten und »vertreiben«.
- Kein Durst deutet auf Kälte hin.
- Durst zu haben, aber keine Lust zum Trinken, bedeutet feuchte Hitze. Durst deutet auf eine Hitze hin, eine Abneigung gegen Trinken auf Feuchtigkeit.
- Durst zu haben bei gleichzeitigem Verlangen, nur in kleinen Schlucken zu trinken, deutet auf einen Yin-Mangel hin.
- Lust auf warme Getränke deutet auf Kälte hin, Lust auf kalte Getränke auf Wärme oder Hitze.

Zwingen Sie sich nicht zum Trinken, trinken Sie nicht zuviel, das belastet die Nieren unnötig. Die Funktion der Nieren besteht darin, Lebenskraft zu bewahren. Durch zuviel Trinken werden die Nieren immer wieder aufgefordert, sich zu öffnen, was der bewahrenden Funktion entgegenwirkt. Trinken Sie, wenn Sie Durst haben. Im Winter in geheizten Räumen sollten Sie einen Luftbefeuchter aufstellen, damit Sie nicht soviel trinken müssen. Generell gilt, dann zu trinken, wenn Sie Durst haben.

Das ideale Getränk ist Quellwasser. Aber auch warmes Wasser ist sehr zu empfehlen wegen seiner entfeuchtenden Wirkung. Kräutertees haben immer eine Heilwirkung und sollten nur gezielt für bestimmte Zwecke angewendet werden. Flüssigkeit, die vom Körper nicht verarbeitet werden kann, setzt sich gerne unter der Haut in Form von »Orangenhaut« ab.

Diäten

Es gibt verschiedene Gründe, warum man sich dazu entschließt, eine Diät oder eine Kur zu machen: um abzunehmen, zur Reinigung, zur Heilung, aus spirituellen und religiösen Gründen. Betrachten wir einige Diätformen etwas genauer.

Reinigungskur: Sie ist im Frühling am wirkungsvollsten. Im Winter zu fasten oder den Körper zu reinigen geht eindeutig gegen die Natur. Im Winter, während der stärksten Yin-Phase, zieht sich die Natur ganz in ihr Innerstes zurück, um sich aufzubauen und zu erholen. Im Frühling dagegen hat der Körper die dynamische Kraft, die eine Entgiftung benötigt. Die Leber hat ihre aktivste Zeit, was ideal ist, um »alten Müll rauszuwerfen«.

Es gibt verschiedene Reinigungsdiäten. Wählen Sie diejenige Form aus, die Ihnen am meisten zusagt. Jede Reinigungskur sollte durch Einläufe oder Darmbäder unterstützt werden. Nehmen Sie zusätzlich Kräuter, welche die Entgiftung unterstützen.

Hilfreich ist zum Beispiel folgende Frühlingskur-Kräutermischung:
6 g Süßholzraspel, 6 g Birkenblätter, 6 g Brennesselblätter. Kräuter in 2 Tassen kaltem Wasser etwa 30 Minuten lang einweichen, dann langsam aufkochen und auf kleiner Flamme ohne Deckel sieden, bis eine Tasse Flüssigkeit übrigbleibt (das dauert rund 20 Minuten). 3 x täglich 1 Tasse trinken.

Achtung: Menschen, die geschwächt oder krank sind, sollten mit Reinigungskuren vorsichtig sein. Besonders Frauen mit Blut- und Yin-Schwäche sollten den Körper erst stärken; ein starker Körper entgiftet auch besser. Legen Sie höchstens ab und zu einen Fastentag ein. Sie können auch die Ausscheidungsphase verlängern, indem Sie ab 17 Uhr abends nichts mehr essen und dann erst am nächsten Mittag wieder etwas zu sich nehmen.

Fasten: Sie sollten schwere Krankheiten nie mit Fasten bekämpfen! Um gesund zu werden, braucht der Körper Chi und genügend Nährstoffe. Kranke Menschen sollte man nicht aushungern, sondern mit einer gezielten Ernährungstherapie aufbauen und heilen.

Vegetarische Kost: Immer mehr Menschen entschließen sich, kein Fleisch mehr zu essen - aus ethischen oder religiösen Gründen. Langfristig kann das bei Frauen, die in unserer Klimazone leben, unter Umständen zu einer Unterkühlung (Yang-Mangel) führen, wenn sie nicht auf die richtige Zusammensetzung der Nahrung achten. Achten Sie bei der vegetarischen Küche besonders auf die thermische Wirkung der Nahrungsmittel. Mit gezielter Anwendung von wärmenden Kräutern und Wurzeln, wie dem koreanischen Ginseng, Zimt und Ingwer, kann einem Yang-Mangel entgegengewirkt werden.

Schlankheitsdiät: Obwohl ein dünner Körper nicht unbedingt dem weiblichen Prinzip entspricht, versuchen viele Frauen durch Schlankheitsdiäten ungeliebte Pfunde zu verlieren. Sogenannte Light-Produkte, Salate, Magerjoghurt, Margarine und möglichst wenig Kalorien und viel Kräutertee sind oft wesentliche Bestandteile einer solchen Roßkur. Ich habe viele Frauen getroffen, die sich abmühten und abquälten, aber selten die gewünschten Erfolge erzielten.

Hier die ganze Gewichtsproblematik aus der Sicht des Tao: Die meisten »Schlankheitsprodukte« sind von den Eigenschaften her sehr Yin-betont. Sie kühlen und verlangsamen den Stoffwechsel. Kalorien sind auch Energie und Brennstoff. Ohne Brennstoff kann Substanz und Fett gar nicht bewegt und verbrannt werden.

Das Yin dehnt sich immer mehr aus, weil einfach das innere Feuer, die innere Kraft fehlt. Ein Teufelskreis, der durch energetische Nahrungsmittel, ausgewogene Ernährung und Bewegung am ehesten durchbrochen werden kann. Oft entsteht Übergewicht aufgrund einer Drüsenunterfunktion, lange bevor man das anhand einer Blutanalyse feststellen kann. Die Sexualdrüsen zu aktivieren und dadurch die anderen Drüsen anzuregen und zu beleben, kann sich auch positiv auf Ihr Körpergewicht auswirken, ohne daß Sie sich dabei unnötig quälen.

11. Schönheit, Gesundheit, Fitneß, Sport

Innere und äußere Schönheit

Cindy Crawford, die als eine der schönsten Frauen der Welt gilt, sagte in einem Interview: »Am Morgen, wenn ich in den Spiegel schaue, sehe ich auch nicht aus wie Cindy Crawford. Wenn andere Frauen so viel in ›Schönheit‹ investieren würden wie ich, wären sie auch so schön.«

Was also ist Schönheit, was versteht man unter schön sein? Schönheit ist relativ und individuell, Schönheitsideale werden stark von der Kultur geprägt.

Bei meinem ersten Indienaufenthalt nahm ich innerhalb von ein paar Monaten zu meinem Schreck rund acht Kilogramm zu. Aber genau diese acht Kilogramm mehr gaben mir die nötige Fülle, so daß ich mit meinen langen blonden Haaren, den blauen Augen und einer Größe von 162 Zentimetern dem Traumbild vieler Inder entsprach. Nach ein paar Monaten in Europa hatte ich wieder mein Normalgewicht zurückgewonnen. Als ich in diesem Zustand erneut in Indien auftauchte, schaute mich meine Haushaltshilfe besorgt und enttäuscht an und sagte: »Oh, Madam, vorher warst du so schön dick – und nun so dünn.« Es ist wirklich alles relativ.

Lange Beine oder kurze Beine, dick oder dünn, fülliger oder flacher Bauch ... Es gibt wenig Frauen, die sich selbst als schön empfinden, und die ihr Gesicht und ihren Körper einfach so akzeptieren, wie sie sind. Innere Schönheit ist ein Zustand, ein Gefühl, das sich auch außen manifestiert. Ein zufriedener Mensch strahlt eine innere Schönheit aus, die mit keinem Make-up zu ersetzen ist.

Oft wird versucht, innere Unsicherheit mit Äußerlichkeiten und »aufgesetzter Schönheit« zu vertuschen und zu überdecken. Wenn wir schön sind, so hoffen viele, werden wir mehr geliebt und begehrt, und das läßt uns glücklicher sein. Aber dies ist eine Illusion.

Wir machen uns dadurch nur noch abhängiger und kleiner und verleugnen uns immer mehr. Je unsicherer wir uns fühlen, desto mehr lechzen wir nach Bestätigung von außen: ein Teufelskreis.

Viele Frauen haben einen weichen, fülligen Bauch, was für Frauen eigentlich etwas sehr Natürliches ist. Und so viele Frauen – das sehe ich und höre ich immer wieder in den Gruppen – hassen diesen Bauch. Haß macht häßlich. Mit der Zeit wird der Bauch häßlich, weil er nicht geliebt wird. Und wenn *wir* den Bauch nicht lieben, wer dann?

Es gibt Frauen mit dicken Bäuchen, die in ihrem *Bauch* leben, diesen lieben und genießen. Natürlich hat ein solcher, akzeptierter Bauch eine ganz andere Ausstrahlung. Und so ist es mit jedem Körperteil, mit jeder Eigenschaft. Wir im Westen neigen dazu, Dinge, die wir nicht mögen, einfach zu verstecken und so tun, als gäbe es sie nicht. Aber dadurch werden sie immer stärker.

Innere Schönheit ist die Ausstrahlung eines Menschen, der Glanz in seinen Augen, seine Natürlichkeit und Lebendigkeit. Im Krankenhaus war ich immer wieder verblüfft, wie sich Menschen durch Äußerlichkeiten verändern können. Oft habe ich Patientinnen, wenn diese aus dem Krankenhausbett aufgestanden waren, in Zivilkleidung, schön gekämmt und geschminkt, nicht wiedererkannt.

Schönheit – um jeden Preis?

Schönheit im Sinne des *Tao* ist Ausdruck von Natürlichkeit und Lebensfreude. Die »perfekten Supermodels« sind zum allgemeingültigen Maßstab geworden. Früher waren es die Twiggies, die Frauen zum Hungern animierten – ein flacher, knabenhafter Körper galt als Schönheitsideal, und viele Frauen ließen sich die Brüste operativ verkleinern. Dann kam wieder mehr das »Busenwunder« in Mode – und Silikon wurde eingepflanzt.

Haare gelten als unanständig, also werden Beine und Armhöhlen rasiert oder – ohne Rücksicht auf Schmerzen – die Haare mit Wachs entfernt. Um dem Schönheitsideal zu entsprechen, mußten früher die Mieder so stark zugeschnürt werden, daß die Frauen häufig in

Ohnmacht fielen. In China wurden unter großen Qualen die Füße so stark eingebunden, daß das natürliche Wachstum unterblieb.

Noch heute werden Stöckelschuhe als elegant empfunden, und unzählige Frauen müssen deshalb Jahre später ihre Füße operieren lassen oder leiden wegen der durch die Stöckelschuhe ausgelösten Fehlhaltung unter Rückenschmerzen.

Als ich in einer orthopädischen Klinik arbeitete, wies der Professor bei Fußoperationen uns Schwestern immer wieder auf die Gefahr hin und sagte: »Das passiert euch ganz sicher auch, wenn ihr Hackenschuhe tragt.«

Unnatürlich sind auch viele Kosmetikprodukte. Wie viele Tiere müssen, damit die Produkte getestet werden können, ihr Leben hergeben? Schönheit über alles. Aus ethischen Gründen sollten Sie bei der Produktauswahl auch diesen Aspekt berücksichtigen.

Was tun Sie für Ihre Schönheit? Wie viele chemische Produkte reiben Sie in Ihre Haut ein, einschließlich der Verwendung von Zahnpasten, Lippenstiften, Shampoos und so fort?

Überlegen Sie einmal, wieviel Geld und Zeit Sie für Ihre äußere Schönheit ausgeben.

Die folgende Übung soll Sie dabei unterstützen, Ihren Körper so zu akzeptieren, wie er ist.

Spiegelübung

- Setzen oder stellen Sie sich ungestört vor einen Spiegel, mit oder ohne Kleidung.
- Schauen Sie sich liebevoll an, ohne sich zu beurteilen oder gar zu kritisieren.
- Gleich, welche Gedanken und Gefühle auftauchen, atmen Sie ruhig weiter.
- Nehmen Sie das Anschauen Ihres Spiegelbildes als eine Entdeckungsreise zu sich selbst. Gehen Sie auf diese Reise mit der Einstellung, daß Sie sich selbst besser kennenlernen und schätzen wollen!

Wenn es Ihnen sehr ungewohnt, unangenehm oder »bedrohlich« vorkommt, sich selbst so anzuschauen, können Sie damit beginnen, sich bei Kerzenlicht vor den Spiegel zu stellen oder zu setzen.

Die Sprache von Haut und Haaren

Die Haut wird der Lunge zugeordnet. Trockene Haut ist ein Hinweis auf Blut- und Yin-Mangel, feuchte Haut ein Hinweis auf Feuchtigkeit und Juckreiz ein Hinweis auf Hitze und/oder Wind. Die Gesichtsfarbe reflektiert Chi und Blut. Matte und leuchtende Farben sind deutlich voneinander zu unterscheiden.

Klare und leuchtende Farben sind ein eher positives Zeichen; es ist auch, falls der betreffende Mensch sehr krank sein sollte, noch genügend Energie vorhanden, damit er sich wieder gut erholen kann.

Eine trockene und leblose Farbe deutet auf eine allgemeine Erschöpfung hin, ist also ein eher schlechtes Zeichen.

Eine tiefe Farbe spricht für eine innere, eine oberflächliche für eine äußere Störung. Eine klare Hautfarbe steht für Yang, eine dumpfe und matte für Yin.

Rauchen schwächt das Lungen-Yin, was die Lunge langfristig austrocknet und schwächt; die Haut verliert dadurch ihren natürlichen Glanz.

Die nun folgenden Farbtöne sind oft mehr als Schimmer oder Hauch wahrzunehmen.

- *Grün:* Grüne Gesichtsfarbe kann ein Lebersymptom sein; innere Kälte oder auch innerer Wind.
- *Rot:* Rot weist immer auf Hitze hin; sind nur die Wangen gerötet, handelt es sich um eine Hitzeleere; ist das ganze Gesicht rot, dann ist es eine Hitzefülle.
- *Gelb:* Ein leuchtendes Gelb wie bei einer Gelbsucht weist auf feuchte Hitze der Milz hin, ein mattes Gelb bei trockener und

welker Haut ist mehr ein Zeichen für Magenhitze. Ein stumpfes, blasses Gelb zeigt nasse Kälte in Milz/Magen an.

- *Weiß:* Die Farbe Weiß zeigt Leere, Kälte oder Yang-Mangel an. Ein stumpfes, blaß-weißes Gesicht kann ein Zeichen von Blutmangel sein; ein leuchtendes Weiß eher ein Hinweis auf einen Yang-Mangel. Erinnern Sie sich auch bitte daran, daß das Yang-Organ des Metallelementes der Dickdarm ist und sich deshalb Verdauungsprobleme, wie Verstopfung, auch auf die Haut auswirken können.
- *Schwarz:* Schwärzlicher oder grauer Teint spricht für Kälte, Schmerz und Nierendisharmonien.

Schönheitsflecken, Pickel, Muttermale und *Hautausschläge* am Körper können auch als Hinweis auf eine Organschwäche betrachtet werden. Lage und Farbe sind von Bedeutung, wenn Sie etwas über Ihren Körper erfahren wollen.

Auf welchem Meridian oder über welchem Körperteil liegt der Pickel? Das kann ein Hinweis auf eine Disharmonie des betreffenden Organs sein. Pickel sind im allgemeinen Ausdruck von Hitze oder Entgiftung und stehen für ein an der Oberfläche liegendes Yang-Symptom.

Die sogenannten *Altersflecken,* auch *Leberflecken* genannt, bedeuten oft, daß sich Giftstoffe im Körper angesammelt haben. Durch regelmäßiges Bürsten Ihrer Haut können Sie diese dabei unterstützen, Giftstoffe abzugeben.

Oft werden Hautunreinheiten durch unpassende Ernährung ausgelöst. Also sollten Sie, wenn Sie dazu neigen, fettige, schwerverdauliche Speisen, Kaffee und Alkohol vermeiden - das verändert und klärt die Haut schon in kurzer Zeit.

Unreine Haut kann aber genauso durch eine Überempfindlichkeit auf kosmetische Produkte entstehen. Auch eine chronische Verstopfung kann sich in unreiner Haut zeigen. Trockene Haut ist ein Zeichen von Säfte- und Yin-Mangel, was nicht nur durch teure Feuchtigkeitscremes behoben werden kann. Fettige Haut ist Ausdruck von zuviel Feuchtigkeit. Von Süßigkeiten, Milchprodukten, Früchten und Salaten abzulassen entfeuchtet die Haut wieder.

Der Zustand der *Haare* spiegelt das Blut und die Nierenessenz. Haarausfall kann bei Blutmangel und Nierenschwäche auftreten. Vorzeitiges Ergrauen bedeutet Abnahme der Nierenessenz und kann auch durch Schock ausgelöst werden. Dicke und Glanz der Haare hängen von der Lunge ab. Gespaltene Haare können auf Lungenschwäche oder Schwäche der Eierstöcke hindeuten.

Frauen und Sport

Gewichte heben, Klettern, Aerobic, Radfahren, Kampfsport und vieles mehr werden heute in der Freizeit betrieben. Immer häufiger werden extreme Sportarten wie Fallschirmspringen oder Wildwasserfahren auch von Frauen ausgeübt. Sich den größten Gefahren auszusetzen ist der neueste Trend der »Sportlichkeit«. Gerade im Bereich Fitneß und Sport herrscht das männliche Prinzip vor. Männliche Programme sind sehr leistungsbetont und erregend:

Man schwimmt nicht einfach aus Spaß, sondern es geht um Rundenanzahl und Bestzeiten; beim Tennis entscheiden die Sätze und beim Radfahren vielleicht die Tage – und so weiter.

Für Frauen sollte in bezug auf Fitneß viel mehr das Sich-gut-Fühlen im Vordergrund stehen – und zwar während die Übungen oder anderes ausgeführt werden, nicht erst, wenn sie vorüber sind. Sport wird oft zum Ventil für unerledigte Emotionen oder unerfüllte Sexualität.

Es ist nichts gegen sportliche Betätigung einzuwenden. Gezielter Sport schadet selten. Der wesentliche Punkt ist, sich auch während der Tätigkeit wohl zu fühlen und diese als ganzer Mensch auszuüben. Achten Sie besonders im Sport auf Abspaltungsmuster: Sehr oft werden beim Sport Gefühle abgespalten, und der Kopf hat das alleinige Sagen.

Achtung: Frauen mit einer Blut- und Yin-Schwäche – das sind Frauen, die sich im Ruhezustand nicht besonders wohl fühlen –

wählen oft sehr aktive oder extreme Sportarten (um sich überhaupt zu spüren), indem sie ihre Yang-Energie aktivieren. Diese Frauen fühlen sich für den Moment durch extreme Aktivitäten besser; sie können sich kurzfristig durch die Yang-Energie vitalisieren. Aber die Wirkung hält leider nicht sehr lange an, und wenn sie vorbei ist, fühlen sie sich noch schlechter. Diese Frauen neigen auch dazu, in ruhigen Momenten in Depressionen zu verfallen.

Extreme Sportarten, meist sehr Yang-betont, werden oft von Menschen betrieben, die keinen Zugang zu ihren feinen und tiefen Gefühlen haben oder nie gelernt haben, diese zuzulassen. Es fällt ihnen leichter, durch extreme Situationen starke Gefühle zu produzieren, was ihnen für eine befristete Zeit ein intensives Lebensgefühl vermittelt.

Durch »Mutproben« wird der Körper angeregt (oder gezwungen), sogenannte Streßhormone freizusetzen, die er sonst nur in lebensbedrohenden Situationen oder bei Todesangst ausschüttet. Das freigesetzte Adrenalin hat eine sehr belebende Wirkung auf den ganzen Organismus und kann einen Zustand wie unter Drogen hervorrufen.

Beim Yang-betonten Extremsport wird der Körper ständig dazu gezwungen, Lebenskraft freizusetzen, die er nur im Notfall abgeben würde. Dies führt dazu, daß die in den Nieren gespeicherte Lebenskraft regelrecht herausgepreßt wird, um so das Lebensgefühl zu intensivieren. Das strapaziert den Körper und laugt die inneren Organe und die Drüsen aus.

Diese Menschen brauchen eine immer stärker werdende Stimulation, um überhaupt in Kontakt mit ihren Gefühlen zu kommen. Harte Drogen haben eine ähnliche Wirkung auf den Organismus. Achten Sie darauf, daß Sie ein Fitneßprogramm auswählen, das Ihnen Spaß macht und das Sie auch beim Ausüben genießen können. Vermeiden Sie Extreme.

Bedenken Sie, daß der Fitneß- und Sportboom besonders für Frauen etwas relativ Neues ist und es noch keine Langzeitstudien gibt, wie sich Sport langfristig auf den weiblichen Körper auswirkt.

Viele Sportlerinnen hören auch auf zu menstruieren, was eine Art Notfallmechanismus des Körpers darstellt. Der Körper versucht, möglichst viel Lebenskraft zu bewahren. Selbstverständlich gibt es auch hier verschiedene Körpertypen; zum Beispiel Frauen, die sich von ihren Anlagen her viel mehr als andere bewegen müssen.

Worauf Sie bei aller Fitneß achten sollten

Sportliche Betätigung und Fitneßprogramme sollten immer einen Ausgleich zu Ihrer beruflichen Tätigkeit oder zu Ihrem Alltag bilden. Jeder Körper braucht Bewegung, Dehnungsübungen, wie zum Beispiel Yoga, oder eine gute Rückengymnastik. Die Lunge sollte wenigstens einmal pro Tag angestrengt werden - durch Jogging oder Treppensteigen, anstatt den Lift zu benutzen; am besten ist die Bewegung an der frischen Luft. Für Frauen gilt grundsätzlich, bei allen Sport- und Fitneßarten ihr Yin zu bewahren und zu schützen.

Gesunde, beschwerdefreie Frauen mit regelmäßiger, normaler Menstruation und einer starken Konstitution können ohne weiteres etwas mehr Sport betreiben, falls es ihnen gefällt. Ältere Frauen, die sich aus irgendeinem Grund körperlich nicht so recht wohl fühlen, aber auch viele Frauen über 35 sollten bei der sportlichen Betätigung vermehrt darauf achten, ihr Yin zu bewahren, das heißt, zu starke Anstrengung zu vermeiden, den Körper nicht zu überhitzen und Schwitzen zu vermeiden (weil dies die Säfte und das Yin schwächt).

Körperliche Anstrengung kann guttun, Überanstrengung schwächt jedoch. Hören Sie auf Ihre innere Stimme, achten Sie darauf, was Ihnen guttut, was nicht und warum Sie etwas tun. Betreiben Sie Sport, um schlank zu werden oder es zu bleiben, obwohl es Ihnen eigentlich keinen Spaß macht? Fitneß soll Spaß machen und sich auch sinnlich anfühlen - sich zu quälen und zu überwinden kann nicht gesund sein.

Pflichtgefühle und Motivationen wie »Ja, ich wollte doch« und

»Man muß doch etwas für die Figur tun« belasten die Gesundheit und das innere Wohlbefinden.

Viele Sportarten und Fitneßprogramme setzen starke Energien im Körper frei, die wiederum Hitze erzeugen. Hitze (Yang) verdampft Wasser (Yin). Diese Hitze sollte nach jeder sportlichen Betätigung verteilt und ausgeglichen werden. Wenn Organe überhitzen, ist das nicht gesundheitsfördernd – im Gegenteil, das kann unter anderem negative Emotionen wie zum Beispiel Reizbarkeit, Schlafprobleme, Menstruationsbeschwerden und langfristig auch Krankheiten erzeugen.

Nehmen Sie sich immer genügend Zeit, nach körperlicher Anstrengung die Organe auszugleichen und die erzeugte Hitze in ihrem Zentrum zu neutralisieren, dort in Lebenskraft umzuwandeln und zu speichern. Achten Sie besonders darauf, daß sich Herz und Gehirn nicht erhitzen.

Um die Hitze in die Mitte zu lenken, legen Sie die Zunge an den Gaumen und streichen mit Hilfe der Hände die Hitze nach unten. Die heilenden Laute können Ihnen dabei eine sehr wertvolle Unterstützung sein, speziell der Herzlaut und der Laut des Dreifacherwärmers.

Für Frauen sind Tai-Chi- und Qi-Gong-Formen oft schon genügend sportliche Betätigung. Aber beachten Sie: Tai Chi und Qi Gong können auch sehr starke Energie erzeugen. Deshalb sollten Frauen, die mit starken Energien arbeiten, dies mit einer substanzaufbauenden Ernährung ausgleichen und unterstützen.

Tanzen zählt zu den idealen sportlichen Betätigungen für Frauen. Wo Männer weltweit immer kämpften, haben Frauen immer getanzt. Tanzen bedeutet, in den Fluß mit seinen eigenen Energien zu gelangen und diese fließen zu lassen, ohne bestimmte Form und Struktur. Freies Tanzen, auch Bauchtanz, ist für Frauen ein ideales Fitneßtraining und macht Spaß.

Als Richtlinie gilt die Harmonie von Yin und Yang, aktive und passive Phasen sollten sich immer die Waage halten. Joggen Sie zum

Beispiel 15 Minuten und legen Sie sich anschließend hin, um mit der freigesetzten Energie den Körper zu stärken. Vitalisieren Sie sich zusätzlich, etwa mit der Pulsationsübung.

Sie sollten immer die durch aktive körperliche Betätigung freigesetzten Kräfte in einer Ruhephase bewußt verinnerlichen und ausgleichen, so daß diese Kräfte als ein Teil von Ihnen integriert und nicht gleich wieder in äußeren Aktivitäten wie Emotionen, Reden oder Nervosität verschleudert werden.

Seien Sie erfinderisch und kreativ im Zusammenstellen Ihres persönlichen Fitneßprogramms, und bedenken Sie, daß Sie sich in dauerndem Wandel befinden und sich Ihre körperlichen Bedürfnisse ändern. Ein solches Fitneßprogramm kann nur dann eine optimale Wirkung erzielen, wenn es Ihrem momentanen körperlichen Zustand und Ihrem Lebensrhythmus entspricht.

Beobachten Sie auch Ihre Menstruation, wie diese auf Ihre körperlichen Betätigungen reagiert. Es ist ratsam, etwa zwei Tage vor und auch während der Menses nicht zu aktiv zu sein. Nehmen Sie sich die Zeit, vermehrt nach innen zu gehen, um das Yin, das Sie durch das Blut verlieren, wieder zu stärken und aufzubauen.

12. Chancen und Grenzen von Therapien

Wenn Selbstheilung nicht mehr genügt...

Seien oder werden Sie selbstbewußt genug, um es sich selbst »einzugestehen«, wenn Sie mit der Selbstheilung aus eigener Kraft nicht mehr weiterkommen.

Es gibt - wie so oft - auch hier zwei Extreme: Auf der einen Seite stehen die Frauen, die am liebsten alles auf sich nehmen und tragen und fremde Hilfe so gut wie nie in Anspruch nehmen - oder erst, wenn es fast zu spät ist. Das mag eine traditionelle Opferrolle sein, zu der die Frau erzogen wurde, oder es ist der Wunsch, dem Partner oder der Familie zu beweisen, daß man »tüchtig« genug ist, »seinen Mann« zu stehen.

Das andere Extrem bilden die Frauen, die bei jedem kleinen Wehwehchen zum Onkel Doktor laufen und dessen Zuwendung suchen - eigentlich als Ersatz für den Mangel an Aufmerksamkeit durch den Partner oder die Familie. Auch altersbedingt trifft man Frauen im höheren Alter, die zum zweiten Typus gehören.

Auf dem taoistischen Weg geht es um eine selbstbewußte, offene und dabei (selbst-)kritische sowie schöpferische Einstellung zum Leben. Wir tun aus eigener Kraft, was wir können; dazu zählen Vorbeugung und Selbstheilung, gesunde Ernährung und bewußte Lebensweise, kreative Gestaltung des Alltags und spirituelle Entwicklung. Wenn wir Hilfe brauchen, nehmen wir diese gern und dankbar an, bleiben dabei jedoch sowohl offen wie auch kritisch.

Worauf sollten Frauen in Therapien achten?

Therapie ist immer und grundsätzlich eine künstliche Situation, die nichts mit dem normalen Leben zu tun hat und damit auch nicht verwechselt werden darf. Therapien dienen dazu, sich im Leben emotional und spirituell besser und stärker zu fühlen sowie den Körper physisch und psychosomatisch zu heilen.

Manche Frauen gehen in Therapien, um »etwas zu erleben«. Das ist ein Ansatz, der meist nicht sehr weit trägt, die Enttäuschungen sind dann vorgezeichnet. Andere Frauen gehen in Therapien, um etwas zu verarbeiten, mit dem sie bisher nicht fertig geworden sind.

Letzthin kam eine Frau zu mir zur Privatberatung. Ich hatte das Gefühl, daß ein bestimmtes Thema für sie aktuell sei, nämlich ein Kinderwunsch. Die Frau kam aber, um sich über ihre Ernährung beraten zu lassen. Im Verlauf des Gesprächs ergab sich, daß diese Frau kürzlich an einer »Selbsterfahrungsgruppe« teilgenommen hatte, in der das Thema Kinderwunsch ausdrücklich behandelt worden war. Sie hatte sich in der Gruppe sogar offensiv und öffentlich in bezug auf ihren Mann (der allerdings nicht anwesend war) darüber auseinandergesetzt. Das alles fand aber eben im Rahmen der Ausnahmesituation dieser »Therapiegruppe« statt, nicht in ihrem Alltagsleben. Im täglichen Leben hatten sie und ihr Mann dieses Thema nicht weiter diskutiert oder versucht, zu einer einvernehmlichen Lösung zu kommen. Die Frau trug das Thema also weiter mit sich herum, hatte es nun aber verdrängt.

Ich nenne dieses Beispiel, weil mir immer wieder auffällt, wie mit vermeintlich psychologischen oder esoterischen Ansätzen Heilung angeboten wird, ohne daß es zu einer bewußten Verarbeitung der entscheidenden Probleme oder Themen im Alltag kommt.

Zielsetzung von Therapien

Bevor Sie sich in irgendeine Therapie begeben, sollten Sie sich darüber klarwerden, was Sie erreichen möchten. Meist gibt es kurzfristige und langfristige Ziele.

Ein kurzfristiges Ziel könnte sein, Krämpfe bei der Menstruation zu lösen, also Symptomlinderung oder Symptombeseitigung zu erreichen.

Das dazugehörige langfristige Ziel wäre zum Beispiel, die Ursachen für die Menstruationskrämpfe zu erkennen, den eigenen Lebensstil entsprechend zu ändern sowie mit geeigneten Übungen diesen Zustand zu halten.

Für die Taoisten ist letztlich die Selbstheilung das Ziel jeder Fremdtherapie. Die Behandlung durch einen anderen Menschen mag aus ihrer Sicht kurzfristig notwendig werden, kann und darf aber nie die Bemühung um Selbstheilung ersetzen. Sonst kommt es zu enorm hohen »Rückfallquoten«, wie wir sie ja zur Genüge von Menschen kennen, deren Organe versagen, die mit Medikamenten oder Operationen wieder auf die Beine gestellt werden, ihren Lebensstil (Alkohol, Rauchen, Streß, emotionale oder unbewußte Einstellung zum Leben, Opfer- oder Tätersyndrome) und so weiter jedoch nicht ändern.

Wenn die Durchführung einer Therapie ein »Konsumbedürfnis« des Patienten erfüllt, so sind Motivation und Zielsetzung sicher ungenügend. Auf jeden Fall sollten Sie mit dem Therapeuten vorher über Ihre Zielsetzung offen sprechen und einen zeitlichen Rahmen abstecken, auf den Sie beide sich einigen.

Auswahl der Therapien und Therapeuten

Suchen Sie die Person, die Sie behandeln soll, möglichst bewußt aus. Fragen Sie andere Frauen über deren Erfahrungen. Und trauen Sie sich bitte, den/die Behandler/in notfalls auch zu wechseln, wenn Sie merken, daß dieser Mensch oder dessen Heilmethode Ihnen nicht liegt oder Ihnen nicht guttut.

Bei körperlichen Krankheiten ist es einfacher, sich auf eine Therapieform zu einigen und deren Erfolg einzuschätzen. Schwieriger wird es bei psychischen und psychosomatischen Beschwerden oder Leiden. Nach meiner Erfahrung lassen sich allzu viele Frauen einreden (oder reden sich selbst ein), daß ihr psychologisches »Problem« therapiebedürftig sei. Ich meine, daß in sehr vielen Fällen psychotherapeutische Heilung überhaupt nicht notwendig ist, sondern daß es statt dessen genügen würde, das Leben natürlicher und genußvoller zu gestalten.

Durch Therapien werden die Krankheiten oft erst »gezüchtet«, die dann – meist langwierig – geheilt werden wollen. Es gibt (noch) nicht genügend Therapeuten, die es darauf anlegen, ihre Patienten möglichst schnell selbständig, gesund und lebensfroh werden zu lassen. Therapiebedürftigkeit ist ein Syndrom, das die Unselbständigkeit der Patienten mit den Interessen der Therapeuten auf das sinnfälligste verbindet.

Wir sollten klar unterscheiden zwischen echten Therapieformen und Heilweisen einerseits und Selbsterfahrungsgruppen und Psychotechniken andererseits. Die letztgenannten können medizinisch und psychologisch notwendige Behandlungen fast nie ersetzen, gleich, was Ihnen in Werbesprüchen vorgegaukelt wird!

Zahlreiche esoterisch begründete Techniken sind sehr generell ausgerichtet, also medizinisch und psychologisch »unspezifisch«. Im Falle konkreter gesundheitlicher Störungen aber – seien sie körperlicher oder seelischer Natur – ist die Anwendung bewährter und gesicherter Therapien unerläßlich; alles andere wäre Scharlatanerie. Ohnehin müssen wir beklagen, daß gerade auf dem Gebiet der sogenannten alternativen Heilweisen und Psychotechniken oft genug der Besuch eines Wochenendseminars den Laien angeblich zu einem versierten und diplomierten Experten werden läßt. Aber vielleicht wollen die meisten Menschen ja sogar für dumm verkauft werden …

Für uns Frauen ist es besonders wichtig, daß wir den ganzheitlichen Ansatz nicht aus den Augen verlieren. Welche/r Therapeut/in ist ausdrücklich ganzheitlich orientiert, welche Therapie bietet sowohl einen körperlichen als auch einen seelischen Heilansatz? Wird in einer Methode nur geredet, wird nur geübt, werden nur Medikamente eingenommen? Oder handelt es sich um eine sinnvolle Verknüpfung mehrerer Gesundungsaspekte?

Und können wir selbst auch unsere Meinung einbringen oder nicht? Können wir bei der Auswahl einzelner Elemente beitragen, was uns entspricht, und wird das berücksichtigt oder nicht?

Zu guter Letzt achten Sie bitte darauf, ob Sie dazu eingeladen werden (was Ihnen momentan sogar entgegenkommen mag), über

Ihre alten Erfahrungen, Muster und Verletzungen wieder und wieder zu sprechen - und damit immer wieder in denselben alten Problemen und Schwächen herumzurühren -, oder ob Sie aufgefordert oder sogar herausgefordert werden, Ihre Stärken und Ihr Potential zu entwickeln und im Alltag zu leben sowie Ihre Selbstheilungskräfte zu aktivieren.

Vermeiden Sie Abhängigkeiten und das Aufgeben von Eigenverantwortung

Erinnern Sie sich immer wieder daran, daß Sie Ihre eigene Kompetenz und Verantwortung, Ihre Kraft und Würde keinen einzigen Moment lang abgeben müssen und sollen und dürfen, auch nicht beim allerbesten Therapeuten oder beim erfolgreichsten Heiler der Welt.

Sie sind und bleiben eine eigenständige Persönlichkeit, eine Kundin, eine Klientin, die jederzeit entscheiden kann, eine Behandlung abzubrechen, zu ändern, den Therapeuten zu wechseln und so fort.

Viele Menschen kommen in die Therapie, um einmal pro Woche ihre Bürde beim Therapeuten »abzuladen«; sie suchen nach einem Ventil. Gerade solche Menschen geraten leichter als andere in Abhängigkeiten.

Viele Beschwerden haben sexuelle Probleme als einen Kern ihrer Ursachen. Wenige Therapeuten aber kennen sich auf diesem Gebiet aus - vor allem vom weiblichen Erleben aus betrachtet. Das hat zur Folge, daß die wahren Gründe nicht erkannt werden, daß sich Therapien unnötig in die Länge ziehen oder einfach überhaupt nicht greifen.

Es gibt noch einen weiteren Aspekt dieses Themas. Vermutlich haben Sie schon vom Begriff der »Übertragung« gehört. Damit ist gemeint, daß Wünsche und Sehnsüchte, die wir in bezug auf bestimmte andere Menschen hegen, zum Beispiel auf den Partner oder die Eltern, auf den Therapeuten übertragen werden. Das geschieht natürlich meist unbewußt, zumindest auf der Klientenseite. Oft genug ergeben sich aus solchen Konstellationen dann die berüchtigten Fälle der sexuellen Benutzung oder gar des sexuellen Mißbrauchs der Klientin.

Es fällt mir auch immer wieder auf, daß Patienten sich nicht trauen, wirklich deutlich auszusprechen, was sie im Innersten bewegt, was ihre eigentlichen Probleme oder Beschwerden sind. Dann nützt die beste Therapie nichts. Bitte übernehmen Sie das Quentchen an Eigenverantwortung, das notwendig ist, um »den Mut aufzubringen«, genau und deutlich zu formulieren, was Sie bedrückt, was Ihnen wirklich fehlt, was Sie sich erwarten.

Eine Therapie kann nicht darin bestehen, ein Problem aus der Ferne zu umkreisen. Ihre Verantwortung besteht darin, daß Sie die Therapie nutzen, um auf dem direktesten und schnellsten Weg zum Kern des Problems vorzudringen und gemeinsam mit dem Therapeuten eine Behandlung zu finden, die einerseits Ihre Symptome lindert, aber gleichzeitig Ihre Selbstheilungskräfte fördert und zum heilsamen Einsatz bringt.

Therapieunterstützung

Wenn Sie aus guten Gründen eine Therapie einsetzen, die »einseitig« ist und bleibt, sollten Sie sich selbständig um eine ganzheitliche Unterstützung kümmern. Zwei Beispiele: Sie finden endlich einen Chiropraktiker, der gekonnt und sanft Ihre Wirbel einrenkt, sich aber mit den Ursachen, die dahinter stehen mögen, nicht so gut auskennt. Oder Sie haben endlich die Kräutermischung für Ihren Schlaftee gefunden, die Ihnen wirklich hilft, aber die Kräuterfrau ist nicht Ihre Partnerin für Gespräche über Ihre psychischen Probleme, die für die Schlafstörungen maßgeblich sind.

Außerdem sollten Sie sich aus anderen Quellen informieren, welche ganzheitlichen Übungen, welche Zusammenstellung natürlicher Ernährung, welche Form der Gesprächstherapie, welche erprobte Heilweise und welche/r kompetente Therapeut/in Ihnen helfen kann, an den noch nicht behandelten Aspekten Ihrer Beschwerden zu arbeiten.

Dieses Buch über das weibliche Tao und den Weg der traditionellen chinesischen Medizin für Frauen und aus der Sicht von Frauen versucht, Ihnen dabei ein Begleiter zu sein.

Aufenthalt im Krankenhaus

Besonders für Patienten, die ins Krankenhaus kommen, gilt leider, daß sie ihre Verantwortung buchstäblich an der Garderobe abgeben. Das nützt der Patientin nicht, aber ebensowenig der behandelnden Ärzteschaft. Denn die Ärzte wissen damit weniger gut Bescheid über mögliche Ursachen der Beschwerden, über Erleben von Therapie oder Operation, über Komplikationen oder Nebenwirkungen, über Fortschritt der Genesung und so fort.

Ich rede nicht einem »Querulantentum« das Wort, sondern dem mündigen Patienten, der möglichst zu jedem Zeitpunkt die Eigenverantwortung für sich, seine Gesundheit und seine Genesung annimmt und bewußt mit den Ärzten zusammenarbeitet.

In fast allen Krankenhäusern existiert ein Strudel von negativen Kräften, in den wir uns leicht hineinziehen lassen. Achten Sie deshalb darauf – beim Gespräch mit Ärzten und Schwestern, bei der Unterhaltung mit Zimmernachbarinnen und dem Besuch –, daß Sie die bewußte Ausrichtung auf Ihre Persönlichkeit, Ihr Alltagsleben, Ihre kreative Kraft, Ihr Selbstbewußtsein bewahren und nicht achtlos untergraben.

Lassen Sie sich auch nicht auf das häufige Imponiergehabe ein, die Schwere der eigenen Erkrankung mit der anderer behandelter oder operierter Menschen zu messen. Lassen Sie sich nicht Krankheiten einreden, machen Sie nicht die Krankheit zum zentralen Gesprächsthema – auch auf die Gefahr hin, daß Sie als »merkwürdig« gelten. Ihr Gesundheitsschutz ist wichtiger als das, was andere über Sie denken.

Schaffen Sie sich eine Heiloase im Krankenhaus (das Sie vielleicht ausdrücklich »Gesundheitshaus« nennen), um nicht in der Tagesroutine unterzugehen. Lesen Sie schöne und aufbauende

Bücher, hören Sie harmonische Musik, empfangen Sie nur liebe Menschen zu Besuch. Und achten Sie darauf, daß Sie im Rahmen des Möglichen gesunde Nahrung erhalten.

Jede Therapie muß sich daran messen lassen, ob sie die Kraft des Menschen stärkt. Sieht die Therapie den Menschen isoliert oder als ein Teil des großen Ganzen? Nur im Zustand von Stille und Ruhe können Sie diesen Zustand der Ganzheit auch wirklich erleben. Meditation ist eine »Therapieform«, die entscheidend hilft, sich ganzheitlich zu heilen, weil Sie sich darin als Teil der Ganzheit erleben können.

Für mich persönlich ist Meditation die einzige wirkliche Heilungschance, um unseren verwirrten Geist zu klären und das Leben einfacher, ruhiger und natürlicher zu gestalten.

Zum Umgang mit Psychotechniken, Esoterik und Meditation

Ich unterscheide Meditation von Psychotechniken und Esoterik. Psychotechniken und Esoterik sind oft eine diffuse Vermischung von Meditationsformen und alternativen Heilweisen mit psychologischen oder okkulten Theorien. Meditationsmethoden, welche die Bewußtseinsentwicklung fördern, welche zur inneren Ruhe führen und Sie in Kontakt mit Ihrem Selbst bringen, welche Ihnen helfen, Ihre Lebensaufgabe zu erkennen, und Ihnen auch die Kraft dazu geben, sich zu verwirklichen – das sind Meditationswege, die ich für sinnvoll und heilsam halte.

Bevor Sie sich auf Psychotechniken und Esoterik einlassen, sollten Sie sich mit den Wirkungen dieser Wege befassen. Weisen die Wirkungen darauf hin, daß Sie klarer werden, daß Sie sich entwickeln? Sonst können solche Methoden eher verwirren und das innere Chaos, das vielleicht schon besteht, noch verstärken.

Wenn Sie die Wirkungen nicht recht abschätzen können, lesen Sie die entsprechenden Handbücher oder Broschüren, sprechen Sie mit Frauen, die diese Methoden schon ausprobiert haben, und suchen Sie das offene und kritische Gespräch mit den Kursleitern.

Mancherlei esoterische Techniken wirken wie eine »psychische Operation«: Sie greifen auf der psychischen und energetischen Ebene nicht minder stark ein wie ein regulärer chirurgischer Eingriff.

Auch manche Meditationstechniken, die Bewußtsein erweitern wollen, führen manchmal in Grenzbereiche, die gefährlich sein können. Das gilt speziell für Menschen, die nicht geerdet und auch nicht in ihrer Mitte sind.

Unerwünschte Wirkungen und Sicherheitsmaßnahmen

Bevor Sie sich in irgendwelche Grenzbereiche begeben, sollten Sie sich ein sicheres irdisches, körperliches Fundament geschaffen haben. Bevor Sie sich auf »Astralreisen« begeben oder mit feinstofflicher Chakra-Arbeit beschäftigen, achten Sie darauf, daß Sie so gut verwurzelt sind, daß Sie jederzeit wieder zu sich, in Ihre Mitte, auf den Boden zurückfinden können und nicht – noch nicht einmal zeitweise – den Boden unter den Füßen verlieren. Deshalb weise ich in diesem Buch immer wieder auf die Zentrierungsübungen hin und auf jene Praktiken und Techniken des taoistischen Wegs, die Ihnen helfen, eigene Sicherheit und Kraft in sich selbst zu finden. Der kleine Energiekreislauf dient als besonders wirksame Hilfs- und Schutzmaßnahme, um spirituelle Erlebnisse, esoterische Erfahrungen zu verarbeiten, zu integrieren und auszugleichen.

Wenn eine Frau nicht in ihrem Zentrum ist, können manche fragwürdigen Techniken genau das Gegenteil dessen bewirken, was sie sich erhofft oder erwartet. Es kann sein, daß sie noch stärker aus ihrer Mitte »herausfällt«.

Häufig wird dann argumentiert, daß bereits dieses Erleben doch ein Beweis dafür sei, daß Energien fließen. Doch ist ein unkontrollierter Energiefluß keineswegs bereits ein Selbstzweck oder ein Heilungsbeweis – eher im Gegenteil. Daß sich »etwas tut«, daß sich doch »etwas rührt«, zeigt eben leider noch nicht an, daß auch etwas Sinnvolles geschieht.

Aromatherapie ist für Frauen, die bereits sehr emotional sind und eher dazu neigen, gefühlsmäßig »dahinzufließen« und in unbewußte Zustände einzutauchen, nicht unbedingt ratsam. Eine Frau, die schon sehr offen ist, sollte nicht ohne weiteres Techniken ausüben, die sie noch mehr öffnen (wie zum Beispiel Bioenergetik oder Primärtherapie), weil sie dann ihre Abgrenzung gegenüber fremden Einflüssen vielleicht ganz verliert.

Die sogenannten Rückführungen bringen zwar oft aufregende Erlebnisse, aber was fangen Sie in Ihrem Alltag damit an? Erfahren Sie dadurch etwas über sich selbst in diesem Leben? Erkennen Sie Muster und Verhaltensweisen, die in Ihrem Leben jetzt eine wichtige Rolle spielen? Können Sie aufgrund der Rückführung Ihren Herausforderungen jetzt besser gerecht werden?

Mitteilungen über mehr oder weniger spannende frühere Leben, die angeblich so genau dem Einblick in die Ebenen der Vergangenheit des Betroffenen entsprechen, sind mit Vorsicht zu genießen. Denn solche Aussagen sind nicht überprüfbar, ergeben sich auch nicht im Verlauf eigener innerer Erfahrungen und wirken eher sensationell oder festlegend denn hilfreich.

Zu Ihrem Selbstschutz und zur Bewahrung und Stärkung Ihrer Selbstheilungskräfte sollten Sie darauf achten, daß Sie sich nicht durch das vermeintlich höhere Wissen oder die charismatische Ausstrahlung eines Therapeuten oder einer Therapeutin so beeindrucken lassen, daß Sie Ihre Persönlichkeit und die Verantwortung für Ihren eigenen Lebensweg aus den Augen verlieren.

Menschen, die uns übermäßig beeindrucken und damit zumindest unbewußt auch binden, sind sehr oft Personen mit einer starken Yang-Qualität, welche die feine, sanfte Yin-Qualität von Frauen übertönt.

Zum Abschluß dieses Kapitels über Therapien, Therapeuten und deren Auswahl wiederhole ich eine dringliche Bitte: Hören Sie auf Ihre eigene, innerste Stimme, auch wenn sie noch sehr fein und leise klingt. Vielleicht müssen Sie erst besser lernen, diese feine Stimme von der lauteren Stimme des Verstands und des Gemüts zu unterscheiden. Die Übungen in diesem Buch dienen dazu, daß Sie sensibler werden, daß Sie sich mehr mit der Erde verwurzeln, daß Sie sicherer in Ihrer Mitte ruhen.

Das Hören auf die innere Stimme ist ein Prozeß, der sich allmählich entwickelt und nicht sofort geschieht. Beginnen Sie heute damit, erlauben Sie sich, sich selbst mehr zu vertrauen!

IV

Das weibliche Tao

13. Die Frau als Heilerin

Das weibliche Potential zu Selbstheilung und Heilung

Frauen sind Trägerinnen der Yin-Kraft mit der Eigenschaft, offen, empfänglich und gefühlsbetont zu sein. Daher nehmen sie das Leiden anderer Menschen oft verstärkt wahr. Sie spüren häufiger als Männer den Impuls, zu helfen, zu geben und zu nähren.

Seit Menschengedenken waren Frauen in der Heilkunde tätig; sie kannten sich mit Ernährung und Heilkräutern aus, sie haben sich mit den emotionalen Energien des Lebens auseinandergesetzt, und sie haben ihre Qualitäten der Pflege und Heilung angewandt, ob als Mütter, Krankenschwestern oder »Hexen«, also Heilkundige, die auch »magisches« Wissen über Zusammenhänge von Körper und Seele hatten.

Oft empfinden Frauen Mitleid mit anderen Menschen, die leiden, aus einem eigenen emotionalen Defizit heraus. Wer mitleidet, also selbst auch leidet, hat es schwer, einem anderen wirklich zu helfen, weil man mit in das Problem hineingezogen wird.

Mitgefühl dagegen entsteht aus der Mitte heraus. Wer Mitgefühl für einen anderen Menschen empfindet, der leidet nicht, sondern nimmt dessen Not bewußt wahr, identifiziert sich aber nicht mit dessen Problemen und verliert deshalb auch nicht seine Kraft im Mitleiden, sondern kann sie bewußt auf einfühlsame Ermunterung und schöpferische Lösungsmöglichkeiten richten.

Frauen neigen dazu, anderen Menschen helfen zu wollen – und übersehen dabei oft die Notwendigkeit und die Chancen zur eigenen Heilung. Im Taoismus wird empfohlen, erst einmal für sich selbst Kraft anzusammeln. Andere zu heilen kann erst dann sinnvoll sein, wenn wir über einen Überschuß an Energien verfügen.

Wer auf das Leid anderer Menschen mit Mitleid reagiert (eben aufgrund ungeheilter eigener Verletzungen und Wunden) und diesen Menschen helfen und sie heilen will, handelt nicht aus der Fülle, sondern trotz eines Mangels an Energie.

Wer selbst ausgeglichen ist und Energie in Fülle gespeichert hat sowie neben Einfühlungsvermögen auch über die notwendigen Kenntnisse verfügt, vermag in einer Weise zu heilen, mit der er nicht seine eigenen Reserven aufbraucht oder, schlimmer, mit »gefärbter« oder durch eigene Probleme »verschmutzter« Energie heilt.

Solange wir uns nicht unserer eigenen Energiemuster, Emotionen und Verhaltensweisen bewußt sind, muß es erst einmal um Selbstheilung gehen. Sonst könnten wir nämlich entweder zu offen dafür sein, so daß wir uns die Leiden des anderen Menschen zu eigen machen. Oder wir projizieren, ohne es zu merken, unsere Probleme noch zusätzlich in andere Menschen hinein.

Das Potential von Frauen in Selbstheilung und Heilung liegt nach meiner Erfahrung vor allem darin, daß Frauen weniger als Männer den Patienten, den Klienten oder, in der Selbstheilung, sich selbst mit ihrer Ich-Energie erdrücken oder überrollen.

Die selbstbewußte Yang-Kraft neigt – im guten Glauben, schon zu wissen, welche Therapien erfolgreich wirken werden – dazu, nicht mehr auf die leisen Untertöne, die Zwischenbereiche, die weniger deutlich geäußerten Wünsche und Meinungen des Patienten einzugehen, sondern ihm eher etwas »überzustülpen«.

Die weibliche Yin-Energie hat das größere Potential, sich auf viele Facetten des Menschen, auf mehrere Aspekte seiner Beschwerden, auf komplexere, auch nicht-rationale Ursachen und auf eine ganzheitliche Behandlung und Pflege einzulassen.

Heilung wird oft so verstanden, daß der Mensch, der mehr Energie hat, dem, der weniger Energie hat (und sich deshalb krank fühlt), etwas von seiner Stärke »abgibt«. Das ist jedoch nur eine Verlagerung von Energie durch Mitgefühl, nette Worte und so weiter – aber keine echte Heilung. Heilung geschieht dann, wenn eine wirkliche Transformation im Patienten stattfindet, so daß dieser seine blockierten Energien löst, negative Energien transformiert und zur Quelle unerschöpflicher, heilender Lebenskraft in sich selbst findet.

Umgang mit Patienten, die unter Traumata leiden

Wenn Sie als Heilerin mit anderen Frauen arbeiten, denken Sie daran, daß unglaublich viele Frauen fremdbestimmt sind oder zumindest waren, daß sie Übergriffe und Fremdbestimmung erlebt haben oder immer noch erleben - sexueller Art, in bezug auf Geld und Beruf, Wohnung und Freundeskreis, aber auch Übergriffe psychischer Natur, wenn Frauen nicht denken und fühlen können, wie sie wollen, sondern wie ihr Partner meint.

Symptomatisch für Frauen, die unter solchen Übergriffen aus der Vergangenheit oder in der Gegenwart leiden, ist, daß sie sehr unsicher sind, sich stark um Bestätigung von außen bemühen, sich schlecht abgrenzen und ihre eigene Identität ausdrücken können und nicht deutlich zwischen eigenen und fremden Gefühlen beziehungsweise Interessen unterscheiden. Das macht sie sehr manipulierbar und abhängig. Meist wird ihr Leben zudem durch starke Schuldgefühle geprägt.

Nach den Erfahrungen aus meiner Praxis hat es sich bewährt, zunächst alles zu tun, um mit diesen Frauen mehr Selbstbewußtsein, mehr Vertrauen und mehr Kraft aufzubauen. Es braucht Kraft, um all die bisherigen Erfahrungen zu verarbeiten und zu heilen. Wenn Sie direkt an Umstände und Ursachen der Verletzungen und Probleme herangingen, würden diese Frauen sehr leicht »auseinanderfallen«. Es ist nicht unbedingt notwendig, die erlebten Traumata in der Therapiesitzung erneut zu erleben - einmal war schon mehr als genug. In Therapiekreisen gilt heute das Thema Mißbrauch und Übergriff als besonders interessant. Mit verschiedenen Methoden und Techniken wird versucht, an diese alten Erlebnisse heranzukommen, was leider in den wenigsten Fällen Heilung bringt, sondern oft eher das Gegenteil bewirkt.

Die ersten Schritte bestehen darin, mit diesen Frauen das innere Lächeln zu üben, Organübungen zu machen, die Zentrierung und die Erdung zur heilsamen Erfahrung werden zu lassen, um so neue, stabile Energie zu erarbeiten. Damit können die Frauen ihre eigenen Abspaltungsmuster kennenlernen, ohne daß wir in die näheren Umstände der Traumata eintauchen beziehungsweise sie wieder hervorholen müssen, was meistens eine zu starke und für die Heilung auch unnötige Belastung wäre.

In dieser ersten Phase ist es besonders wichtig, daß wir als Heilerin oder Begleiterin darauf achten, nicht unsere eigene Energie mit der unserer Klientin zu vermischen. Massage, direkte Energiearbeit oder andere Therapieformen, bei denen wir im unmittelbaren körperlichen und energetischen Kontakt sind, verleiten die Klientin gern dazu, jede Besserung der Therapeutin zuzuschreiben. Dann kommen leicht Gedanken auf wie: »Diese Heilerin ist wunderbar«, »Jener Therapeut ist toll«, und die bewußte Auseinandersetzung mit den eigenen Selbstheilungskräften kommt zu kurz.

Die Therapie sollte also eine Anleitung zur Selbstheilung sein, keine Einladung zum bezahlbaren Konsum, bei dem man die Ware Gesundheit beim Hersteller Therapeut »abholt«.

Für Krankenschwestern

Ich habe selbst zwanzig Jahre lang immer wieder als Krankenschwester gearbeitet, vor allem in der Psychiatrie und in der Arbeit mit Drogensüchtigen, aber auch in der inneren Medizin, Chirurgie und Orthopädie. Diese Arbeit habe ich aus Freude auch während meiner Tätigkeit als Kursleiterin weitergeführt.

Aus dieser Erfahrung heraus muß ich feststellen, daß sehr viele Frauen in diesem schwierigen und oft unterbezahlten Beruf regelrecht »verheizt« werden. Ihre Funktion wird »abgerufen« und gebraucht, sie selbst als Menschen finden meist keine Wertschätzung und Würdigung.

Krankenschwestern haben fast nie gelernt, wie sie mit Energien umgehen sollen und wie sie sich vor »kranken Energien« abgrenzen und schützen können. Sie haben nie gelernt, Kranke zwar zu pflegen, dabei aber selbst gesund zu bleiben und nichts an ihrer eigenen Lebenskraft einzubüßen. Oft bin ich gefragt worden, wie ich es in der Notfallpsychiatrie mit den dort herrschenden Energien überhaupt »aushalte«. Für mich waren die taoistischen Übungen der Schlüssel zu einer neuen Sicht- und Erlebensweise im Umgang mit Patienten und schwierigen Situationen. Die Möglichkeit, mich in hektischen und chaotischen Extremsituationen immer wieder zu erden, mich in meine eigene Mitte zu bringen und von dort aus zu handeln, war eine große Herausforderung und ein unbeschreibliches Geschenk.

Wenn man sich an den äußeren Gegebenheiten in einem Krankenhaus orientiert, ist ein gesundes »Überleben« nur schwer möglich. Wenn man jedoch in der eigenen Ganzheit bewußt verwurzelt ist und bleibt, erkennt man viele Möglichkeiten der Entwicklung für sich selbst und den Patienten. Man nimmt dann auch die sogenannten hoffnungslosen »Fälle« als Teil der Ganzheit und als Aufforderung zum Wachstum wahr. Bis zum letzten Atemzug sind Entwicklung, Wachstum und Bewußtwerdung möglich, und sei es auch nur in kleinsten Schritten. Die Entfaltung der Lebensganzheit eines Patienten oder einer Situation vorzeitig »abzuschreiben« heißt, seine eigene Lebenskraft abzuschreiben.

Taoistische Prinzipien sinngemäß ins eigene Leben tragen

Die taoistischen Prinzipien und Übungen sind nicht dazu da, daß wir uns in sie »hineinpressen«, sondern daß wir sie sinngemäß unseren Bedürfnissen anpassen. Ich möchte Sie ermutigen, sich in die Essenz des taoistischen Wegs einzufühlen, sich aber nicht sklavisch an die eine oder andere Form zu halten oder gar zu klammern. Seien Sie erfinderisch in der praktischen Umsetzung der Prinzipien des Tao, also der Prinzipien der Ganzheitlichkeit!

Tao im Alltag, wenn Sie also nicht spezielle Übungen durchführen oder Techniken anwenden, bedeutet, das Leben klarer, einfacher und natürlicher zu gestalten. Kommen Sie unnötigen Aktivitäten auf die Spur, die Sie immer wieder von sich selbst abbringen, schauen Sie Ihre alltäglichen Gedanken und Gefühle an und fragen Sie sich, ob Sie sie wirklich hegen oder vielleicht ablegen wollen. Prüfen Sie, ob bestimmte Tätigkeiten wirklich Ihren Bedürfnissen entsprechen oder einfach Gewohnheiten darstellen, die Ihnen aber gar nicht helfen, mehr zu sich selbst zu kommen.

Aus innerer Unsicherheit neigen viele von uns dazu, äußere Dinge anzuhäufen, sogenannte materielle Werte. Manchmal sammeln wir auch Kontakte und Bekanntschaften mit anderen Menschen - weil wir in den persönlichen Beziehungen mit den Menschen, die zu unserer unmittelbaren Familie oder Umgebung gehören, (noch) nicht in die Tiefe gehen. Im Fluß mit dem Tao zu sein bedeutet auch, Altes loszulassen, alten Ballast abzuwerfen, uns von alten Dingen, alten Gewohnheiten und alten, nur oberflächlichen Kontakten zu lösen. Das ist ein anhaltender Prozeß, bei dem Sie jeden Tag immer wieder genau hinschauen, ob Sie das Leben aus Ihrer eigenen schöpferischen Energie heraus gestalten, weil Sie sich in den Fluß der Lebenskräfte eingelassen haben, oder ob Sie fremdbestimmt und entfremdet »gelebt werden«.

14. Ganz Frau sein

Wir Frauen brauchen uns nicht an Männern zu messen, auch nicht an anderen Frauen, sondern nur an uns selbst. Wie sind oder werden wir »ganz Frau«?

Gehen Sie ab und zu am Tage in sich, schließen Sie die Augen, spüren Sie nach innen und fragen Sie sich:

- Was könnte Ihnen im Moment helfen, um noch besser und tiefer in Ihre Ganzheit zu finden?
- Was könnte Sie dabei fördern, Ihre schöpferische Kraft zu leben und zu verwirklichen?
- Was könnte Sie darin bestärken, mit mehr Lebensfreude durch den Tag zu gehen?
- Was könnte mehr Licht und Klarheit in die momentane Situation bringen?

Sollten Ihre spontanen Antworten, »ein Mann« oder »ein Liebhaber« oder »ein Freund, der mich versteht« lauten, dann könnte das auf einen inneren Yang-Mangel deuten. Anstatt darauf zu hoffen, daß der Märchenprinz endlich auf seinem weißen Pferd dahergeritten kommt oder sich der männliche Erlöser endlich manifestiert, tun Sie besser daran, Ihre eigene Kraft zu entwickeln und die innere Yang-Energie in Fluß zu bringen, um sich selbst zu befreien.

Egal, welcher Impuls kommt, wenn Sie die Augen schließen und nach innen spüren: Ganzheit fängt immer innen an, in Ihnen selbst, nicht außen, nicht durch äußere Dinge oder andere Menschen. Wir können zwar die innere Unsicherheit mit äußeren Mitteln wunderbar überdecken, aber kaum werden diese äußerlichen Dinge brüchig oder wir verlieren sie wieder, sind Schmerz und Unsicherheit noch viel schlimmer als zuvor.

Mut zur Weiblichkeit

Geben Sie sich gewissermaßen die Erlaubnis, eigene Erfahrungen zu machen. Lesen Sie nicht nur darüber, wie andere Menschen, wie andere Frauen dies oder jenes erlebt haben, sprechen Sie nicht nur darüber, was Sie »eigentlich« tun wollten oder müßten, bleiben Sie nicht in der Hoffnungs- oder Wunschphase stecken, sondern lassen Sie sich auf Ihr Leben wirklich ein. Gewinnen Sie eigene Erfahrungen; es ist ja nicht schlimm, wenn Sie dabei auch manche »Fehler« machen.

Mut zur Weiblichkeit heißt, den Mut zu haben, auf Ihre Intuition zu hören, Ihre Gefühle auszudrücken und zu leben, sich das Recht zu nehmen, »unlogisch« zu sein, und von den Männern nicht zu erwarten, daß sie verstehen, was Frauen tun. Es reicht aus, wenn Sie Ihr eigenes Verständnis für sich selbst haben.

Haben Sie Mut zur Weiblichkeit auch in dem Sinne, daß Sie Ihre Sexualität entdecken, annehmen und leben. Wenn Ihre Partner nicht gerade hellsichtig sind und Ihnen Ihre Wünsche von den Augen ablesen können, besteht der Mut zur Weiblichkeit auch darin, daß Sie Ihre eigenen Wünsche und Bedürfnisse artikulieren.

Transformation und Integration

Transformation bedeutet, mehr Transparenz und mehr Licht in Situationen und Verhaltensweisen zu bringen, Ihr Leben also klarer und »durchsichtiger« zu gestalten. Diese Transformation findet nicht nur in Gedanken statt, sondern beruht auf Erfahrung, Einsicht und Integration. Ein Geistesblitz reicht nicht aus, um das ganze Leben zu verändern, wenn er nicht Bestandteil Ihres Lebens wird und wenn seine Energie nicht von allen Ihren Zellen und allen Ihren Lebensbereichen aufgesogen wird.

Integration heißt, geistige Erfahrungen und Übungserlebnisse mit in den Alltag hineinzunehmen und sich auch im täglichen Leben auf die taoistischen Prinzipien des Energieflusses von Yin und

Yang einzulassen. Integration heißt im Taoismus, die verschiedenen Ebenen von Körper, Geist und Seele bewußt miteinander zu verbinden.

Lebensaufgaben erkennen und erfüllen

Finden Sie heraus, was Ihre Lebensaufgaben sind! Welche Gaben besitzen Sie? Welches Potential steckt in Ihnen? Was blieb bisher ungenutzt? Denken Sie dabei nicht »zu klein«, denken Sie sich als das, was Sie sind: ein Teil einer wunderbaren, großen Ganzheit.

Sind Sie festgelegt auf eine oder wenige Rollen? Sind Sie nur Mutter, nur Hausfrau, nur Liebhaberin (oder Sexobjekt)? Sind Sie nur Mitverdienerin oder Erfüllungsgehilfin von männlichen Interessen oder von Yang-Energien?

Welche Kräfte liegen in Ihnen derzeit noch brach? Wie können Sie diese Kräfte freisetzen? Welche Tätigkeiten, Situationen, Umgebungen, künstlerische Aktivitäten, berufliche Verwirklichung, mitmenschliche Begegnungen können Sie dabei fördern?

Gehen Sie in regelmäßigen Abständen oder wann immer Ihnen danach zumute ist, in die Stille, nach innen, und spüren Sie in sich hinein, was Ihre innere Stimme Ihnen dazu mitzuteilen hat. Hören Sie auf Ihre innere Stimme, geben Sie ihr mehr Raum in Ihrem Leben.

Es gehört ein besonderer Mut dazu, nach innen zu gehen und die innere Weiblichkeit zu entdecken. Die eigene Weiblichkeit zu entdecken heißt, in das Unbewußte, in die Wasserkraft einzutauchen und eine ganz neue Dimension der Weiblichkeit zu entdecken: nämlich die Kraft der Stille.

Anhang

Literaturhinweise

BAUDISCH, GABRIELE: *Kopf oder Bauch.* Ariston Verlag, Kreuzlingen/München 1996.

BLOFELD, JOHN: *Der Taoismus.* Eugen Diederichs Verlag, Köln 1979.

CHANG, STEPHEN T.: *Das Handbuch der ganzheitlichen Selbstheilung.* Ariston Verlag, Genf/München 1990.

CHANG, STEPHEN T.: *Das Tao der Sexualität.* Ariston Verlag, Genf/München 1992.

CHIA, MANTAK: *Praktisches Lehrbuch zur Erweckung der heilenden Urkraft Chi.* Ansata Verlag, Interlaken 1985.

CHIA, MANTAK: *Tao Yoga der heilenden Liebe*. Ansata Verlag, Interlaken 1987

CHIA, MANTAK: *Tao Yoga der heilenden Massage*. Ansata Verlag, Interlaken 1993.

CHIA, MANTAK: *Tao Yoga der unvergänglichen Liebeskraft*. Ansata Verlag, Interlaken 1985.

CLEARY, THOMAS: *Das Tao der weisen Frauen.* O. W. Barth Verlag, München 1993.

CONNELLY, DIANE M: *Traditionelle Akupunktur: Das Gesetz der fünf Elemente.* Endrich-Verlag, Heidelberg 1988.

EDELMANN, JOEL, und MARY BETH CRAIN: *Das Tao der Verhandlungskunst.* Kabel-Verlag, Hamburg 1995.

FLAWS, BOB: *Das Yin und Yang der Ernährung.* O. W. Barth Verlag, München 1992.

FLAWS, BOB: *Schwester Mond.* Verlag für TCM Dr. E. Wühr, Kötzting 1994.

HEINEN, MARTHA: *Kochen und Leben mit den fünf Elementen.* Windpferd Verlag, Aitrang 1994.

KAPTCHUK, TED: *Das große Buch der chinesischen Medizin.* O. W. Barth Verlag, München 1988.

KÖPPEN-WEBER, DIVO und FASSBENDER, URSULA: *Alta Major. Energiearbeit.* Goldmann Verlag, München 1993.

LAO TSE: *Ausgewählte Texte.* Goldmann Verlag, München 1986.

Lexikon der östlichen Weisheitslehren (Hrsg. von DIENER, MICHAEL S.). O. W. Barth Verlag, München 1986.

LOWEN, ALEXANDER: *Liebe, Sex und dein Herz.* Rowohlt Verlag, Hamburg 1989.

LOWEN, ALEXANDER: *Liebe und Orgasmus.* Goldmann Verlag, München 1980.

MACIOCIA, GIOVANNI: *Grundlagen der Chinesischen Medizin*, Verlag für TCM Dr. E. Wühr, Kötzting 1994.

MACIOCIA, GIOVANNI: *The Practice of Chinese Medicine.* Churchill Livingstone, Edinburgh 1994.

OSHO: *Yaa-Hoo!* Rebel Publishing-House, Köln 1989.

OSHO: *Die Zukunft gehört den Frauen,* Osho Verlag, Köln 1990.

PAGE, MICHAEL: *Die Kraft des Ch'i*, Sphinx Media Verlag, Basel 1990.

ROHR, WULFING VON: *Es steht geschrieben ... Ist unser Leben Schicksal oder Zufall?* Ariston Verlag, Genf/München 1994.

ROHR, WULFING VON, und GAYAN S. WINTER: *Tarot der Liebe.* Ariston Verlag, Genf/München 1989.

REID, DANIEL: *Das chinesische Gesundheitsbuch.* O.W. Barth Verlag, München 1994.

ROSS, WILLIAM ASHOKA: *Das wunderbare kleine Sexbüchlein.* Synthesis Verlag, Essen 1994.

SARASNATI, SUNYATA, und BODHI AVINASHA: *Juwel im Lotus.* Verlag Hermann Bauer, Freiburg 1995.

TEMELIE, BARBARA: *Ernährung nach den fünf Elementen.* Joy Verlag, Sulzberg 1992.

VILAR, ESTHER: *Heiraten ist unmoralisch.* Gustav Lübbe Verlag, Bergisch Gladbach 1994.

WALTER, DEREK: *Ming Shu - Kunst und Praxis der chinesischen Astrologie.* M & T Edition Astroterra, Zürich 1987.

WALTER, DEREK: *Feng Shui - Kunst und Praxis der chinesischen Geomantie.* M & T Edition Astroterra, Zürich 1990.

WIEGEL, SUSAN H.: *Kahuna-Medizin.* Ariston Verlag, Kreuzlingen/München 1996.

WILHELM, RICHARD: *Das Geheimnis der goldenen Blüte.* Walter-Verlag, Olten 1971.

WING, R. L.: *Das Arbeitsbuch zum I Ging.* Eugen Diederichs Verlag, Köln 1984.

Seminaradresse

Die Autorin hält Seminare zur Selbstheilung für Frauen, Seminare zum Tao der Sexualität und Meditationskurse sowie Ausbildungskurse in taoistischer Energiearbeit und Selbstheilung. Sie können Programme anfordern über die folgende Adresse:

Maitreyi D. Piontek
Frankengasse 13
CH-8001 Zürich
Telefon: 01/2 62 22 00

Übungsregister

A

Ableitung von Fremdeinflüssen 172
Aufladeübung 72ff.
Ausgleich der beiden Gehirnhälften 148

B

Bauchmassage 207f.
Baumübung 203
Beckenboden-Schließübung 201
Befreiung des Herzens 91
Brustmassage 140f.

C

Chi-Ball 205

D

Das Herz wecken 90
Drüsenübung 141
Durchreise 130

E

Eierübung 116
Energiepunkte bei Menstruationsbeschwerden 126f.
Energieübungen 196ff.
Entgiftungsmassage 209
Entspannungsatmung 200
Erdung 41f.

F

Feuer und Wasser verbinden 118

G

Gewichtsübung 201
großes Branden 131

H

Hände aufladen 207
heilende Laute 198
Herz ausgleichen und beruhigen 93
Hormondusche 142f.

I

innere Bauchgymnastik 106
innere Ruhe 202
inneres Lächeln 44ff.
inneres Recycling 173

K

kleiner Energiekreislauf 70
Knochenatmung zur Reinigung 149
Knochenatmung zur Stärkung 150
Kompressionsatmung 200
Kraft der Mitte 46f.

L

Leber ausgleichen und stärken 85
Leberpunkte 2 und 3 130, 146
Leberreinigung 86
Lunge mit goldenem Licht auffüllen 103f.

M

Meditationsübung 202
Meer der Energie 128
meine und deine Gefühle 172
Meridian-Klopfmassage 209
Milz 6 126

N

Nierenatmung zur Stärkung 109
Nierenpunkte 1 146
Nierenreinigung 110

O
Organreinigung 198
Organschutzübung 172
Organstärkung 198
Ovaratmung 119f.

P
Palast beleben 116
Palast reinigen und vergolden 115
Pulsieren 198

R
Reinigen von Milz und Magen 99
Reinigungsatmung 200
Reiterstand 41f.
Ren Mai 6 128
roten Drachen zähmen 132ff.

S
Schüttelübung 197
Selbstsicherheit 98
Spiegelübung 247
sprudelnde Quelle 146
Standfestigkeit 98
Stärkung der Gebärmutter 115

T
Treffen der drei Yin 126

V
Völlegefühl 100

W
Wirbelsäule in Licht-
hüllen 153
Wirbelsäulenatmung 152
Wu-Chi-Übung 197
Wurzeln vertiefen 97

Z
Zentrierungsatmung 43, 199
Zentrierungsübung 41, 196

Stichwortregister

A
Abgrenzungsprobleme 88
Abspaltungsmuster 27ff.
Adrenalin 138
Angst 108, 217
Atemnot 102
Ausfluß 96, 108, 114, 153ff.
ausgewogene Ernährung 22
äußere Übungen 192

B
Bauch 246
Bauchspeicheldrüse 137f.
Beckenmuskulatur 114
Bitter 232
Blähungen 96, 100, 224
Blase 82, 107ff., 111f.
Blasenreizungen 111
Blut 75ff., 120ff.
Brüste 139f.
Brustspannen 84

C
Chi 51ff., 58f., 75ff.
Ching 75ff.
Ching-Chi 58f.

D
Dauerstreß 139
Dickdarm 82, 104ff.
drei Schätze 58
Drogen 138
Drüsen 134ff.
Du Mai 64ff.
Dünndarm 82, 87ff.
Durchfall 224
Durst 241

E
echte Hitze 230
Eierstöcke 119
Eigenverantwortung 259f.
Empfänglichkeit 113
energetische Wirkung der Gefühle 168
energetische Wirkung der Nahrungsmittel 223
Energie 75ff.
Energiearbeit 192ff.
Energiefrequenz 52
Energiemuster 269
Energiepunkte 66ff., 72
Energieübungen 108
Entgiftungssymptome 206
Entscheidungsschwäche 86
Entsprechungen der Elemente und Organe 81ff.
Erde 60ff., 95
Ergrauen 108, 250
Erkältungen 102f.
Erniedrigungen 217
Erschöpfung 102
Esoterik 262
Essen mit Gefühl 221ff.
Extremsport 251

F
falsche Hitze 230
Fasten 243
Fehlgeburt 108
Feuchtigkeit 79, 225f.
Feuer 60ff., 78, 87
Fitneßprogramm 254
Frauen und Gefühle 163
Frauen und Konflikte 216
Frauenleiden 127, 134

Frausein 21, 274
fünf Elemente 60ff.
fünf Elemente in der Ernährung 231ff.

G
Gallenblase 82
Gebärmutter 113ff.
Gefühle und die fünf Elemente 164ff.
Gefühle und Organe 165
Gehirn 147f.
Gelüste 240
Gewalt 217
Grundsubstanzen 75ff.

H
Haarausfall 108, 250
Haare 250
Hämorrhoiden 96
Harninkontinenz 108
Haut 248ff.
Heildiät 222
Heilung 268ff.
Herz 82, 87ff.
Herzklopfen 88
himmlisches Wasser 121f.
Hirnanhangdrüse 135f.
Hitze 78, 88, 253
Hitzewallungen 145
Holz 60ff., 83
Hormone 134ff.
Husten 102
Hygiene 154

I
innere Hitze 214
innere Stimme 264
innere Übungen 192
innere und äußere Krankheitsursachen 80

J
Jade-Ei 117
Jin Ye 75

K
Kaffee 138
Kälte 78
keine Erregung 187
keine Lust auf Sex 186
kleiner Energiekreislauf 65ff.
Knochen 148f.
Konflikte 211ff.
Kontrollzyklus 61
Konzentrationsmangel 88, 224
Kopfschmerzen 84, 158
Kraft der Mitte 46f., 195f.
Krankenhaus 261
Krankheitsursachen 77ff.
Kräuter bei Blähungen 106
Kräuter bei Leberstagnation 86
Kräuter bei Menstruationsbeschwerden 124f.
Kräuter bei Trägheit 97
Kräuter für die Augen 86
Kräuter für die Eierstöcke 115
Kräuter für die Frühlingskur 242
Kräuter für die Gebärmutter 115
Kräuter gegen Feuchtigkeit 97
Kräuter zum Yang-Aufbau 230
Kräuter zum Yin-Aufbau 229
Kräuter zur Herzstärkung 89
Kräuter zur Entfeuchtung 226
Kräuter zur Harmonisierung 97
Kräuter zur Herzberuhigung 89
Kräuter zur Schleimlösung 102
Krebs 114

L
langsames Reden 95
Lao-Tse 11, 30
Lärmempfindlichkeit 111
Leber 82ff., 85
Lippen 101
Lunge 82, 101ff.

M
Magen 82, 96ff., 224
männliche Sexualität 181ff.
Mark 148f.
Medikamente 155

Meditation 262
Menstruation 121ff., 253
Menstruationsbeschwerden 123ff.
Menstruationsmerkmale 122ff.
Meridian der Blase 112, 129f.
Meridian der Gallenblase 87
Meridian der Leber 87, 125, 127, 130f.
Meridian der Lunge 106
Meridian der Milz 100, 127
Meridian der Nieren 111, 127
Meridian des Dickdarms 106
Meridian des Dreifacherwärmers 95
Meridian des Dünndarms 95
Meridian des Herzens 94
Meridian des Kreislaufs 94
Meridian des Magens 100
Meridiane 63ff.
Metall 60ff., 101ff.
Milchdrüsen 139
Milz 82, 96ff., 224f.
Müdigkeit 96
Myome 84, 114

N
Nase 107
Naturkräfte 72
Nebennieren 138f.
Nieren 82, 107ff.
Nieren-Chi 54

O
Ohren 111
Opferrolle 23f., 255
Organschwäche 165
Organsenkung 96
Organuhr 160
Orgasmus 180
Orgasmusprobleme 187
Osteoporose 108
Ovaratmung 119

P
Pa Kua 36
prämenstruelle Symptome (PMS) 84
Psychologie der fünf Wandlungen 165ff.
Psychotechniken 262

Q
Qi Gong 52, 192, 253

R
Rauchen 102, 248
Reinigungskur 242
Ren Mai 64ff., 128
rote Drache 121f.
roten Drachen zähmen 131
Rückenschmerzen 108

S
Säfte 75ff.
Salzig 233
Samenerguß 185
Sauer 232
Scharf 233
Schilddrüse 136f.
Schlaf 159
Schlafstörungen 88
Schlankheitsdiät 243
Schleim 80, 102
Schmerzen beim Geschlechtsverkehr 187
schnelles Reden 95
Schönheit 246ff.
Schöpfungskreislauf 60
Schreckhaftigkeit 88
Schweißausbruch 88
Schwitzen 159f.
Selbstheilung 21, 217, 255, 268ff.
Selbstverantwortung 21
Sexualfunktionen 107
Sexualkraft 54, 175f.
Sexualorgane 82
Shen 58f.
sich öffnen 189
Sicherheitsmaßnahmen 263f.
Sich-gut-Fühlen 250
Spiritualität und Sexualität 185
Stagnation 214
Störungen der Grundsubstanzen 77ff.

Substanz 75ff.
Süß 233

T
Tai-Chi 253
Tao der Sexualität 178
Tao für Frauen 35
Taoismus 30ff.
taoistische Energielehre 50ff.
taoistische Prinzipien 272
Therapie 255ff.
Thymusdrüse 137
Trägheit 96
Transformation der Gefühle 171
Transformation der Menstruation 131ff.
Trenddiäten 219
Trockenheit 80
Tschuang-Tse 11,30

U
Übergriffe 217
Überhitzung 230
Übersicht der Nahrungsmittel 234ff.
Übungsauswahl 193f.
Umgang mit Gefühlen 170
Umgang mit schwierigen Menschen 215
Unfruchtbarkeit 108,120
Unklarheit 88
Unruhe 88
Unzentriertheit 224
Urkraft des Menschen 53

V
Vaginalmuskel 114
Vaginismus 188
Vegetarische Kost 243
Verbesserung des Blutes 121
Verdauungsschwäche 225
Verhaltensmuster 169,269
Verstopfung 224

W
Wärme 75ff.
Wasser 60ff.,107ff.
Wasseransammlungen 96
Wechseljahre 144ff.
weibliche Sexualität 176f.,180
Wesen der Sexualkraft 175
Wind 78
Windhitze 102f.
Windkälte 103
Wirbelsäule 151ff.
Wu Chi 51

X
Xue 75ff.

Y
Yang 75
Yang-Aufbau 229f.
Yang-Gefühle 168
Yang-Mangel 229f.
Yin und Yang 54ff. 156ff.,177, 226ff.
Yin-Aufbau 227ff.
Yin-Gefühle 168
Yin-Schwäche 227f.,250,253

Z
Zentrierung 40ff.,195f.
Zirbeldrüse 134f.
Zunge 95
Zusätze 155
Zysten 84,114

Für Gesundheit und Vitalität

Schönheitstees – Zubereitung und Anwendung
nach Rezepten von Dr. med. Leonhard Hochenegg
von Anita Höhne

Schönheit kommt von innen! Mit den Teemischungen und -rezepten des Tiroler Arztes kann sie wirkungsvoll unterstützt werden. Alle Rezepte sind individuell ausgetüftelt und computergenau abgestimmt, und für viele werden fernöstliche Heilpflanzen mit heimischen Kräutern in äußerst attraktiver Weise kombiniert. Für alle Teemischungen, mit denen verblüffende Heilerfolge und eindrucksvolle kosmetische Wirkungen erzielt werden, gibt es Beschaffungshinweise. 240 S., kartoniert, ISBN 3-7205-1800-0.

Denken Sie sich schlank! Diätfrei abnehmen in 21 Tagen
Von Elsye Birkinshaw

Die revolutionäre Mentaldiät der bekannten amerikanischen Psychologin beruht auf einem systematisch angelegten geistigen 21-Tage-Programm, das sich vielfach bewährt hat. Einfache Imaginationstechniken vermitteln Ihnen ein neues Selbstbild und verändern ganz zwangslos Ihr Eßverhalten. Nur geistig abgestützt können Sie Ihre Gewichtsprobleme für immer loswerden. 216 S., kartoniert, ISBN 3-7205-1534-6. Zu diesem Buch gibt es auch ein Praxis-Kassettenprogramm mit Subliminals. Zwei Kassetten in Box, Spieldauer 1 ¾ Stunden, ISBN 3-7205-1675-X

Das Tao der Ernährung
Zu Gesundheit und Schlankheit auf natürlichem Weg
von Stephen T. Chang

Das taoistische Ernährungssystem beruht auf dem Prinzip der Ausgewogenheit, das sich seit mehr als 6000 Jahren bewährt. Seine Grundlage: Die Theroie der fünf Geschmacksqualitäten scharf, sauer, süß, salzig, bitter. Dieses Buch hilft bei der Zuordnung von Lebensmitteln zu den fünf Geschmacksrichtungen und so zur Ausgewogenheit im Sinne des energetischen Gleichgewichts. Die gesunde, vielseitige, schlankmachende Ernährung wird damit zum Vergnügen. 216 Seiten, zahlreiche Abbildungen und Tabellen, gebunden, ISBN 3-7205-1753-5.

Diese faszinierenden Bücher erhalten Sie in jeder Buchhandlung. Ein umfangreiches, farbiges Bücher-Magazin mit Informationen zu sämtlichen Büchern unseres auf Medizin, angewandte Psychologie und Esoterik spezialisierten Verlages können Sie gratis bei uns anfordern.

ARISTON VERLAG · KREUZLINGEN/MÜNCHEN

Hauptstraße 14, CH-8280 Kreuzlingen, Tel. 071/672 72 18, Fax 071/672 72 19
Boschetsriederstraße 12, D-81379 München, Tel. 089/724 10 34, Fax 089/724 17 18